LITURGIE UND VERSÖHNUNG

Wege des Heils

D1719198

Liturgie und Versöhnung

Wege des Heils

Herausgegeben von
Ewald Volgger
und Albert Urban

Deutsches Liturgisches Institut
Trier

© VzF Deutsches Liturgisches Institut
Trier 2011

Satz: Satzweise, Föhren
Umschlaggestaltung: S. Angerhausen
Titel-Abbildung: PhotoDisc

Auslieferung
VzF Deutsches Liturgisches Institut
Postfach 2628, 54216 Trier
Tel. 0(0 49)6 51 9 48 08-50, Fax 0(0 49)6 51 9 48 08-33
Internet www.liturgie.de, E-Mail dli@liturgie.de
Bestell-Nr. 5308

ISBN 978-3-937796-11-6

Vorwort

„Wenn du deine Opfergabe zum Altar bringst und dir dabei einfällt, dass dein Bruder etwas gegen dich hat, so lass deine Gabe dort vor dem Altar liegen; geh und versöhne dich zuerst mit deinem Bruder, dann komm und opfere deine Gabe." (Mt 5,23 f.)

In Anknüpfung an dieses Wort Jesu beginnt die Eucharistiefeier nicht ohne Grund mit dem Gedanken der Versöhnung. Er drückt sich aus im Schuldbekenntnis als öffentlich bekundete Bereitschaft zur Umkehr, in der Bitte an die Mitfeiernden um das begleitende Gebet und in der Vergebungsbitte an Gott. Hier spiegelt sich die Sehnsucht der Menschen nach versöhntem Leben.

Die Sommerakademie des Deutschen Liturgischen Instituts hat die „Versöhnung" aus liturgischer Sicht zum Thema genommen, um den vielfältigen Aspekten nachzugehen, die sich damit verbinden: als Sakrament, im Kirchenjahr, aus biblischer Sicht, durch Schuld und Schuldgefühl in der Psychologie, in besonderen Bußgottesdiensten, als neuer Weg in Pfarrgemeinde oder Gruppe. Es hat sich dabei gezeigt, dass sich gerade auch zur sakramentalen Einzelbeichte wieder ein Zugang finden lässt, wenn sie eine Einbettung im Rahmen neuer Versöhnungswege erfährt – auch wenn sie für viele aus persönlicher Erfahrung schwer belastet erscheint. Die gemeinsam begangene Bußfeier führt nicht selten wieder zum Einzelbekenntnis in der Begegnung mit dem Priester. Das Sakrament der Versöhnung für Einzelne ist vor allem der Weg der Wiedereingliederung in die volle Gemeinschaft der Kirche und damit als Ort der Versöhnung mit Gott und den Menschen wiederzuentdecken. Das muss allerdings unter den Bedingungen der heutigen Situation geschehen.

Die Vorträge und Arbeitsgruppen, die in diesem Band dokumentiert sind, bewegten sich im Spannungsbogen von Verfehlung des Einzelnen und daraus resultierender Schuld gegenüber den Mitmenschen und Gott. Schuldhaftes Vergehen schafft Trennung – der Menschen voneinander und von Gott. Für die Kirche als Gemeinschaft der Gläubigen ist es eine ihrer ständigen pastoralen Aufgaben, den Menschen Wege zu eröffnen, auf denen sie umkehren und sich versöhnen können, damit Trennungen überwunden und Unversöhntes zumindest leichter ausgehalten werden können. Dies gilt für den Einzelnen genauso wie für Gemeinschaften bis hin zu Nationen. Letzteres hat Prof. Emil Seiler auf der Exkursion nach Echternach in seinen Erklärungen zur Entstehung der Springprozession und dem sich an diese Wallfahrt anschließenden Versöhnungswerk nach dem Zweiten Weltkrieg verdeutlicht. Ihm sei an dieser Stelle ganz herzlich gedankt für seine anschaulichen Erläuterungen während der Fahrt sowie in Abteikirche, Abteimuseum und Ausstellung zur Springprozession. Es ist sicher nicht verkehrt, hier von einem Höhepunkt der Sommerakademie zu sprechen.

An dieser Stelle sei ausdrücklich allen gedankt, die inhaltlich durch Beiträge in Form von Referaten, Workshops und auf organisatorische Weise bei der Vorbereitung und Durchführung geholfen haben. Um nicht die am Ende des Bandes abgedruckte Tagungsfolge mit allen Namen hier noch einmal vollständig anzuführen, soll hier nur Frau Ottilie Fußangel vom Deutschen Liturgischen Institut Trier für die hervorragende Tagungsorganisation besonders genannt werden. Herzlicher Dank geht auch an Herrn Dr. Christoph Freilinger (Linz) und Frau Irene Mertens (Trier) für die redaktionelle Betreuung des Bandes.

Linz und Trier
im Dezember 2010

Ewald Volgger
Albert Urban

Inhalt

Begrüßung

Eberhard Amon

Herzlich willkommen zur 8. Trierer Sommerakademie.

Warum dieses Thema? Der Apostel Paulus ermahnt uns „an Christi statt: Lasst euch mit Gott versöhnen!" (2 Kor 5,20); die Versöhnung mit dem Bruder und der Schwester stellt Jesus als eine Grundbedingung für die rechte Feier des Gottesdienstes dar (vgl. Mt 5,24; 1 Kor 11,21 f.); die Versöhntheit mit sich selbst – so sagen uns die Psychologen – ist die Voraussetzung für ein gelingendes Leben. Versöhnung ist also ein Thema! Und wenn die Liturgie eines der Felder ist, auf dem und durch das Kirche lebt und wirkt, ist Versöhnung auch ein Thema der Liturgie. Ich freue mich über Ihr Interesse daran und danke Ihnen für die Zeit, die Sie ihm widmen wollen.

Im Vorfeld dieser Sommerakademie hat sich die oft erprobte Zusammenarbeit zwischen dem Inhaber eines Lehrstuhls für Liturgiewissenschaft und einem Referenten des Deutschen Liturgischen Instituts wiederum bewährt. Ich bedanke mich herzlich bei Professor Dr. Ewald Volgger OT von der Katholisch-Theologischen Privatuniversität Linz und Albert Josef Urban vom DLI für die intensive Vorbereitung dieser Sommerakademie und die Bereitschaft, die Tagungsleitung zu übernehmen. In diesen Dank schließe ich Frau Fußangel vom DLI ausdrücklich ein, die einen Großteil der organisatorischen Vorbereitung übernommen hat.

Prof. Volgger stammt aus dem Südtiroler Pustertal und hat in Brixen und Wien Theologie studiert. Nach seiner Promotion wurde er 1994 zum Dozenten für Liturgiewissenschaft an der Philosophisch-Theologischen Hochschule der Diözese Bozen-Brixen ernannt. Seit 2003 ist er Vorstand des Instituts für Liturgiewissenschaft und Sakramententheologie der Katholisch-Theologischen Privatuniversität Linz. Prof. Volgger gehört dem Deutschen Orden an und ist seit 2000 dessen Generalsekretär.

Albert Josef Urban hat Philosophie studiert und ist Geschäftsführer des Deutschen Liturgischen Instituts. Neben Aufgaben in Organisation und Verwaltung gehört zu seinem Aufgabenbereich vor allem das komplexe Gebiet der Kommunikationstechnik. Daneben hat er – außerhalb des DLI – zahlreiche Bücher veröffentlicht, u. a. über Zahlen und Formeln, Wörterbücher für Latein und Chinesisch, Lexika über Engel, Götter, Heilige und Wallfahrtsorte sowie – zusammen mit Marion Bexten – das Kleine liturgische Wörterbuch.

Ich begrüße die Dozentinnen und Dozenten dieser Sommerakademie, die ihren Teil dazu beitragen, das uns gestellte Thema unter den verschiedensten Aspekten zu beleuchten.

Zur Eucharistie am Donnerstag erwarten wir den Trierer Weihbischof Jörg Michael Peters, der am Vorabend seines Urlaubs mit uns feiern wird.

Noch einmal: Ich begrüße Sie herzlich und wünsche Ihnen erlebnisreiche Tage.

Prof. Volgger wird Sie nun in das Tagungsthema einführen und „zum Dienst der Versöhnung in der Liturgie, in der Kirche und im Leben der Menschen" referieren.

Zum Dienst der Versöhnung in der Liturgie, in der Kirche und im Leben der Menschen

Einführung in das Thema der Tagung

Ewald Volgger OT

Warum eine Tagung mit diesem Thema?

Sie sind gekommen, vermutlich weil sie einschlägige Erfahrungen haben oder weil sie entsprechende Reflexionen, Impulse und Hilfestellungen erwarten. Wohl zu Recht. Eine Tagung, die sich mit dem Thema *Buße – Umkehr – Versöhnung* beschäftigt, erntet neben Unverständnis wegen „ausgelaufener Praxis" und der Bewertung als nicht mehr hilfreiches Angebot auch Ablehnung und begrenzte Aufnahmebereitschaft. Die „Krise des Bußsakramentes" wird im auslaufenden ersten Jahrzehnt des 21. Jahrhunderts immer noch deutlicher sichtbar und die allgemein geschwundene Praxis ist mancherorts zu einem nicht mehr existenten liturgisch-sakramentalen Bereich des Gemeindelebens geworden. In vielen Untersuchungen und Beiträgen haben Pastoraltheologie und Liturgiewissenschaft in der nachkonziliaren Ära versucht, den Gründen der schwindenden Beichtpraxis auf die Spur zu kommen und Strategien zu entwickeln, wie den getauften Christen und Christinnen das Bußsakrament (wieder) schmackhaft gemacht werden könnte. Neben Neubewertungen durch die Jugend am Weltjugendtag in Köln 2007 etwa ruft auch Papst Benedikt XVI. zu einer Renaissance der Beichte.[1] Wie auch immer kirchlich intendierte Impulse einzuordnen sind, die manchmal sehr formalistisch einen bereits überwunden geglaubten Vollzug des Sakramentes propagieren, scheint mir, dürfte ein wichtiger Impuls von Dorothea Sattler nicht überhört werden, wenn sie meint, es gehe darum, „die Last des Lebens zu leichtern"[2]. Konkreter: „Die Sorge um eine lebensnahe, für die Menschen als tröstlich und ermutigend erkennbare Beichtpraxis ist in unserer Gegenwart dringlich,

---

[1] Vgl. Newsletter zum L'Osservatore Romano 15.02.2009: Ansprache des Papstes zum Angelusgebet: „Im Sakrament der Buße schenke Christus seine Liebe, seine Freude und seinen Frieden. Die Menschen sollten „häufigen Gebrauch" davon machen; der Wert und die Bedeutung des Sakraments der Vergebung für das christliche Leben müsse heute neu entdeckt werden."

[2] Dorothea SATTLER, *Die Last des Lebens leichtern*, in: LJ 59 (2009), 125–140.

denn es gibt eine hohe Bereitschaft der Menschen zum Gespräch über die leidvollen Dimensionen der Lebensgeschichte."[3]

Unsere Sommer-Akademie will dem nachgehen, was in der konkreten pastoralliturgischen Praxis betroffene Menschen ermutigt und tröstet, was ihnen dienen kann, um die leidvollen Dimensionen der Schulderfahrung zu bewältigen bzw. sie aushalten zu können. Auf diesem Hintergrund kann auf die Sehnsucht nach versöhntem Leben als Grundkonstante menschlicher Existenz verwiesen werden. Viele Erfahrungen von Schuld und Kränkung, von Misstrauen und Hass, von Vergeltung und Rache nähren diese Sehnsucht und bekunden zugleich, wie schwierig der Weg für viele Menschen zu versöhntem Leben ist.[4] Der eigene Beitrag der Vergebung hin zu versöhntem Leben ist dabei mitunter eine hohe und kaum zu erbringende Herausforderung[5], allerdings im Falle des Gelingens auch verbunden mit wertvollster Erfahrung des wahren Menschseins und der Selbsterkenntnis.[6] Dabei bekunden Theologinnen und Theologen ebenso wie namhafte Vertreterinnen und Vertreter von therapeutischen Wissenschaften und der entsprechenden Praxis, wie wichtig das biographische Erzählen und Reflektieren sind, um sich und die Menschen um sich herum besser zu verstehen und Haltungs- und Handlungsstrategien entwickeln zu können, die neuer Zukunft eine Chance zusprechen.[7] So geben Menschen ihrer Sehnsucht nach Versöhnung und innerer Ruhe Raum, verpflichten sich mitunter selbst auf konkrete Wege, um die Erfahrung von Störungen durch Verletzung unterschiedlichster Art und durch Missachtung der menschlichen Würde wieder gut zu machen und neu Werte in Blick zu nehmen, die

---

[3] Ebd., 138.

[4] Vgl. dazu z. B. Geiko MÜLLER-FAHRENHOLZ, *Versöhnung statt Vergeltung. Wege aus dem Teufelskreis der Gewalt*, Neukirchen-Vluyn 2003.

[5] Vgl. dazu Karin FINSTERBUSCH – Helmut A. MÜLLER (Hg.), *Das kann ich dir nie verzeihen!? Theologisches und Psychologisches zu Schuld und Vergebung*, Göttingen 1999; Hans SCHALLER, *Wenn Vergeben schwer fällt* (topos tb 307), Mainz 1999; Jean NONBOURQUETTE, *Vergeben lernen in zwölf Schritten*, Mainz 2003; vgl. auch den Überblick von Bernhard GROM, Forgiveness: *Die Bereitschaft zu vergeben. Ein aufstrebendes Thema psychologischer Beratung*, in: Stimmen der Zeit, 220. Band, 127 (2002), 640–643.

[6] Vgl. die Beiträge in „*Wie? Auch wir vergeben unseren Schuldigern. Mit Schuld leben?*", herausgegeben von Jürgen EBACH – Hans-Martin GUTMANN – Magdalene L. FRETTLÖH – Michael WEINRICH, Gütersloh 2004; hier insbesondere Magdalene L. FRETTLÖH, *„Der Mensch heißt Mensch, weil er … vergibt"? Philosophisch-politische und anthropologische Vergebungs-Diskurse im Licht der fünften Vaterunserbitte*, 179–215.

[7] Stellvertretend seien genannt Dorothea SATTLER, *Die Last des Lebens leichtern*, in: LJ 59 (2009), 130–133; Lorenz WACHINGER, *Erinnern. Erzählen. Deuten. Zwischen Psychotherapie, Literatur und Theologie*, herausgegeben von Felix BILLETER und Barbara WACHINGER. Mit einem Nachwort von Jürgen WERBICK, Mainz 2002.

Leben aufbauen und im Positiven bestärken. Solche Menschen fragen, wie sie zu neuem Vertrauen und gegenseitigem Zutrauen bzw. zu neuem Ansehen als einer neuen Basis des Miteinanders finden. Vielfältige Angebote antworten auf diese Bedürfnisse der Menschen vom therapeutischen Umfeld bis hin zu den Medien, in denen öffentlich und vor mitunter zahlreichem Publikum die eigene Lebensgeschichte ausgebreitet, mit aller zerstörerischen Dimension vor Augen gestellt wird und bereitwillig Rüge und Schelte, Mahnung und Vermahnung bzw. Ratschlag und Ermutigung angenommen werden.

Im Rahmen unserer Akademie stellt sich die Frage: Welche Aufgabe hat die Kirche und welche Rolle übernimmt sie als Institution, die über Jahrtausende Erfahrung sammeln konnte in der Bewältigung der Lebenskontingenz und der zerstörerischen Kräfte im Menschen. Wie wirkt sich die Rückbindung der Kirche im Glauben an einen Gott aus, der sich im Bild des Hirten offenbart, als ein verzeihender und barmherziger Gott (vgl. z. B. Ps 99, 8)? In diesem Sinnbild kommt zum Ausdruck, dass die Sorge für den Menschen, Begleitung und Achtsamkeit, Führung und das Orientierung gebende Wort zum Wesen Gottes zählen; für Menschen ist ein solches Leitbild eigener Lebensgestaltung wichtig. Wie wirkt sich das Nahekommen Gottes in seinem Sohn aus, der in menschlicher Gestalt gezeigt hat, wie ernst er Menschen nimmt, die bereit sind zur Lebensveränderung gemäß dem biblischen Gott, der dem Menschen in seiner Gottebenbildlichkeit die Liebesfähigkeit, die Liebenswürdigkeit und die Friedensbereitschaft zuspricht. Und schließlich: Welche Impulse geben biblische Situationen der Schulderfahrung und der Schuldbewältigung im Alten wie im Neuen Testament, um sie für die gegenwärtige Praxis der Kirche zu bedenken?

Die Kirche blickt auf eine Jahrtausende lange Tradition im Umgang mit Schuld und Sünde zurück und erinnert sich vergegenwärtigend immer neu der biblischen Beispiele der Schuldbewältigung des Volkes / der Menschen und der biblischen Vergebungszusage von Seiten Gottes.

Neben biblischen Gestalten wie David, dessen Verstrickung und Schuld offen dargestellt werden, kann nicht übersehen werden, dass der aus der Schule der Pharisäer hervorgegangene Paulus in seinem Eifer zum Verfolger von Christen wird, der schließlich auch der Tötung derselben zustimmt (vgl. Apg 8, 3; 9, 2; 20, 20). Er wird so schuldig am Menschen, der als schützenswert gilt und unantastbar ist vor Gottes Angesicht: eine Sünde, die zum Himmel schreit. Sein Sturz vom hohen Ross, von der Machtposition in seinen Glaubensstrukturen, lässt ihn erblinden, d. h. sich neu auf die Suche begeben nach lichtvolleren Maßstäben für Lebensgestaltung und Lebensdeutung. Vom Auferstandenen erfährt Paulus Zuwendung, die sein Leben neu zu orientieren vermag. Die Beziehung, die der Auferstandene stiftet und erhält, ermöglicht es Paulus, sich vor den anderen Christinnen und Christen zu legitimieren. Trotz seiner verfolgerischen und in den Tod treibenden Aktionen weiß er sich vom Auferstandenen so angenommen und gerufen, dass er einen neuen Auftrag im Leben erkennt und daher zur Überzeugung gelangt, dass Versöhnung mit Gott das Leben auf eine neue Basis stellt. Das Beziehungsgeschenk des Auferstandenen ist Versöhnung. Daher auch seine Ermutigung: „Lasst euch mit Gott versöhnen!" (vgl. 2 Kor 5,11–18; 2 Kor 6). Das ist der bleibende Auftrag an die Kirche: Menschen mit Gott und untereinander zu versöhnen. Dabei geht es um den Menschen und um seine Lebensgestaltung. In der Lebensdeutung und der Glaubenserfahrung sagt Paulus darum stets von Neuem, dass sein Verständnis der Versöhnung und Vergebung erwachsen ist aus der Zuwendung des Auferstandenen und aus dem Geist der Tora und der Propheten.

Die kirchliche Gemeinschaft soll nach Paulus der neue Tempel sein, in dem Gott gegenwärtig ist und wirkt (vgl. 2 Kor 6,16). Die Väter der Kirche werden daher nicht müde zu betonen, dass jede Form von Sünde die Strahlkraft der Kirche mindert bzw. verdunkelt. Schließlich betont auch das Zweite Vatikanische Konzil, wie wichtig die Dimension der Kirche als *sacramentum mundi*, als Heilszeichen für die Welt, sei. Daher sind nicht nur die einzelnen Christen und Christinnen, sondern die ganze Kirche gerufen, Umkehr und Buße zu gestalten und Versöhnung zu stiften und zu feiern.[8]

Es gilt also Ausschau zu halten nach der rechten Gestalt dieses Dienstes der Versöhnung, der im Leben der Kirche allgemein und konkret in den Gemeinden Gestalt annehmen soll – einerseits im Alltag und andererseits in den liturgisch-sakramentalen Formen. Diese Suche beginnt nicht am Nullpunkt, vielmehr ist es eine neuerliche Suche, bei der sich die Kirche vergewissert, ob die Formen taugen und ob die Sprache, mit der gesprochen wird, dem entspricht, was den Menschen im Sinne Gottes und des biblischen Menschenbildes dient. Das Zweite Vatikanische Konzil hat den Auftrag erteilt, „Ritus und Formeln des Bußsakramentes" so zu revidieren, dass „Natur und Wirkung des Sakramentes deutlicher ausgedrückt" werden (vgl. SC 72).

---

[8] Vgl. dazu auch den jüngsten Beitrag aus evangelischer Perspektive in dem Sammelband Schuld. *Interdisziplinäre Versuche ein Phänomen zu verstehen*, herausgegeben von Stefan BEYERLE – Michael ROTH – Jochen SCHMIDT (Theologie – Kultur – Hermeneutik 11), Leipzig 2009.

Die Schriften Israels beschreiben ein großes Versöhnungsritual, den *Jom Kippur* (Lev 16,1–34), dessen Gestalt sich im Laufe der jüdischen Glaubensgeschichte geändert hat. Gleich geblieben ist aber seine Bedeutung: „In seinem Wesenskern spiegelt der Jom-Kippur-Feiertag, der Versöhnungstag, eine einfache Idee wider: Jedes Jahr am Neujahrsfest urteilt Gott über die gesamte Schöpfung und bestimmt das Schicksal einer jeglichen Kreatur, jedes Menschen und jeder Nation für das neue Jahr. Die Juden, als Einzelne wie als Volk, müssen dieses Urteil wegen ihrer persönlichen Verfehlungen gegenüber dem Bund über sich ergehen lassen. Sie haben sich von Gott entfremdet und müssen ihre zerbrochenen Beziehungen wiederherstellen. Sie müssen die Taten des vergangenen Jahres überdenken, die Fehler und Verfehlungen, die sie angerichtet haben, bereuen und persönlich versuchen, das, was sie korrigieren können, wieder ins Lot zu rücken. Aber nicht alle Sünden und Schäden, die sie angerichtet haben, können durch eine noch so sorgfältig ausgeführte Reparatur aus der Welt geschafft werden. Deshalb überantworten sich die Menschen der Barmherzigkeit Gottes. Durch Gebet und Bitten, besonders an diesem Versöhnungstag, flehen sie zu Gott, das in Ordnung zu bringen, was sie selbst nicht in Ordnung bringen können, und die Last der Schuld und Bitterkeit, die Makel und Schlacken von ihnen zu nehmen, die sie selbst nicht zu entfernen vermögen."[9]
„Israels tiefe Gewissheit, dass Gottes Liebe letztlich triumphieren muss, verlangt freilich die wiederholte Warnung und Erinnerung daran, dass die menschliche Anstrengung für Gott unabdingbar ist, damit auch der Mensch seinen Teil in diesem Prozess leisten kann. ‚Sünden des Menschen gegen Gott sühnt der Jom Kippur. Aber Sünden gegen den Mitmenschen kann der Jom Kippur nicht sühnen, bis man sich mit den Mitmenschen ausgesöhnt und das Übel wieder gut gemacht hat, das man einander angetan hat' (Joma 85 b)."[10]
Die Strategie dieses Tages, der sakramentalen Charakter hat, lehrt folgende Schritte: a) Prüfung der Gedanken, Worte, Handlungen und Forschen nach Verfehlungen, b) Bekenntnis der Sünde gegenüber Gott und den Mitmenschen, c) Schmerz und Reue, d) fester Vorsatz zum Guten (vgl. Lev 16).
Die Gemeinde trägt dabei den weißen Sterbekittel, und das Sün-

---

[9] Jonathan MAGONET, *Der Versöhnungstag in der jüdischen Liturgie*, in: Versöhnung in der jüdischen und christlichen Liturgie (QD 124), Freiburg 1990, 133–134.
[10] Ebd., 138.

denbekenntnis, das gesagt wird, ist zugleich das *Sterbegebet*, das Gebet, das gesprochen wird, wenn das Geschöpf vor seinen Schöpfer tritt, um ihn von Angesicht zu Angesicht zu schauen.

Diesem alljährlichen Sühneereignis wird im Neuen Testament das einmalige und endgültige Sühneopfer Christi am Kreuz gegenübergestellt (vgl. Hebr 7,26–28; 9,6–14; 10,1–10).

Die Bußliturgie in Neh 9

Diesem jährlichen Ereignis der Umkehr und der Versöhnung kann ein einmaliges Ereignis beigestellt werden, die Bußliturgie in Neh 8–10 anlässlich der Heimkehrermaßnahmen und des Tempelmauerbaus nach den Exilserfahrungen Israels. Auf der Suche nach der neuen Identität besinnt sich die Glaubensgemeinschaft auf ihre Fundamente und ruft alle zu einem Bußgottesdienst zusammen, der in Neh 9,1–37 geschildert wird. Hier kann durchaus von einem Modell eines veterotestamentarischen Sakraments (G. Braulik) gesprochen werden:

Bei dieser Bußfeier wird drei Stunden lang aus der Tora vorgelesen, die Gläubigen kleiden sich in Bußgewänder und streuen sich Staub auf ihr Haupt. Es sollen drei Stunden Gebet folgen. Im überlieferten Text Neh 9 ist ein Lob- und Dankgebet überliefert, das durchaus *als ein erstes Modell eines Hochgebetes* angesehen werden kann, in dem die Gemeinde zum Ausdruck bringt, dass sie sich dem Schöpfer verdankt, ihre Geschichte durch ihn gestaltet und begleitet weiß und nun erkennt, dass sie sich dieser Begleitung entzogen hat und damit schuldig geworden ist, und um Erbarmen bittet. Dem wird die unverbrüchliche Treue Gottes gegenübergestellt, die sich stets neu erwiesen hat und *hier* und *heute* wieder neu erweist als Zusage für eine neue Zukunft.

Hier wäre natürlich einzugehen auf viele weitere Texte wie die Kain-und-Abel-Erzählung (Gen 4,1–16), die Geschichte von David, der den Hetiter Urija töten ließ, um an seine Frau Batseba heranzukommen (2 Sam 11,1–27), einzugehen auch auf unterschiedliche Texte der individuellen Gebetssprache, wie sie sich in den Psalmen widerspiegelt, z. B. Pss 32 und 51 oder 103 u. Ä.

Zur Bedeutung des Wortes Gottes in der Umkehrliturgie

Wir können hier bereits festhalten: Für alle Umkehrpraxis der Kirche ist das Wort Gottes als die vergegenwärtigende und erinnernde Dimension des Wirkens Gottes von entscheidender Bedeutung. Aus den Erfahrungen, die in den biblischen Erzählungen geschildert sind, lassen sich Erkenntnisse schöpfen für das Verständnis von Vergehen, Versagen und Schuld (Sünde), aber auch Antworten finden auf die Frage nach dem Umgang mit Schuld und Wiedergutmachung, mit Umkehr und Versöhnung. Diese Texte können Umkehr wirken, weil im Wort Gottes Christus selbst zur Gemeinde spricht und zu Umkehr und Versöhnung hin bewegt. Das ist festzuhalten gegen problematische Fragekataloge in Bußgottesdiensten, wie sie sich mitunter, bewegt durch moralistische Intentionen, breit gemacht haben.

Jesu Versöhnungshandeln

In diesen einführenden Überlegungen soll es nicht um eine systematische bibeltheologische Grundlegung von Umkehr und Versöhnung gehen, wohl aber mit Blick auf die Praxis im Leben der Gläubigen und der Kirche um einige Impulse, die von Jesu Versöhnungshandeln und der Praxis der jungen Kirche ausgehen.

Die Evangelien zeichnen ein Bild von Jesus, das im Hebräerbrief verdichtet zum Ausdruck kommt: Jesus ist ein Abbild des gütigen, treuen und barmherzigen Vaters (vgl. Hebr 1,3). Er hat die Reinigung von den Sünden bewirkt durch seinen Sühnetod und steht anstelle des Hohenpriesters am Großen Versöhnungstag (vgl. Hebr 2,16–18). In Jesus Christus ist die endgültig-sichtbare Gemeinschaft mit Gott angebrochen, das Wirken Jesu ruft zur Umkehr und zur Annahme dieser neuen Wirklichkeit.

Die Heilung des Gelähmten

Mit der Perikope von der Heilung des Gelähmten (vgl. Mt 9,1–8) kann erkannt werden, was Menschen krank macht und dass die Heilung im Herzen der Menschen, in der Reinigung von den Sünden, geschehen muss. Es ist eine konsequente Fortsetzung der alttestamentlich-jüdischen Überzeugung, die sich aus dem s^{e}ma israel (Höre, Israel!) ergibt. Metaphorisch gesprochen ist das Herz der Ort, an dem Gottes Wirken im Menschen seinen Sitz hat. In dieses Herz soll die Tora eingemeißelt / eingeschrieben sein (vgl. Jer 31,33). Die Lahmheit ist ein Bild für alles, was Menschen hindert, aufeinander und auf Gott zuzugehen. Gegenüber den Pharisäern, die die Sündenvergebung als Gotteslästerung bezeichnen, klagt Jesus die bösen Gedanken im Herzen an. Das Herz als Sitz der Barmherzigkeit und der Treue soll für die Gegenwart und das Wirken Gottes offen sein. Daraus ergeben sich Staunen und Gotteslob.

Menschliche Erfahrung zeigt, dass sich das Miteinander oder die Entzweiung von Menschen bei Tisch zu erkennen geben. Wer entzweit ist, kann schlecht miteinander essen, dem wird das Zu-Tische-Sein und die bei Tisch sich ergebende Gemeinschaft nicht zur „Nahrung" des Lebens, vielmehr zur Belastung. In den Evangelien wird Jesus geschildert, wie er sich mit Sündern an den Tisch begibt und die Tischgemeinschaft teilt. Die hier geschilderte Tischgemeinschaft hat für ihn und die am Tisch Sitzenden nichts Beklemmendes. Jesus vermittelt das Angebot einer Beziehung, aus der sich neue Zukunft ergibt. Zachäus sagt daher auch, dass er in Hinkunft die Hälfte seines Vermögens den Armen geben wolle, und wenn er etwas zu Unrecht eingefordert habe, wolle er dieses zurückgeben (vgl. Lk 19, 8). Im Zusammensein mit dem Herrn ergeben sich Einsicht und neue Haltungen. Gegen die Kritik der Glaubenslehrer vermerkt das Matthäusevangelium daher: „Nicht die Gesunden brauchen den Arzt, sondern die Kranken. Ich bin gekommen, die Sünder zu berufen, nicht die Gerechten" (vgl. Mt 9,9–13); es bezieht sich dabei auch auf das prophetische Wort bei Hosea, der anstelle der Opfer Barmherzigkeit einfordert. Es wäre hier spannend, auch im Sinne einer Versöhnungstheologie, dem Begriff der „Barmherzigkeit" nachzugehen, das das „mutterschoßende Herzen" oder das „Rumoren der Eingeweide" meint – Grundhaltungen in einer Umkehr- und Versöhnungspastoral, wie ich meine. Zunächst ist damit die Haltung Gottes angesprochen, mit der die Heilige Schrift das Wesen Gottes bildlich ausdrückt. Andererseits sind diese Haltungen und Erfahrungen Impuls für die Menschen, sich auf das damit Ausgesagte und Auszusagende einzulassen. Wer es gut mit den Menschen meint, der ist wie eine Mutter, die ihr Kind „mutterschoßend herzt", d.h. birgt und nährt und nahe ist wie dem Säugling im Mutterschoß. Das meint Barmherzigkeit. Zudem sagen Menschen, die einander als Liebende annehmen, dass die gegenseitige Wahrnehmung und das Empfinden füreinander in den Eingeweiden spürbar werden. Barmherzigkeit wird so physisch wahrgenommen und spürbar. Gemeint ist das Mitempfinden, das für Menschen, die sich in Schuld und der damit verbundenen Not verstrickt haben, wichtig ist.

Das Beispiel vom zweifach barmherzigen Vater – Modell einer individuellen Lebenserfahrung

Lk 15 spricht von einem Personenkreis, der von der Sehnsucht geprägt ist, Jesus zu hören. Lukas sagt, es seien Sünder, die darauf vertrauen, aus dem Gespräch mit Jesus bei Tisch Tragfähiges, eben Lebens-Nahrung, mitzubekommen. Nicht den Sündern, vielmehr den Lehrern des Glaubens gilt die Reihe von Beispielerzählungen, mit denen Lukas verdeutlicht, wie sich in Jesus Gottes Wirken konkretisiert. Er erklärt im vertrauten Bild des Hirten die Sorge Gottes um die Menschen und dass ein wiedergefundenes Schaf, die Bekehrung eines Sünders, Grund zu großer Freude und zum Festmahl ist (vgl. Lk 15,3–7). Die altkirchliche Versöhnungspraxis der Kirche wusste dies in der Verbindung von Wiederversöhnung *(reconciliatio)* und österlicher Eucharistie gut miteinander zu verbinden. Lukas erinnert auch mit der Beispielerzählung von der Drachme, dass es sich lohnt, auf die Suche zu gehen nach dem, was Leben erhält und garantiert (vgl. Lk 15,8–9). Das Festmahl ist der Ort, wo die Freude über das Wiedergefundene geteilt wird, weil es Leben und Beziehungen prägt (vgl. Lk 15,10).

Nach diesen beiden Gleichnishinweisen folgt die Gleichniserzählung vom zweifach barmherzigen Vater (Lk 15,11–32). Ich will nicht Eulen nach Athen tragen, aber andeuten, wie wichtig dieser Text für eine sinnvolle Umkehr- und Versöhnungspraxis der Kirche ist.

Folgender Weg lässt sich ausmachen:

a) Die Darstellung eines Lebensweges

b) Der Eintritt einer Krisensituation

c) Die Rückbesinnung auf die Vergangenheit und die Sehnsucht nach Umkehr: („Er ging in sich" (V. 17): solitäre Formulierung in der Heiligen Schrift); (jom kippur – „über sich nachdenken")

d) Die Überlegung, wie die Erfahrung ins Wort gebracht werden kann

e) Der Aufbruch zurück in die Zukunft – Weg in die „alte" zurückzugewinnende Freiheit[11]

f) Versöhnungsgeschehen und Symbolhandeln:

    (1) Der Vater sieht den Sohn (die Situation eines Menschen erkennen);

    (2) er läuft ihm entgegen (zur Seite stehen);

    (3) er fällt ihm um den Hals (Zuwendung als Hilfestellung);

    (4) er küsst ihn (bedingungslose Annahme und neuerliches Beziehungsangebot);

---

[11] Miguel de CERVANTES SAAVEDRA, *Der geistvolle Hidalgo Don Quijote de la Mancha II*, herausgegeben und übersetzt von Susanne LANGE, München 2008, 463: „Zur Seite, liebe Herren, entlasst mich in meine frühere Freiheit, damit ich mein altes Leben suche, das mich von dem Tod hier auferstehen lassen soll."

(5) das Bekenntnis des Sohnes (zur Sprache bringen, was ausgesprochen werden muss; vgl. auch Ps 32);

(6) Anziehen des neuen Festkleides (*Habitus* verändert sich, weil das Äußere einen Menschen deutet; vgl. auch Eph 4,24: „Zieht den neuen Menschen an, als Ebenbild Gottes ist er geschaffen in wahrer Gerechtigkeit und Heiligkeit"; ähnlich Kol 3,10; Gal 3,26 f.);

(7) Anstecken des Ringes (Symbol der wiedergefundenen Beziehung und Treue);

(8) Anziehen der Schuhe (Befähigung für einen neu gefundenen Weg);

(9) Festmahl in Freude (zeichenhaft wiederhergestellte Beziehungen mit Gott und den Menschen; befähigtes Miteinander) als Inszenierung der Versöhnung;

g) Argwohnsituation (Wie geht es anderen Menschen mit der Veränderungsfähigkeit von Menschen? Was fordert dies ein?)

h) Auseinandersetzung mit dem Betroffenen (Der Sohn verweist auf die Erfüllung aller Gebote, nicht auf den Willen seines Vaters [vgl. EÜ]: Wie müssen / sollen / können solche Wege mitgegangen werden? Wie erkennen sich Menschen in den Umkehrvorgängen anderer?)

i) Vergewisserung der eigenen Situation

j) Versöhnung als Beziehungsgut (vgl. v. 32: vom Tod zum Leben – verloren / wiedergefunden).

Für die Umkehr- und Versöhnungsliturgie bzw. die Umkehrpastoral stellt sich die Frage, wie ein solches biblisches Modell mit den entsprechenden Zeichenhandlungen, Verortungen, Personen und Zeitstrukturen umgesetzt werden kann. Daraus ergäbe sich eine Gestalt des Sakramentes der Heilung und Wiederversöhnung (Rekonziliation).

Die Taufe als grundlegendes Umkehr- und Versöhnungsereignis

Ich halte hier lapidar fest, dass das eigentliche Umkehrereignis die Taufe ist. Durch sie geschieht die Eingliederung in die von Jesus, dem Gesalbten, der durch den Vater aus dem Tod genommen und als Auferstandener erfahren wird, neu eröffnete Beziehungsgemeinschaft der Kirche. Wer in diese Gemeinschaft gerufen ist, verlangt nach dem Wort Gottes wie Neugeborene nach der Milch ihrer Mutter (vgl. 1 Petr 2,2), damit dieses Leben gelingen und gedeihen kann.

Die neutestamentlichen Schriften bekunden Erfahrungen, dass es nicht gelungen ist, dem Ideal der Christusnachfolge zu entsprechen. Paulus wird z. B. mit der Tatsache konfrontiert, dass Getaufte in die Sünde zurückfallen und spricht von einem Zustand des Todes. Paulus wird mit seiner Berufung die Erfahrung geschenkt, dass sein bisheriger Weg und sein bisheriger Einsatz im Leben ein Irrweg waren, der den Christen Schaden zugefügt hat. Die Apostelgeschichte spricht davon, dass er der Hinrichtung von Christen und Christinnen zugestimmt hat. In seiner Berufung wird ihm diese Tatsache bewusst, er muss sein Leben neu orientieren und anschließend sein Ansehen bei den Christen suchen. Dass es dabei auch Schwierigkeiten gab, ist verständlich (vgl. Apg 26).

Man kann über solche Berichte nicht einfach hinweglesen. Es wiegt schwer, wenn Menschen einander töten (lassen). Der Schöpfergott Israels wendet sich Paulus so zu, dass er in seinem Herzen neu aufleuchtet durch die Zuwendung in Jesus Christus (vgl. 2 Kor 4, 26). Durch diese Zuwendung verändert sich die Lebenshaltung des Paulus, und er geht tatsächlich einen neuen, von diesem Licht erleuchteten Weg. Die neue Zuwendung, das Angenommensein trotz dieser Vergangenheit, erkennt Paulus als den Vergebungszuspruch vonseiten Gottes in Jesus Christus und ruft daher auf, sich mit Gott versöhnen zu lassen. Damit beginnt aber auch sein eigener Schicksalsweg in den Tod um der Liebe willen (vgl. Apg 26,14–16; 1 Tim 1, 15; Gal 5,1–13; 2 Kor 5, 20).[12]

Im Galaterbrief ermutigt Paulus zum Zurechtweisen im Geist der Sanftmut, denn jeder sei gerufen, die Last anderer zu tragen (vgl. Gal 6,1–2). In 1 Kor 10, 16 spricht er dann konkreter vom Ausschluss aus der Eucharistiegemeinschaft, wenn sich jemand an der Gemeinde als der sichtbaren Gestalt der Christusgemeinschaft versündigt. In 1 Kor 5 wird eine Situation der Blutschande geschildert, in der ein Mann mit der Frau seines Vaters lebt. Paulus empfiehlt der von ihm gegründeten Gemeinde, dass sie zusammenkommen und den Sünder ausschließen solle[13]. In diesem Beispiel wird deutlich, dass die Ver-

[12] Vgl. dazu Carlo Maria MARTINI, *Das Evangelium von Paulus*, Leipzig 2007; Rudolf PESCH, *Die Apostelgeschichte*, 1. und 2. Teilband (EKK V/1 und 2), Zürich 1986; Udo SCHNELLE, *Paulus. Leben und Denken*, Berlin – New York 2003; Rudolf HOPPE – Kristell KÖHLER, *Das Paulusbild in der Apostelgeschichte*, Stuttgart 2009; Karl HARTMAN, *Vor Damaskus ein Licht. Wie Paulus die Bekehrung des Paulus erzählt*, Stuttgart 1987.
[13] Vgl. 1 Kor 5, 4: [4]Im Namen Jesu, unseres Herrn, wollen wir uns versammeln, ihr und mein Geist, und zusammen mit der Kraft Jesu, unseres Herrn (Mt 18,20) [5]diesen Menschen dem Satan übergeben zum Verderben seines Fleisches, damit sein Geist am Tag des Herrn gerettet wird (1 Tim 1,20; 1 Petr 4,6).

antwortung bei der Gemeinde liegt; von einem entsprechenden Amt ist nicht die Rede. Der Grund für diesen Ausschluss *(excomunicatio)* ist, dass die Gemeinde rein erhalten werde, der Sünder schändet nämlich die Heiligkeit, die Zeichenhaftigkeit, die Wirkkraft der Gemeinde, daher soll er ausgeschlossen, aber zugleich der Barmherzigkeit Gottes überantwortet werden.

Auch bei dem in 2 Kor 2, 5–11 genannten Beispiel der Züchtigung eines Gemeindemitgliedes, dessen Schuld nicht genannt wird, trägt die Gemeinde als solche die Verantwortung. Paulus war offensichtlich von einem Gemeindemitglied gedemütigt worden.[14] Es erfolgte eine angemessene Strafe durch die Gemeinde. Paulus meint, damit müsse es auch gut sein und mahnt zu einem aufmerksamen und behutsamen Umgang mit dem Schuldigen, damit der Betroffene nicht von allzu großer Traurigkeit aufgefressen werde (vgl. V. 7). Entscheidend sei das Verzeihen in Liebe und die tröstende Zuwendung. Ein solches Procedere beschreibt Paulus als eine Haltung und Strategie gegen die Macht des Bösen.

Die Gemeinderegel in Mt 18

Im 18. Kapitel des Matthäusevangeliums ist eine Art Gemeinderegel für den Umgang mit sündigen Gemeindemitgliedern vorgestellt (vgl. VV. 15–18). Hier wird vermutlich eine judenchristliche Praxis auf dem Hintergrund von Lev 19, 17–18 aufgegriffen und in einen neuen Kontext gestellt:

> [17] Du sollst in deinem Herzen keinen Hass gegen deinen Bruder tragen. Weise deinen Stammesgenossen zurecht, so wirst du seinetwegen keine Schuld auf dich laden. [18] An den Kindern deines Volkes sollst du dich nicht rächen und ihnen nichts nachtragen. Du sollst deinen Nächsten lieben wie dich selbst. Ich bin der Herr.

Unter dem „Nächsten" verstand Israel vor allem den Volks- und Glaubensgenossen; doch sind nach V. 34 auch alle Fremden, die Gastrecht genießen, in das Gebot der Nächstenliebe mit eingeschlos-

---

[14] Mahnung zur Milde in 2 Kor 2, 5–11: [5] Wenn aber einer Betrübnis verursacht hat, hat er nicht mich betrübt, sondern mehr oder weniger – um nicht zu übertreiben – euch alle. [6] Die Strafe, die dem Schuldigen von der Mehrheit auferlegt wurde, soll genügen. [7] Jetzt sollt ihr lieber verzeihen und trösten, damit der Mann nicht von allzu großer Traurigkeit überwältigt wird. [8] Darum bitte ich euch, ihm gegenüber Liebe walten zu lassen. [9] Gerade deswegen habe ich euch ja auch geschrieben, weil ich wissen wollte, ob ihr wirklich in allen Stücken gehorsam seid. [10] Wem ihr aber verzeiht, dem verzeihe auch ich. Denn auch ich habe, wenn hier etwas zu verzeihen war, im Angesicht Christi um euretwillen verziehen, [11] damit wir nicht vom Satan überlistet werden; wir kennen seine Absichten nur zu gut.

sen. Jesus hat das Gebot der Nächstenliebe nach Mt 5,43 und Lk 10,27–37 auf alle Menschen ausgedehnt.

Für Matthäus stellt sich die Frage nach dem Umgang mit einem Gemeindemitglied, das sich verfehlt hat und das Zurechtweisung nötig hat.[15]

1) Ausgangspunkt ist das sündige Verhalten eines Bruders, das als solches privat oder öffentlich beobachtet wird oder öffentlich ausgesprochen werden kann oder muss.

2) An den, der das Vergehen erkennt, geht der Auftrag, unter vier Augen zurechtzuweisen. Hat das Gespräch bzw. die Begegnung Erfolg, so ist der Bruder zurück gewonnen (vgl. auch das Beispiel vom verlorenen Schaf in Mt 18,12–14).

3) Hat das Gespräch nicht Erfolg, so sollen ein oder zwei Männer mit hinzugezogen werden; damit bekommt das Vorgehen Öffentlichkeitscharakter. Nach Dtn 19,15 braucht ein Vergehen, das öffentlich verhandelt wird, mindestens zwei Zeugen.

4) Hört der Angesprochene immer noch nicht, dann soll die Angelegenheit der Gemeinde vorgetragen werden. Es scheint so, als wäre das schuldig gewordene Gemeindemitglied vor eine Gemeindevertretung zu rufen, die mit ihm spricht. Endet das Gespräch positiv, ist die Sache damit erledigt.

5) Trifft dies aber nicht zu, dann sind die Möglichkeiten erschöpft. Der Sünder wird mit den Zöllnern und Heiden verglichen. „Exkommunikation" erfolgt also aufgrund des in Sünde Verharrens, nicht aber schon aufgrund der Sünde. Der Ausschluss ist damit eindeutig eine Form der Züchtigung, eine Strafsanktion. Bis zu diesem Zeitpunkt gilt das schuldig gewordene Gemeindemitglied als zur Gemeinde gehörend. Erst die Hartnäckigkeit, mit der in der Sünde verharrt wird, und die fehlende Umkehrbereitschaft bringen den Spruch der Ausgrenzung mit sich. Es bleibt offen, wie eine mögliche Wiederaufnahme aussehen könnte.

Dieser Fünf-Punkte-Plan ist ergänzt durch das Wort vom Binden und Lösen. Der Urteilsspruch gilt vor Gott, denn wo Christen sich im Namen Jesu versammeln, ist ihr Herr unter ihnen gegenwärtig und wirkt mit (Mt 18,20). Wie weit die Barmherzigkeit reichen muss, zeigt der weitere Kontext dieser Perikope. Jesus trägt Petrus auf, siebenundsiebzigmal zu verzeihen (Mt 18,21–22), ein Hinweis auf die unendliche Barmherzigkeit Gottes.

---

[15] Eine ähnliche Regel kennt auch die Qumrangemeinde. Die Wissenschaft meint aber eher, dass kein direkter Einfluss zu sehen sei.

Die Entwicklungen in der alten Kirche
Paenitentia secunda – Wiederaufnahme (Wiedereingliederung)

Schon bald stellte sich die Frage, wie in der als Märtyrerkirche zu bezeichnenden Periode die Erfahrung der zurückgenommenen Taufberufung wiedergutgemacht werden könne.[16] Immer wieder hat es während der Verfolgungszeiten der ersten drei Jahrhunderte Christen und Christinnen gegeben, die dem öffentlichen Druck nicht standhielten und trotz der Taufe dem Staatskult dienten. Zunächst wollte man für solche, aber auch von Ehebruch oder Mord und anderen ähnlich schweren Vergehen Betroffenen keine zweite Buße im Sinne der Taufe gewähren, galt diese doch als einmalige Gelegenheit, sich in die Heilsgemeinschaft einzugliedern. Die *excommunicatio* trat durch die erfolgte Tat ein. Bereits im 3. Jahrhundert erfolgte aber eine Aufweichung dieser rigorosen Haltung und es wurde eine zweite Möglichkeit, die *paenitentia secunda*, gestattet, um nach entsprechender Buße wieder in die volle Gemeinschaft aufgenommen werden zu können. In der Begleitung dieser Betroffenen, die von Laien erfolgt, entstehen Modelle, die deutlich machen, dass Christen und Christinnen füreinander Verantwortung übernehmen und sich gegenseitig stützen und tragen. Hier wären die sogenannten Geistträger zu nennen, die den Umkehrwilligen aus dem Gefängnis oder anderen Orten der Zurückgenommenheit die sogenannten Friedensbriefe ausstellen, mit denen sie der Gemeinde bekunden, dass eine Wiederaufnahme dafürsteht. Die Synode von Karthago beschloss 251 solche *libellatici* wieder in die Kirche aufzunehmen. Die Synode von 252/53 meinte, dass auch die *sacrificati*, jene, die den heidnischen Göttern geopfert hatten, aufgrund einer neuerlich drohenden Verfolgung aufgenommen werden dürften. Dieses Modell zeigt, wie einerseits eine individuelle Betreuung der Betroffenen stattfindet und andererseits die Gemeinde der Ort ist, an dem die Barmherzigkeit Gottes im Sinne der Wiederaufnahme und Annahme sichtbar wird und greift. Solche Modelle könnten auch heute wieder Platz haben.[17]

---

[16] Vgl. zu diesem Abschnitt Reinhard MESSNER, *Feiern der Umkehr und Versöhnung.* Mit einem Beitrag von Robert OBERFORCHER (Gottesdienst der Kirche. Handbuch der Liturgiewissenschaft 7/2: Sakramentliche Feiern I/2), Regensburg 1992, 9–240.

[17] Neben anderen Beispielen kann ein Projekt genannt werden, das im Deutschen Orden gepflegt wird. Sr. Reinhilde PLATTER bietet seit nunmehr 20 Jahren im Turm der Landkommende Weggenstein in Bozen Gesprächsseelsorge an. Es melden sich Personen beider Geschlechter und aus allen gesellschaftlichen Schichten und Situationen, die das Gespräch über ihre Lebenserfahrungen suchen. Diese Gespräche helfen den Menschen, ihre Situation auszuleuchten, einzuordnen, aushalten zu können, sich neu zu orientieren, oft auch aus religiöser Perspektive das Leben neu in Blick zu bekommen. Diese Begegnungen werden von Sr. Reinhilde im Gebet begleitet und getragen;

Ab dem vierten Jahrhundert etablieren sich zwei unterschiedliche Formen der Umkehr- und Versöhnungspraxis. Einerseits das öffentliche Bußinstitut, auch kanonische Buße genannt, das in der Gemeinde angesiedelt war. Dabei gingen die Gemeindemitglieder, die sich in Sünde verstrickt hatten, zum Episkopen / Bischof und berichteten ihm ihre Lebenssituation. Die Schwere der Situation, die zumeist öffentlich bekannt war, brachte einen Ausschluss aus der vollen Eucharistiegemeinschaft mit sich. In dieser Zeit des öffentlichen Büßerstandes verpflichteten sich die Umkehrwilligen zum Fasten, zu besonderen Werken der Nächstenliebe und zum Hören des Wortes Gottes, um die Taufberufung neu zu formen und im Gebet zu stärken. In Gottesdiensten der Gemeinde wurden die öffentlichen Büßer mit dem Wort Gottes vertraut gemacht und am Ende des Wortgottesdienstes noch vor dem Allgemeinen Gebet der Gläubigen unter Gebet der Gemeinde und Handauflegung des Bischofs entlassen. Als besondere Zeit konkretisierte sich dafür die Quadragese, die Vierzig-Tage-Zeit vor Ostern, heraus. Die Quadragese ist auch heute noch von diesen Inhalten der Taufvorbereitung und der Bußbegleitung geprägt. Es ist dies ein Schatz, den es wieder neu zu heben gilt. Unmittelbar vor dem Osterfest wurden die öffentlichen Büßer in die volle Gemeinschaft der Kirche und der Eucharistie wieder aufgenommen, damit sie die Osternacht als den eigentlichen Ort der Versöhnung mitfeiern konnten. Daher kann auch Leo der Große im 5. Jahrhundert sagen: „Der Osterfeier ist es eigen, dass an ihr die ganze Kirche sich des Nachlasses der Sünden erfreut, die nicht nur denen geschenkt wird, die in der Taufe wiedergeboren wurden, sondern auch denen, die schon lange zu den Adoptivsöhnen gehören."[18] Die Osternachtfeier ist die eigentliche Umkehr- und Versöhnungsliturgie.[19] Das Exsultet römischer Prägung ist ein beredtes Zeugnis dafür.[20]

---

auch spricht sie das Segensgebet über Menschen, wenn sie es wünschen. Mitunter münden diese Gespräche in das Bußsakrament. Einige Jahre war ich selbst in dieses Projekt involviert.

[18] Vgl. Leo der Große, Sermo 6 de Quadragesima, 1–2, PL 54, 285; zitiert in dem Rundschreiben der Kongregation für den Gottesdienst über die Feier von Ostern und ihre Vorbereitung vom 16. Januar 1988, Nr. 108, in: Die Messfeier – Dokumentensammlung. Auswahl für die Praxis (Arbeitshilfen 77), herausgegeben vom Sekretariat der DBK, 11. Auflage, Bonn 2009, 287.

[19] Vgl. Klemens RICHTER, Ostern als Fest der Versöhnung, in: Versöhnung in der jüdischen und christlichen Liturgie (QD 124), Freiburg 1990, 56–87.

[20] Der Text des Exsultet erinnert an Jesus Christus, der „beim ewigen Vater Adams Schuld bezahlt und den Schuldbrief ausgelöscht (hat) mit seinem Blut, das er aus Liebe vergossen hat. [...] Dies ist die Nacht, die auf der ganzen Erde alle, die an Christus glauben, scheidet von den Lastern der Welt, dem Elend der Sünde entreißt, ins Reich

Diese Form der kanonischen Buße hat als offene Schuld in den Ordensgemeinschaften weitergelebt und ist bis in die Gegenwart praktiziert worden. Daneben entwickelt sich aber auch ein anderes Modell der Umkehr. Zunächst im syrischen Raum, aber je länger, je mehr im ganzen mediterranen Bereich beginnt sich die Begleitung von Menschen durch Mönche und auch Nonnen zu etablieren, wobei es dabei nicht um begangene Sündentaten bzw. -bestände geht, als vielmehr um die Regungen der Herzen. Wer den geistlichen Vater oder die geistliche Mutter aufsucht, öffnet ihm bzw. ihr sein Denken bis ins Innerste, um auf dem Weg der Vollkommenheit ganz dem Wort Gottes und der ethischen Herausforderung der Gottesbeziehung zu entsprechen. Es entstehen geistliche Schriften solcher Pneumatiker, die dieses Bemühen untermauern, wie etwa von Evagrios Pontikos über die sieben Hauptsünden. Entscheidend ist, dass es in diesen Formen der Begleitung vorab um die Begleitung in der Vervollkommnung menschlichen Bemühens geht. Die Aktualität dieser persönlichen Lebensbegleitung hin zu einem glückenden Leben und zu einem Bestehen in den Herausforderungen des Alltags findet in vielen psychologischen Schulen der gegenwärtigen therapeutischen Praktiken neue Formen.[21]

Nach Reinhard Meßner und den neuesten Erkenntnissen der Liturgiewissenschaft ist in dieser Mönchsbewegung der Ursprung der Einzelbeichte zu erkennen, wie sie sich später in der Scholastik als

---

der Gnade heimführt und einfügt in die heilige Kirche. […] O wahrhaft heilbringende Sünde des Adam, du wurdest uns zum Segen, da Christi Tod dich vernichtet hat. O glückliche Schuld, welch großen Erlöser hast du gefunden. […] Der Glanz dieser heiligen Nacht nimmt den Frevel hinweg, reinigt von Schuld, gibt den Sündern die Unschuld, den Trauernden Freude. Weit vertreibt sie den Hass, sie reinigt die Herzen und beugt die Gewalten. […] O wahrhaft selige Nacht, die Himmel und Erde versöhnt, die Gott und Menschen verbindet" (vgl. Messbuch. Für die Bistümer des deutschen Sprachgebietes. Authentische Ausgabe für den liturgischen Gebrauch. Kleinausgabe. Das Messbuch deutsch für alle Tage des Jahres, herausgegeben im Auftrag der Bischofskonferenzen Deutschlands, Österreichs und der Schweiz sowie der Bischöfe von Luxemburg, Bozen-Brixen und Lüttich, Freiburg u. a., dritte Auflage 2007, 69–78). Vgl. dazu Guido Fuchs – Hans Martin Weikmann, *Das Exsultet. Geschichte, Theologie und Gestaltung der österlichen Lichtdanksagung*, Regensburg 1992.
[21] Ich erinnere z. B. an das Buch des Herausgebers der Zeitschrift Psychologie und das damit verbundene Anliegen von Heiko Ernst, *Wie uns der Teufel reitet. Von der Aktualität der 7 Todsünden*, Berlin 2006; Ders., *Das gute Leben. Der ehrliche Weg zum Glück*, Berlin 2003. Gewürdigt werden müssen hier alle Bemühungen, alle therapeutischen Formen der Begleitung, die den Menschen helfen, ihre Biographie zu verstehen, ihre Lebenserfahrungen aufzuarbeiten und einzuordnen, um so dem Leben neuen Halt, neue Orientierung und Perspektive zu geben. Vgl. dazu Lorenz Wachinger, *Erinnern. Erzählen. Deuten. Zwischen Psychotherapie, Literatur und Theologie*, herausgegeben von Felix Billeter und Barbara Wachinger. Mit einem Nachwort von Jürgen Werbick, Mainz 2002.

Sakrament festigen wird. Über die Ausbreitung des Mönchtums in den ganzen europäischen Raum hinein kommt diese Form über Irland auch auf das nördliche europäische Festland und prägt ab dem 8./9. Jahrhundert gemeinsam mit der aufkeimenden Tarifbuße das Bußwesen der Westkirche.

Die Entwicklung im Westen vom frühen Mittelalter bis in die Gegenwart

Damit beginnt eine neue Ära in der Geschichte des Bußwesens. Die Ausgestaltung der Tarifbuße mit der schematisierenden und taxierenden Beschreibung von Sünden und Bußwerken, die Vertretungsmöglichkeit in der Erledigung des Bußwerkes, das persönliche Bekenntnis beim zuständigen Priester, das sofortige Zusprechen der Versöhnung, ohne Buße zunächst geleistet haben zu müssen, die zunehmend richterliche Funktion des Priesters, die sich auch in der indikativen Vergebungsformel des Bußsakramentes niederschlägt, und schließlich die Überlegungen der Scholastik zur definierenden Beschreibung des Bußsakramentes mit den Kriterien *materia* (Bekenntnis, Reue, Genugtuung) und *forma* (Vergebungsformel) verengen das bisher praktizierte Verständnis der Umkehr- und Versöhnungswege in der Kirche. Am 4. Laterankonzil wird von allen Gläubigen, die sich einer (schwerwiegenden) Sünde bewusst sind, verlangt, vor der Osterkommunion zur Beichte zu gehen. Das Konzil von Trient bestätigt das scholastische Denken und fordert diese mittlerweile gewachsene Bußform ein, als sei sie auf Jesus selbst zurückzuführen. Das Konzil erhebt dabei Anspruch, auch über die historisch gewachsene Form in dogmatischer Weise befinden zu können. Dies veranlasste Karl Rahner, in einem seiner maßgeblichen Beiträge zur Buße auch zu sagen: „Der heilige Josef hat nun einmal nicht den ersten Beichtstuhl gezimmert."[22] Auch diese Verbindung bleibt bis in die Gegenwart erhalten und verstärkt sich, als am Beginn des 20. Jahrhunderts durch päpstliches Dekret die häufigere Kommunion wieder ermöglicht wurde. Durch die Verbindung von Beichte, in der nunmehr gewachsenen Form im Beichtstuhl, und der Möglichkeit zum häufigeren Kommunionempfang ergibt sich eine Beichthäufigkeit, die es so in der Geschichte nie gegeben hat, verbunden auch mit einer spirituellen und moralischen Deutung des Lebens, die beide im Laufe des 20. Jahrhunderts zusehends mehr in Frage zu stellen waren. Es verschwimmt das Bewusstsein der *paenitentia secunda* als ein Wiedereingliederungsvorgang und der Beichte als Frömmigkeitsübung zur

---

[22] Karl Rahner, *Beichtprobleme*, in: Schriften zur Theologie III, Einsiedeln 1956, 228–229.

Vergebung auch „alltäglicher Sünden". Damit verliert sich auch das Bewusstsein, dass es viele liturgische und außerliturgische Formen der Sündenvergebung gibt, die Gläubige bewusst und legitim für die Gestaltung ihres geistlichen Lebens nützen können und sollen.

Die Problematisierung der Beichte im 20. Jahrhundert

Dieser kritische Überblick und Durchblick durch ein ganzes Jahrtausend, der in dieser Form immer schon verkürzend sein muss, will nicht leugnen, dass diese Form des Sakramentes für viele Gläubige heilsstiftende Erfahrung war und ist. Dennoch hat sich die Form überlebt bedingt durch: die Entwicklung des modernen Menschen- und Weltverständnisses, die zunehmende Autonomisierung des Subjektes, einen je höheren Bildungsgrad bei den Gläubigen, das Schwinden von geeigneten Priestern für den Dienst der Versöhnung, die liturgiewissenschaftlichen Erkenntnisse von der Wandelbarkeit des Bußsakramentes, die subjektiven Bedürfnisse der in Schuld und Sünde verstrickten Menschen, das gleichzeitige Aufkeimen und Entfalten von vielen außerkirchlichen Angeboten, um Leben gestalten und bestehen zu können, und schließlich auch die vielen wissenschaftlichen Erkenntnisse über den Menschen in den anthropologischen und therapeutischen Wissenschaften.

Der neue Bußordo „Die Feier der Buße" 1973/1974 und seine Umsetzung

Vieles dieser Entwicklungen hatte das Zweite Vatikanische Konzil bereits im Auge und forderte eine Überarbeitung des Bußordo, damit „Natur und Wirkung" besser zum Tragen kämen. Die vorgelegte erneuerte Form „Die Feier der Buße" (1974) konnte leider in vielem nicht entsprechen.[23] Es ist nicht hinreichend gelungen, der ekklesialen Dimension ihren Raum zu geben. Die Sozialgestalt Kirche tut sich schwer, Sünde als etwas Öffentliches anzusprechen, wo sie öffentlich bewusst ist. Auch ist das Bewusstsein nicht gegeben, dass bei Vorliegen einer Verstrickung in wirklich schwere Schuld vor dem

---

[23] Vgl. dazu Ewald VOLGGER, *Das Wasser der Taufe und die Tränen der Buße – Kirchliche Wege und liturgische Formen der Umkehr und der Versöhnung unter besonderer Berücksichtigung der sogenannten Bußfeier*, in: Heiliger Dienst 59 (2005), 42–56 (= Themenheft 1/2005: „Kehrt um und glaubt an das Evangelium!" (Mk 1,15) Wege der Umkehr und der Versöhnung); DERS., *Liturgische Desiderate an das Bußsakrament heute – Ein Diskussionsbeitrag*, in: Brixner Theologisches Forum. Für Theologie und Seelsorge 117 (2006), 57–68; DERS., *Selbst verschuldet? Zur kirchlichen Bußpraxis zwischen Ablehnung und Sehnsucht nach versöhntem Leben*, in: ThPQ 155 (2007), 382–391.

Versöhnungszuspruch die Möglichkeit, mitunter die Notwendigkeit, eines Bußweges ins Auge zu fassen ist.[24]

Von den vorgeschlagenen Formen des (neuen) liturgischen Buches „Die Feier der Buße" haben sich im deutschen Sprachgebiet lediglich die Form des Einzelsakramentes und die Bußfeier, die im Anhang noch Platz finden durfte, etabliert. Es hat viele Priester gegeben, die sich in der Gestaltung des Einzelsakramentes bei geistlichen Ereignissen wie Einkehrtagen, Exerzitien und im regelmäßigen Angebot in der Pfarrgemeinde zu offenen und festgesetzten Zeiten bemüht haben, diese neue Form in Gestalt eines geistlichen Gespräches mit Sinn und Glaubensimpuls zu füllen und so Menschen sinnvoll zu begleiten. Gleichzeitig haben aber auch viele Priester die lateinische Formel mit der neuen deutschen sakramentalen Bußformel ausgetauscht und darin die Erneuerung des Bußsakramentes gesehen. Viele, sowohl Priester als auch Laien, haben in solchen Situationen die Erfahrung machen müssen, dass sich die lieblos gewordene Form rasch selbst überlebt hat.

Grundsatzerklärung der Bischöfe 1997

Am 1. Oktober 1997 haben die deutschen Bischöfe in einem immer noch ungenügend berücksichtigten Grundsatzpapier zu „Umkehr und Versöhnung im Leben der Kirche. Orientierungen zur Bußpastoral"[25] Stellung genommen. Hier wurden wichtige Akzentsetzungen vorgenommen, wie die Rückbindung aller Bußwege an die Taufe, die rechte Unterscheidung zwischen schwerer und leichter Schuld bzw. Sünde, die unterschiedlichsten Formen der liturgischen und außerliturgischen Buße und Versöhnung bis hin zu den Reflexionen über die Bedingungen veränderter Schulderfahrung in der gegenwärtigen Zeit. Auch wurde die Rolle der Kirche für das Gelingen von Lebensgestaltung in Blick genommen und die Bedeutung des Wortes Gottes für die Gestaltung von Umkehr und Versöhnung ins rechte Licht gerückt, um so Dimensionen der Versöhnung im Leben der Menschen und in der Kirche in rechter Weise im Auge haben zu kön-

---

[24] Auf dem Hintergrund der Missbrauchsfälle stellt sich diese Frage mit besonderer Relevanz. Wie macht die Kirche sichtbar, dass es auch innerkirchlich Bußsysteme und Bußwege gibt, die es den betroffenen Gläubigen ermöglicht, das Vertrauen und das Ansehen wiederzugewinnen und neu um versöhntes Leben bitten zu können. Die staatliche Rechtsprechung kennt verschiedene Formen der Strafe bis hin zum Gefängnis, durch die Straftaten gesühnt werden.

[25] Umkehr und Versöhnung im Leben der Kirche. Orientierungen zur Bußpastoral 1. Oktober 1997. Herausgegeben vom Sekretariat der Deutschen Bischofskonferenz (Die deutschen Bischöfe, Nr. 58), Bonn 1997.

nen. Auch wurde sehr klar festgehalten, dass in Bußfeiern alltägliche Sünden vergeben werden.

Folgerungen

Kein anderes Sakrament hat sich in seiner Gestalt so verändert, wie das Bußsakrament. Die problematisch gewordene Gestalt des Sakramentes im vergangenen Jahrhundert hat dieses wichtige Sakrament etwas in Vergessenheit geraten lassen.[26] Der Blick in einige Aspekte des biblischen Fundamentes sowie einige überblicksartige Hinweise zur Bußgeschichte machen deutlich, wie sehr sich die Kirche heute auf die Suche machen muss nach der adäquaten Gestalt des Sakramentes und seiner Ausgestaltungen. Weil menschliche Erfahrungen vielfältig sind, weil die Beurteilungskriterien den subjektiven Bedingungen ebenso wie den objektiven biblisch-ethischen und moraltheologischen Maßstäben zu entsprechen haben, gilt es nach wie vor, danach zu trachten, „Natur und Wirkung des Sakramentes" entsprechend in Blick zu bekommen.[27] Ich plädiere dafür, die Vielfalt der Möglichkeiten ins Auge zu fassen, wie sie die biblische und kirchliche Tradition vor Augen stellt und nicht allein auf das eigentliche *Sakrament der Versöhnung für Einzelne* zu setzen. Auch hier gilt, dass die liturgisch-sakramentale Feier der Höhepunkt und die Quelle ist, dem das Tun der Kirche zustrebt und aus der neue Kraft strömt (vgl. SC 10).

Dieser Beitrag ist so angelegt, dass er sich mit den hier lediglich angesprochenen Aspekten als Einführung in die Thematik und als Hinführung zu den ausführlichen Referaten und Impulsen versteht, die folgen. Es ist dabei zu beachten, dass die Bedingungen für Umkehr und Versöhnung im Leben der Menschen und im Leben der Kirche auf Basis der gegenwärtigen Forschungserkenntnisse aus unterschiedlichen Wissenschaftsdisziplinen reflektiert werden und das Genuine, das Kirche dabei zu leisten hat, nicht aus dem Blick gerät. Die Ergebnisse etwa der Gehirnforschung, der Medizin, der Psychologie und der therapeutischen Erkenntnisse müssen heute berücksichtigt werden, um dem Menschen gerecht zu werden. Dasselbe gilt natürlich auch für die Philosophie, die Ethik und für andere den Menschen in seinem Wesen beschreibende Denkansätze und die Frage, wie sich das freie verantwortete Handeln von Menschen begrei-

---

[26] Vgl. Klaus DEMMER, *Das vergessene Sakrament. Umkehr und Buße in der Kirche*, Paderborn 2005.

[27] Siehe die Beschreibung dieses Bemühens bei Franz NIKOLASCH, *Die Feier der Buße. Theologie und Liturgie* (Pastorale Handreichungen 8), Würzburg 1974.

fen lässt. Weiters sind Bedingungen und Kriterien zu benennen, wie Menschen das Gute erkennen, um Böses und Gutes unterscheiden zu können. Nicht alles wird hier geleistet, aber es sind Fragen, die im Blick bleiben müssen, wenn es um die Erfahrung von Schuld, theologisch gesprochen von Sünde, im Leben der Menschen und deren Aufarbeitung und Bewältigung geht. Die Verhaltensforschung etwa fragt danach, warum Menschen sich verhalten, wie sie sich verhalten, und es fragen sich die Menschen selbst, warum sie so sind, wie sie sind, und warum sie so handeln, wie sie handeln. Hinter diesen Fragen stehen Ohnmachtserfahrungen und Vorbedingungen, denen sich Menschen ausgesetzt erkennen, die es ihnen auch nicht immer ermöglichen, einen anderen, neuen, vielleicht guten Weg einzuschlagen. Auf alle diese Fragen hat die Kirche in ihrem Dienst der Versöhnung ebenso zu antworten wie auf die Frage nach der Treue einem Ritual gegenüber, das in der Geschichte der Kirche zu einer gewissen Zeit gewachsen ist.

Schließlich muss auch noch die Frage gestellt werden, von wem dieser Dienst der Versöhnung geleistet werden soll bzw. kann. Die immer weniger werdenden Priester, von denen auch nicht jeder zur Begleitung von Menschen in Schulderfahrung geeignet ist, werden dem Anspruch nicht gerecht werden, den der Dienst der Versöhnung in der Kirche einfordert. Jene Priester aber, die besonders geeignet und offen für diesen Dienst sind, brauchen auch eine geeignete Ausbildung. Es gilt nach neuen Formen der Ausbildung und der Begleitung Ausschau zu halten. In der Alten Kirche waren besonders begabte Geistträger aber auch im Leiden erprobte Frauen wie Männer in diesen Diensten präsent. Auch heute gilt es, besonders ausgebildete Frauen und Männer zu engagieren und in kirchlichen Einrichtungen zu beheimaten, um mit Menschen Wege der Umkehr und der Versöhnung zu gehen, damit Leben glücken und ausgehalten werden kann. Wenn solche Begleitungen in die Hochform des eigentlichen Sakramentes münden, ist dies wertzuschätzen. Aber alle Formen der Begleitung, die dem Menschen helfen, zu sich selbst zu finden, versöhnendes und versöhntes Leben zu gestalten und mit mehr Hoffnung in die Zukunft zu blicken, sind vom Herrn begleitete Wege, der ja das Heil der Menschen will. Es gibt bereits viele Beispiele, wie in Selbsthilfegruppen, in therapeutischen Einrichtungen, in Familienberatungsstellen, in der Supervision u. Ä. solche Hilfestellung geleistet wird. Aber die stärkere Zusammenarbeit gerade mit den Fachleuten aus der christlich geprägten Lebensberatung und der psychotherapeutischen Praxis wäre sehr erstrebenswert, damit diese Arbeit noch deutlicher vom Glauben her gewertet und das, was die Menschen bewegt, in diesem Sinne gedeutet wird.

Zur Wahrhaftigkeit in ihrem Dienst gehört selbstverständlich auch, dass die Kirche selbst, auch konkret eine Pfarrgemeinde, in ihrer Verfasstheit die Dimensionen der Verletzungsmöglichkeiten und der Sünde im Auge hat und ggf. auch selbst Wege der Versöhnung gehen muss. Auch die strukturellen Verstricktheiten globaler Zusammenhänge, die zum Himmel schreien, wie der Hunger in der Welt, das Wegschauen bei systemimmanenten Fehlern, die ökologischen Katastrophen, terroristische Übergriffe, kriegerische Auseinandersetzungen, soziale und politische Ungerechtigkeiten und vieles Andere mehr müssen der Kirche vor Augen stehen, und sie muss bereit sein, gegen diese Formen struktureller Sünde ihren Beitrag zu leisten.

Die Einladung übrigens zum Dienst der Versöhnung geschieht zu einem großen Teil über die Verkündigung, insbesondere die Predigt. Es gibt die Erfahrung, dass sich Menschen, die nach schwierigen Lebenserfahrungen einen Priester oder andere kirchliche Einrichtungen aufsuchen, dazu bewegen haben lassen, weil sie in der Predigt dazu motiviert wurden – direkt oder indirekt. Die Art, wie über Menschen und über die Erfahrungen der Menschen gesprochen und wie das Leben mit seinen Erfahrungen zur Sprache gebracht und gedeutet wird, ist ein Parameter dafür, ob der Dienst der Versöhnung wahrgenommen wird oder nicht. Daher beginnt der Dienst der Versöhnung nicht erst dann, wenn konkrete Menschen anklopfen oder um Begleitung bitten, sondern dort, wo die Möglichkeit der Rede darüber besteht.

Ich komme zurück auf die am Beginn formulierte Feststellung, dass sich die Form des Bußsakramentes verändert und mancherorts vielleicht auch ausgelebt haben mag. Die Sehnsucht nach versöhntem Leben aber besteht und gehört zu den Grundkonstanten menschlicher Erfahrung. Diese Sehnsucht schreit nach dem Dienst der Versöhnung. Menschen mögen in diesem Dienst die Erfahrung machen dürfen, dass er „die Last des Lebens leichtern" und verletzte Beziehungen heilen hilft, dass er zu geglückterem Leben beiträgt, dass er Hilfestellungen für Neuorientierung und neuerliche Verankerung in der Gottesbeziehung zu geben vermag, um dem Bösen in allen Dimensionen des privaten und sozial-öffentlichen Lebens widerstehen zu können. Dieser Sehnsucht Raum zu geben, will die Sommer-Akademie 2009 dienen.

„Die Feier der Buße"

– liturgie-pastorale Entwicklungen und Optionen seit der Studienausgabe von 1974

Konrad Baumgartner

0. Einleitung

Nur sporadisch hat sich das Zweite Vatikanische Konzil mit der Theologie, der Pastoral und der Erneuerung des Bußsakramentes beschäftigt.[1] Im ersten Entwurf für die spätere Liturgie-Konstitution vom August 1961 „war noch kein Reformvorschlag vorgesehen ... (aufgrund) der Meinung, dass Reformwünsche auf diesem Gebiet kaum Verständnis finden würden. Die Erörterung in der Kommission ergab indes, dass eine Handhabe zur Überprüfung des heutigen Standes auch hier nicht fehlen dürfe ... Von einer Seite wurde jede Änderung für überflüssig erklärt, von einer anderen im Hinblick auf den Andrang an Festtagen in priesterarmen Diözesen die Möglichkeit der Generalabsolution gewünscht."[2] Immerhin wurde schließlich in der Konstitution über die Heilige Liturgie festgeschrieben: „Ritus und Formeln des Bußsakramentes sollen so revidiert werden, dass sie Natur und Wirkung des Sakramentes deutlicher ausdrücken" (SC 72).

Dabei ging es zunächst[3] um die Wiederherstellung der Handauf-

---

[1] Vgl. Dekret über Dienst und Leben der Priester: „Die Priester sollen sich allgemein und stets bereit zeigen, den Liebesdienst der Spendung des Bußsakramentes zu leisten, sooft die Gläubigen in begründeter Weise darum bitten" (PO 13). Sie sollen sich selbst „Christus, dem Erlöser und Hirten aufs innigste durch den würdigen Empfang der Sakramente, vor allem durch die häufig geübte sakramentale Buße, einen" (PO 18). Sie „unterweisen die Gläubigen ... ihre Sünden reumütig der Kirche im Sakrament der Buße zu unterwerfen, so dass sie sich ständig mehr zum Herrn bekehren" (PO 5). – In der Dogmatischen Konstitution über die Kirche heißt es: „Die zum Sakrament der Buße hinzutreten, erhalten für ihre Gott zugefügten Beleidigungen von seiner Barmherzigkeit Verzeihung und werden zugleich mit der Kirche versöhnt, die sie durch ihre Sünde verwundet haben und die zu ihrer Bekehrung durch Liebe, Beispiel und Gebet mitwirkt" (LG 11). – Im Dekret über die Hirtenaufgabe der Bischöfe in der Kirche heißt es: „Die Pfarrer sollen bedenken, dass das Bußsakrament sehr viel dazu beiträgt, das Christenleben zu fördern. Deshalb seien sie gerne bereit, die Beichten der Gläubigen zu hören; wenn es nötig ist, sollen sie dazu auch andere Priester beiziehen, die der verschiedenen Sprachen mächtig sind" (CD 30,2).
[2] Josef Andreas JUNGMANN, in: Das 2. Vatikanische Konzil. Dokumente und Kommentare, Teil I, Freiburg – Basel – Wien 1966, 69.
[3] Vgl. JUNGMANN, ebd. 69 und Reinhard MESSNER, Feiern der Umkehr und Versöh-

legung durch den Priester als Zeichen der Versöhnung mit Gott und der Kirche, dann um die Streichung der Worte „ab omni vinculo excommunicationis" in der Lossprechungsformel[4] und schließlich um die Frage der Generalabsolution. Im Grunde handelte es sich bei der „Spendung des Bußsakramentes" in der bisherigen Gestalt um einen „aliturgischen Beichtvorgang"[5]. Die Revision des Ritus sollte eine Verdeutlichung der Wirkung des Sakramentes erbringen.

Im Hintergrund stand dabei eine Neuorientierung in der Bußtheologie: Es ging um „die Wiederentdeckung der ‚vergessenen Wahrheit', dass die unmittelbare Wirkung des Bußsakramentes die Versöhnung mit der Kirche ist, welche den Modus der Versöhnung des Sünders mit Gott darstellt"[6]. Diese theologische Perspektive „beeinflusste die Aussagen des Vatikanums II über das Bußsakrament, sofern hier dessen ekklesiale Bedeutung zum ersten Mal seit Jahrhunderten lehramtlich festgestellt wurde"[7].

Die Revision des Ritus hin zu einer Neugestaltung erfolgte in zwei Schritten: zunächst in den Jahren 1967–1969, in einem zweiten Schritt 1972–1973.[8] Die „normae pastorales" der Glaubenskongregation[9] von 1972 bildeten schließlich – nach der Ablehnung des Entwurfs der ersten Arbeitsgruppe – die Basis für den Ordo paeniten-

---

nung (Gottesdienst der Kirche. Handbuch der Liturgiewissenschaft 7/2: Sakramentliche Feiern I/2), Regensburg 1992, 211.

[4] Diese lautete bis zum Ordo von 1973: „Dominus noster Jesus Christus te absolvat et ego auctoritate ipsius te absolvo ab omni vinculo excommunicationis et interdicti in quantum possum et tu indiges. Deinde ego te absolvo a peccatis tuis in nomine + Patris et Filii et Spiritus Sancti". – Der Ritus der Beichte nach dem Rituale Romanum von 1614 war sehr knapp: Bekenntnis, Vermahnung, Bußauflage, Misereatur, Indulgentiam, indikativische Absolution sowie Interzession „Passio domini ...". Im Notfall genügten die Worte „Ego te absolvo ...".

[5] MESSNER, 183. – „Dieses Sakrament wurde überhaupt nicht zur Liturgie gerechnet", so Reiner KACZYNSKI, in: *Theologischer Kommentar zur Konstitution über die heilige Liturgie Sacrosanctum concilium*, in: Herders Theologischer Kommentar zum Zweiten Vatikanischen Konzil, herausgegeben von Peter HÜNERMANN und Bernd Jochen HILBERATH, Band 2, Freiburg – Basel – Wien 2004, 154.

[6] MESSNER, 185. – Vgl. Karl RAHNER, *Das Sakrament der Buße als Wiederversöhnung mit der Kirche*, in: Schriften zur Theologie VIII, Einsiedeln 1967, 447–487; DERS., *Kirche und Sakramente*, Freiburg ²1963; DERS., *Über die Sakramente der Kirche. Meditationen*, Freiburg 1985.

[7] MESSNER, 186. – „Damit war ... die individualistische Verengung aufgebrochen und die Voraussetzung dafür geschaffen, das Handeln der Kirche (als konkreter Ortsgemeinde) wirklich ernstzunehmen und in der Feier der Versöhnung sichtbar und erfahrbar zu machen."

[8] KACZYNSKI, 154. – Vgl. dort die Darstellung der beiden Phasen 211–215.

[9] Normae pastorales circa absolutionem sacramentalem generali modo impertiendam. Romae 16. Juni 1972 (lat. u. deutscher Text abgedruckt in: *Buße und Bußsakrament*, St. Ottilien 1972 [mit der Erklärung der DBK dazu vom 18. September 1972]).

tiae, der 1972/73 von einer zweiten, völlig neuen Arbeitsgruppe ausgearbeitet wurde.[10] Im Folgenden sollen aus meiner eigenen biographischen und aus praktisch-theologischer Sicht liturgie-pastorale Entwicklungen seit dem Erscheinen dieses Ordo aufgezeigt werden. Als Jugendlicher und Erwachsener und dann ab 1965 zusätzlich als Priester und Seelsorger habe ich noch die alte Form der „Spendung des Bußsakramentes" selbst erlebt und praktiziert und dann die Neuorientierung der „Feier der Buße" persönlich und in der Seelsorge umgesetzt. In der pastoraltheologischen Aus- und Fortbildung habe ich diese neue Liturgiepastoral reflektiert und vermittelt, bei den verschiedenen offiziellen Texten mitgearbeitet, Publikationen dazu erstellt und eigene Erforschungen zu Erfahrungen von Mitchristen mit der früheren und der neuen Feiergestalt in die Diskussion eingebracht.

1. Der Ordo paenitentiae von 1974

1.1. Der neue römische Bußordo

Am 2. Dezember 1973 wurde der neue Ordo paenitentiae (= OP) promulgiert und im Februar 1974 publiziert. Von Fachleuten wurde die darin vorfindliche theologische Konzeption ambivalent beurteilt: der biblische, vor allem paulinische Akzent der Theologie der Versöhnung werde letztlich doch von der klassischen scholastischen Theologie des Bußsakramentes überformt. Freilich betone der neue Ordo gegenüber dem Rituale von 1614, dass es um „Die Feier des Bußsakramentes" geht, also um eine gottesdienstliche Feier, in der „der Gläubige … zusammen mit dem Priester die Liturgie der sich ständig erneuernden Kirche vollzieht" (OP n. 11). Die Einzelbeichte vor dem Priester bleibt der einzige ordentliche Weg zur Versöhnung (für die Situation der schweren Schuld). In der „Feier der Versöhnung für Einzelne" (Form A) wird dadurch die ekklesiale Dimension von Schuld und Vergebung nicht unmittelbar anschaulich und erlebbar. Anders ist dies bei der „Gemeinschaftlichen Feier der Versöhnung mit Bekenntnis und Lossprechung der Einzelnen" (Form B) und der „Gemeinschaftlichen Feier der Versöhnung mit allgemeinem Bekenntnis und Generalabsolution" (Form C). Letztere ist freilich nur in eng begrenzten Not- und Ausnahmefällen erlaubt. Immerhin ist diese letztere Feier „der eigenständigste Ansatz des neuen Bußordo".[11]

---

[10] Näheres bei MESSNER.
[11] Vgl. MESSNER, 215–229.

35

Positiv zu bewerten ist die vor allem auf Papst Paul VI. selbst zurückgehende Aufnahme von eigenen „Bußfeiern" in das Rituale, die entsprechend den genannten Richtlinien von 1972 vor allem zur Vorbereitung auf die persönliche Beichte dienen sollen, sowie der Erweckung der vollkommenen Reue in Ermangelung einer Gelegenheit zur persönlichen Beichte oder auch als Hilfe für die Bußerziehung der Kinder und für die Bekehrung der Katechumenen. Solche „celebrationes paenitentiales" dürfen freilich nicht mit dem eigentlichen Sakrament der Buße verwechselt werden (OP n. 36, 37).

Im Umfeld des OP sind wichtige römische Dokumente erschienen, die auf die Rezeption des Ordo Einfluss genommen haben.[12]

Das Urteil von *Reinhard Meßner,* dass „der neuere reichere Beichtritus gegenüber dem Rituale 1614 einen gewissen Fortschritt darstellt und daher zumindest ernst genommen zu werden verdient"[13], hängt wesentlich mit dem Votum des Liturgiewissenschaftlers zusammen, dass die Feier der Versöhnung als Feier der Versöhnung mit der Kirche und dadurch mit Gott gestaltet werden solle. Eben diesem Anliegen entspricht aber der neue Ordo nur bedingt.

1.2. „Die Feier der Buße nach dem neuen Rituale Romanum. Deutsche Studienausgabe von 1974"

Die deutschsprachige Übersetzung des Ordo wurde im Auftrag der „Internationalen Arbeitsgemeinschaft der liturgischen Kommissionen im deutschen Sprachgebiet" (IAG) erstellt und „mit ausdrücklicher Gutheißung der zuständigen Bischofskonferenzen und Bischöfe" als Studienausgabe veröffentlicht. Für eine definitive Ausgabe und darin vorzusehende Anpassungen sollten somit Erfahrungen ge-

---

[12] Bereits am 17. Februar 1966 war die Apostolische Konstitution „Paenitemini" erschienen, am 23. März 1973 wurde eine „Erklärung zum Beichtgeheimnis" veröffentlicht (am 23. September 1988 erfolgte dazu eine weitere Stellungnahme). Am 24. Mai 1973 wurde klargestellt, dass die Erstbeichte vor der Erstkommunion zu erfolgen habe; am 30. April 1976 wurde eine neuerliche Weisung zu diesem Thema herausgegeben. (Hintergrund dafür war vor allem die in den deutschen Diözesen „ad experimentum" mögliche Umkehrung der Reihenfolge: erst Erstkommunion und dann Bußerziehung mit anschließender Erstbeichte.) – Am 30. November 1980 erschien die Enzyklika „Dives in misericordia" von Papst Johannes Paul II. und als Zusammenfassung der Überlegungen der Bischofssynode über „Versöhnung und Buße in der Sendung der Kirche" am 2. Dezember 1984 das Apostolische Schreiben „Reconciliatio et paenitentia". Im „Codex Iuris Canonici" von 1983 werden in den can. 959–997 die Bestimmungen über das Sakrament der Buße festgehalten; im „Katechismus der Katholischen Kirche" wird die Lehre darüber in den Nummern 1422–1498 ausgeführt. Und schließlich hat die „Instruktion zur ordnungsgemäßen Ausführung der Konstitution des Zweiten Vatikanischen Konzils über die heilige Liturgie" vom 28. März 2001 unübersehbare Konsequenzen für die weitere Übersetzung liturgischer Bücher („Liturgiam authenticam").
[13] MESSNER, 229.

sammelt werden können. Nur die in der Studienausgabe mitenthaltene Formel der Absolution ist bereits definitiv und seit dem 1. Januar 1975 verpflichtend.

Ehe auf die Rezeption des deutschsprachigen Ordo und die damit gemachten unterschiedlichen Erfahrungen eingegangen wird, sollen im Folgenden die in der Studienausgabe enthaltene „Pastorale Einführung" (PE) – im lateinischen Text „Praenotanda", „Vorbemerkungen", genannt – und die einzelnen Kapitel des eigentlichen Ordo einschließlich der Anhänge vorgestellt und kommentiert werden.[14]

Im 1. Teil der PE „Das Geheimnis der Versöhnung in der Heilsgeschichte" wird das Bußsakrament in den großen Horizont des Heilshandelns Gottes im Alten und im Neuen Testament gestellt, das im Mysterium der Versöhnung durch Jesus Christus seinen Höhepunkt erfahren hat und in der Kirche fortlebt, die ja Zeichen und Werkzeug der Versöhnung der Menschen mit Gott und untereinander ist. Die Sakramente der Taufe, der Eucharistie und des Bußsakramentes sind dafür die zentralen Feiern. – Im 2. Teil der PE „Versöhnung als Lebensvollzug der Kirche" werden diese Aussagen weiter ausgeführt, vor allem im Blick auf das Bußsakrament, dessen wesentliche Akte (Reue, Bekenntnis, Genugtuung und Lossprechung) näher entfaltet und dessen Notwendigkeit und Nutzen dargelegt werden.

Dabei fallen aus pastoraltheologischer Sicht u. a. folgende Einzelheiten auf. In n. 5 werden ausdrücklich auch die soziale bzw. ekklesiale Dimension von Sünde, Versöhnung und der Einsatz für Gerechtigkeit und Frieden betont. Bei der Reue wird herausgestellt, dass es dabei um die innere Reue geht, von der die Echtheit der Buße abhängt: „Die Bekehrung muss den Menschen innerlich erfassen, um ihn zu immer tieferer Einsicht zu führen und ihn Christus immer mehr gleichzugestalten" (n. 6a). Eine ähnliche personale Sicht wird in den Ausführungen über das Bekenntnis betont: Es „setzt beim Beichtenden den Willen voraus sich dem Priester zu öffnen, beim Beichtvater aber die geistliche Urteilsfähigkeit (‚spirituale judicium')". Das Bußwerk und das Maß der Genugtuung müssen der individuellen Situation des Beichtenden entsprechen: Er soll „für seine Krankheit die angemessene Medizin" erhalten, zur „Erneuerung des Lebens" (n. 6c). Neben der Pflicht „alle schweren Sünden … dem Priester einzeln zu bekennen" wird der Nutzen des „häufigen und gewissenhaften Empfanges dieses Sakramentes" betont, „auch für jene, die leichte Sünden begangen haben". Gegenüber einem bloß mechanischen und routinierten „Vollzug" des Sakramentes wird da-

---

[14] Vgl. auch MESSNER, 217–228.

rauf verwiesen, dass es „nicht nur um die Wiederholung eines Ritus geht oder um irgendeine psychologische Übung, sondern um das ständige Bemühen, die Taufgnade zu vervollkommnen" (n. 7b). Und: Bei der Feier dieses Sakramentes geht es um die confessio, also das Bekenntnis in dreifachem Sinne: der Sünden, des Glaubens und des Lobpreises Gottes (ebd.).

Im 3. Teil der PE über die „Aufgaben und Dienste bei der Versöhnung" wird ausdrücklich die Mitwirkung der ganzen Kirche beim Werk der Versöhnung betont, besonders natürlich der Dienst des Priesters (n. 9) und vor allem die pastorale Qualität dieses Dienstes (n. 10). Er wird als „minister sacramenti" tätig im Sinne der theologisch zu verstehenden Rollen: eines Vaters, eines Richters, eines Lehrers, eines Arztes und eines Hirten, aber auch eines Bruders. So geht es um ein spirituell-pastoralpsychologisches Verhalten und um eine entsprechende Kompetenz beim Priester.[15]

Die aktive, innere Mitwirkung des Beichtenden – im Sinne des „opus operantis" – ist unverzichtbar. „So feiert der Gläubige, der die Barmherzigkeit Gottes an sich erfährt und für sie Zeugnis ablegt, zusammen mit dem Priester den Gottesdienst der sich ständig erneuernden Kirche" (n. 11).

Schließlich werden im 4. Teil der PE unter der Überschrift „Die Feier des Bußsakramentes" sowohl der konkrete Vollzug der drei Formen der „Feier des Bußsakramentes" vorgestellt, wie auch viele Hinweise für die liturgische und pastorale Praxis gegeben (n. 12–35). Auf einige wichtige Aspekte sei kurz hingewiesen.

Zwar ist die Feier der Versöhnung für Einzelne zeitlich immer möglich, doch soll es zur Orientierung der Gläubigen feste und öffentlich bekannte Zeiten dafür geben (nicht während der Eucharistiefeier!). In der österlichen Bußzeit sollen bei Bedarf mehrere Bußgottesdienste gehalten werden. Der Beichtende soll „sein Leben im Licht der Worte und Taten Christi betrachten" – im Anhang III wird ein „Schema für die Gewissenserforschung" vorgestellt. Die praktischen Hinweise für die Gestaltung der ersten Feierform (A) beziehen sich eher auf die Möglichkeiten eines „Beichtgespräches"[16] – nach

---

[15] „Krankheiten der Seele erkennen, geeignete Hilfsmittel anwenden, notwendiges Wissen und erforderliche Klugheit, Gebet und Unterscheidung der Geister, tiefe Erkenntnis des Wirkens Gottes im Herzen der Menschen als Gabe des Heiligen Geistes und als Frucht der Liebe. Der Priester soll den Sünder annehmen, ihn zum Licht der Wahrheit führen, den Menschen das Herz Gottes offenbaren."

[16] Vgl. z. B. Thomas SCHWAIGER, *Das vergebende Gespräch. Grundlagen und Praxis des Beichtgesprächs.* München 1981; Konrad BAUMGARTNER (Hg.), *Das Seelsorgegespräch in der Gemeinde.* Würzburg 1982, bes. 109–134; Konrad BAUMGARTNER – Wunibald MÜLLER (Hg.), *Beraten und Begleiten. Handbuch für das seelsorgliche Gespräch*, Freiburg 1990, bes. 111–119.

Möglichkeit in einem eigenen Gesprächs- oder Beichtraum, als in der eher unpersönlichen Situation im Beichtstuhl. Brüderliche Aufnahme des Beichtenden wird betont, Begrüßung mit freundlichen Worten und Ermunterung zum Vertrauen. All das dient dem Abbau der (oft vorhandenen) Angst und Unsicherheit beim Beichtenden. Dieser soll ggf. „Auskunft geben über seine Lebensverhältnisse, über die Zeit der letzten Beichte, über Schwierigkeiten im christlichen Leben" und anderes, was für den Priester „bei der Ausübung seines Dienstes nützlich sein kann". Dabei ist allerdings eher Vorsicht und Zurückhaltung angesagt, dem Neugierverhalten oder ungestillten Wünschen beim Priester soll nicht Raum gegeben werden.

Die freigestellte Lesung und ggf. gemeinsame Meditation eines Textes aus der Heiligen Schrift ist im Zusammenhang eines Beichtgesprächs sehr sinnvoll und gut möglich. Dadurch wird wenigstens ansatzweise eine „Feier des Wortes Gottes" gestaltet und zwar als existentiell-situative Verkündigung des Glaubens[17] und des geistlichen Austausches darüber – im Sinne von Röm 1,12. Auch das Sündenbekenntnis kann, verbunden mit dem Zuspruch, zu einem gemeinsamen Bedenken des Lebens im Lichte des Evangeliums werden: durch die Hilfe des Priesters, die Sünden vollständig zu beichten, durch die Mahnung zur Reue, durch geeignete Ratschläge für die Neugestaltung des Lebens oder durch die Anleitung zur Wiedergutmachung von angerichtetem Schaden. Dadurch kommt auch eine sinnvolle Genugtuung bzw. ein angemessenes Bußwerk[18] (Gebet, Selbstverleugnung, Dienst am Nächsten, Werke der Barmherzigkeit im Blick auf den sozialen Aspekt von Schuld und Vergebung) zur Sprache; der Priester kann dies auferlegen oder vorschlagen (n. 44).

Wie sehr es in diesem ersten Teil der Feier des Sakramentes um den Dienst der partnerschaftlich-brüderlichen Begegnung geht, macht der Hinweis im Ordo (n. 44) deutlich: „Der Priester achte darauf,

---

[17] Vgl. Paul WEHRLE, *Das Bußsakrament unter dem Aspekt der Verkündigung*, in: Konrad BAUMGARTNER (Hg.), Erfahrungen mit dem Bußsakrament. Band 2: Theologische Beiträge zu Einzelfragen, München 1979, 409–431.
[18] Carlo M. MARTINI schreibt dazu: „Das Auferlegen eines Bußwerkes gehört wohl zu den Dingen, die dem Priester meistens das Leben schwer machen. Er fragt sich: Welches Bußwerk ist im Weg dieses Menschen, der hier vor mir ist, angemessen? Wie kann ich dieses Bußwerk in so kurzer Zeit so genau der Eigenart dieses Menschen entsprechend bestimmen, dass es für ihn Ausdruck einer spezifischen Umkehr, Frucht eines seiner Augenblicke der Gnade ist? Womit kann er dieser Etappe seines Lebenswegs Ausdruck verleihen, und zwar auf eine für seine besondere Situation passende Weise? Andererseits bin ich davon überzeugt ..., dass dies eines der Momente ist, in denen die Kirche dem Menschen, der einen Weg der Buße geht, wirklich am nächsten ist ... Jeder ist imstande, dem Beichtvater dabei zu helfen, eine Buße aufzugeben, die Zeichen und Ausdruck eines persönlichen Weges der Reue und Buße ist." In: *Das Gebet der Versöhnung. Betrachtungen zum Psalm „Miserere"*, Freiburg – Basel – Wien 1986, 72–78.

sich in allem auf den Beichtenden einzustellen, sei es in der Art zu sprechen, sei es in den Ratschlägen, die er erteilt."

Nachdem der Beichtende seine Reue mit einem an der Heiligen Schrift orientierten Gebet zum Ausdruck gebracht hat, „ändert sich ‚die Szene'. Das Wort der Lossprechung spricht der Priester nicht partnerschaftlich, sondern bevollmächtigt"[19] dem vor ihm Knienden zu, indem er als Zeichen der Herabrufung bzw. Mitteilung des Heiligen Geistes die Hände über das Haupt des Gläubigen ausstreckt bzw. ihm auflegt und dann mit dem Kreuzzeichen die Worte der Absolution spricht. Diese Worte machen übrigens deutlich: Die Versöhnung geht von Gott aus, sie hat im Tod und in der Auferstehung Jesu und im Wirken des Heiligen Geistes ihren Angelpunkt und sie wird „durch den Dienst der Kirche erbeten und gewährt" (n. 19). Dank und Lobpreis für das Geschenk der Versöhnung beenden die Feier.

Im 2. und 3. Kapitel des Ordo werden die „Gemeinschaftliche Feier der Versöhnung mit Bekenntnis und Lossprechung der Einzelnen" (B) und die „Gemeinschaftliche Feier der Versöhnung mit allgemeinem Bekenntnis und General-(‚Kollektiv'-)Absolution" (C) vorgestellt. Sie sind wie die „Feier der Versöhnung für Einzelne" aufgebaut: 1. Eröffnung, 2. Wortgottesdienst, 3. Beichte und Versöhnung, 4. Abschluss. In der Form (B) folgen auf das allgemeine Sündenbekenntnis das Bekenntnis der Einzelnen vor einem oder mehreren Priestern und die Lossprechung und die Handauflegung / -ausstreckung; bei der Form (C) wird nach dem allgemeinen Sündenbekenntnis unter Handausstreckung die Absolution erteilt, allerdings mit dem vorhergehenden Hinweis, dass schwere Schuld zwar durch die Absolution dieser Feier vergeben, aber das Bekenntnis vor einem Priester (ohne Absolution) nachzuholen sei.

Ein 4. Kapitel des Ordo enthält „ausgewählte Texte für die Feier der Versöhnung" (Form A + B / C). Drei Anhänge schließen den Inhalt ab: Anhang 1: 1. Lossprechung von Kirchenstrafen (z. B. nach Kirchenaustritt); 2: Dispens von Irregularität. Anhang 2 bietet „Modelle für Bußgottesdienste" (für die Österliche Bußzeit; für die Adventszeit; biblisch-thematische allgemeine Bußgottesdienste; für Kinder, Jugendliche und Kranke). Schließlich enthält Anhang 3 ein „Schema für die Gewissenserforschung".

Die genannten Modelle für Bußfeiern, als deren Funktion die Vorbereitung auf die persönliche Beichte angegeben wird und die dadurch von den sakramentalen Formen der „Feier der Versöhnung" klar abgegrenzt werden, sind Gottesdienste, in denen die Versammel-

---

[19] Bruno KLEINHEYER, *Feiern der Versöhnung. Modelle zur Praxis – Skizzen zur Theorie*, München 1982, 42.

ten als Gemeinde vor Gott stehen: solidarisch in der Besinnung und im Bekenntnis von Sünde und Schuld und mit der Bitte um Vergebung durch Gott in der Gemeinschaft der Kirche. „Die Bußfeier hat eine andere Bedeutung als die Feier der Versöhnung eines Einzelnen und kann diese nicht ersetzen; wer sich durch seine Sünde von der Gemeinde, der Gemeinschaft der Heiligen, getrennt hat, kann nicht als Glied dieser Gemeinschaft Vergebung empfangen ... (doch) handelt es sich bei den Bußfeiern um Gottesdienste, in denen Sündenvergebung erfahren werden kann; sie stellen ein wichtiges Element in der täglichen Umkehr und Buße einer christlichen Gemeinde dar."[20]

2. Die Rezeption des Ordo paenitentiae in den deutschsprachigen Ländern

2.1. Kirchliche und pastorale Dokumente

Seit dem 1. Adventssonntag 1970 gibt es für die deutschen Diözesen eine in den Amtsblättern und durch Aushang in den Kirchen veröffentlichte „Bußordnung". Diese wurde im Laufe der Jahre ausgeweitet zu einem neuen Text „Weisung zur kirchlichen Bußpraxis". Bereits in der Bußordnung wird auf die Bußgottesdienste hingewiesen, „in denen sich die Kirche als eine Gemeinde von Sündern und Büßern erfährt, die zu der in der Heiligen Schrift eindringlich geforderten inneren Umkehr helfen und zugleich zu einem fruchtbaren Empfang des Bußsakramentes vorbereiten". In der „Weisung zur kirchlichen Bußpraxis" wird ausdrücklich darauf verwiesen, dass „Bußgottesdienste im Leben jeder Gemeinde einen festen Platz haben sollen".

Bereits am 18. September 1972 hat die Deutsche Bischofskonferenz erklärt, dass gemäß can. 961 § 2 CIC „in den ihr zugehörigen Diözesen die eine schwere Notlage begründenden Voraussetzungen für die Einführung der Generalabsolution derzeit nicht gegeben sind; die Generalabsolution darf deshalb im Gebiet der Deutschen Bischofskonferenz nur bei drohender Todesgefahr (can. 961 § 1 n. 1 CIC) erteilt werden". Dieser Beschluss wurde in der Zeit vom 20. bis 23. September 1976 erneuert[21]. – Ähnliche Weisungen haben die Österreichischen Bischöfe am 7. November 1972 erlassen, wonach der für diese Form geforderte schwerwiegende Notfall „bei

---

[20] MESSNER, 227.
[21] Vgl. Heribert SCHMITZ – Franz KALDE, *Partikularnormen der Deutschen Bischofskonferenz*. Text und Kommentar, Metten 1996, 48 f.

der gegenwärtigen seelsorglichen Betreuung der Gemeinden für das Gebiet der österreichischen Diözesen zum gegenwärtigen Zeitpunkt" nicht vorliegt.[22] – Die Schweizer Bischofskonferenz veröffentlichte am 15. März 1982 Partikularnormen, die sich auf can. 961 CIC beziehen und nach denen je nach Entscheidung des Ortsbischofs „die Feier der Versöhnung mit allgemeinem Bekenntnis und Kollektivabsolution" (im Einvernehmen mit Rom) erlaubt wurde. Eine Revision dieser Normen ordnete Papst Johannes Paul II. am 7. April 2002 in seinem Apostolischen Schreiben „Misericordia dei" an. Demnach ist eine gemeinschaftliche Lossprechung (= C) nur noch im Todesfall erlaubt. Mit ihrem am 1. Januar 2009 veröffentlichten Dekret kam die Schweizer Bischofskonferenz dieser Aufforderung nach.[23] Schon im Dezember 2007 hatten die Schweizer Bischöfe ein Hirtenschreiben mit „Impulsen zur Erneuerung der Einzelbeichte im Rahmen der Bußpastoral" vorgelegt und dadurch diesen Beschluss vorbereitet.

In einem Brief an die Priester vom 6. Februar 1975 haben die Deutschen Bischöfe die Einführung des neuen Ordo paenitentiae als eine „Langzeitaufgabe" des pastoralen Bemühens bezeichnet und von einem „Stufenplan für die Einführung des neuen Ritus" gesprochen. Ludwig Bertsch hat diese Anliegen interpretiert als „geistlichen Vorgang, in dem Priester und Gemeinden sich auf den Weg machen (sich bekehren), die Stufen zu finden, in denen Gott heute seine Kirche führt"[24].

Bertsch hatte bereits im Jahre 1970 in der Reihe „Pastorale Handreichung für den pastoralen Dienst" ein vielbeachtetes Büchlein zum Thema „Buße und Bußsakrament in der heutigen Kirche" vorgelegt: mit einem Überblick über die Situation von Buße und Bußsakrament im kirchlichen Leben der vergangenen 50 bis 60 Jahre, mit einer praktisch-theologischen Besinnung auf diesbezügliche wesentliche Vollzüge des Christseins und mit Hinweisen auf Konsequenzen für die Buß- und Beichtpastoral. 1975 wurden von den deutschen Bischöfen zusätzlich „Hilfen zur Arbeit mit der neuen Bußordnung" herausgegeben. Der neue Ordo und seine Anliegen wurden dann im Beschlusstext der Würzburger Synode „Schwerpunkte heutiger Sakramentenpastoral" kirchenamtlich eingehend vorgestellt und er-

---

[22] Verlautbarung der österreichischen Bischöfe über die Verwendung der Studienausgabe „Die Feier der Buße", in: Amtsblatt XIII (1974), Nr. 124.
[23] Katholischer Nachrichtendienst (KathNet) 2009.
[24] Vgl. Gottesdienst 8 (1974), 156. – Ludwig BERTSCH, *Buße und Bußsakrament in der heutigen Kirche*, Mainz 1970 (Pastorale. Handreichung für den pastoralen Dienst).

läutert.[25] Unter dem Titel „Umkehr und Versöhnung im Leben der Kirche. Orientierungen zur Bußpastoral" haben die deutschen Bischöfe am 1. Oktober 1997 ein umfassendes und gründliches Dokument vorgelegt: „für alle Mitarbeiterinnen und Mitarbeiter in der Pastoral, vor allem die Priester, denen der ‚Dienst der Versöhnung' besonders aufgetragen ist, aber auch alle Christen, die nach einer Vertiefung von Umkehr und Versöhnung suchen" (Vorwort von Bischof Karl Lehmann).[26]

In den Jahren nach dem Erscheinen des neuen „Ordo paenitentiae" ist eine unübersehbare Zahl von Publikationen in Büchern und Zeitschriften erschienen, die aus der Sicht der verschiedenen theologischen, soziologischen und psychologischen Disziplinen zu den Themen Vergebung, Umkehr, Bekehrung, Buße und Versöhnung Stellung genommen und so auf die Diskussion und die Praxis der verschiedenen bußtheologischen, -liturgischen und -pastoralen Fragen Einfluss genommen haben.[27] Auch die Aus- und Fortbildung der pastoral Verantwortlichen wurde davon nachhaltig beeinflusst.

2.2. Zur Feierpraxis in den Gemeinden

Die Resonanz über die neue, als Studienausgabe veröffentlichte „Feier der Buße" ist meines Wissens bislang nicht in umfassender Weise Thema von pastoralliturgischen Studien gewesen. So können hier nur persönliche Erfahrungen, Berichte aus einzelnen Gegenden und Gemeinden sowie Hinweise dazu aus der praktisch-theologischen Literatur vorgestellt werden.

Bei einer der ersten, auf die praktisch-theologischen Fragen der Feier des Bußsakramentes bezogenen Priesterfortbildung unmittelbar nach dem Erscheinen des OP wurde ich als junger Theologe gebeten, Überlegungen zu einer Neuorientierung der Praxis des Bußsakramentes einzubringen: angesichts der Tatsache, „dass sich in

---

[25] Vgl. *Gemeinsame Synode der Bistümer in der Bundesrepublik Deutschland I*, Freiburg – Basel – Wien 1976, 258–268, 272–274.
[26] Der Text wurde „vorbereitet" von den Mitgliedern der Unterkommission „Grundfragen der Gemeinde- und Sakramentenpastoral" unter Vorsitz von Bischof Joachim Wanke. Mitglieder dieser Arbeitsgruppe waren: Konrad Baumgartner, Dieter Emeis, Hans Gasper, Winfried Leinweber, Bischof Hermann Josef Spital, Anton Schütz, Weihbischof Paul Wehrle, Ulrich Werbs, Ernst Werner. – Dieser Text wurde in Weiterführung zu den grundlegenden Ausführungen in „Sakramentenpastoral im Wandel", der von der Pastoralkommission der deutschen Bischöfe 1993 vorgelegt wurde, erstellt.
[27] Vgl. Balthasar FISCHER, *Zum neuen römischen Ordo paenitentiae vom 2. Dezember 1973*, in: Dienst der Versöhnung, herausgegeben von der Theol. Fakultät Trier, Trier 1974, 111–116; Rainer KACZYNSKI, *Erneuerte Bußliturgie*, in: ThPQ 122 (1974), 209–221. Weitere Literaturhinweise bei MESSNER, 208–210, 215 f., 229 f., 239 f.

der Bußpraxis so etwas wie ein ‚Erdrutsch' vollzogen hat"[28]. Ausgehend vom Befund der Umfrage zur Gemeinsamen Synode der Bistümer in der Bundesrepublik Deutschland über die Einstellung zum Bußsakrament[29] wollte ich den Fragen nachgehen: Welche Erfahrungen haben aktive Mitchristen der Gottesdienstgemeinde mit dem Bußsakrament – wenn sie auf „früher" zurückblicken (können) und heute? Was hat sie zum Empfang veranlasst? Welche Eindrücke und Gefühle hatten sie bei der Beichte selbst, welche persönlichen Schwierigkeiten, was bedeutet die Feier des Sakramentes für ihr Leben? Welche Erfahrungen haben sie mit dem Bußgottesdienst und welche Einstellung dazu? Wie erleben / sehen sie den Priester im Bußsakrament?[30]

Bei diesen Fragen und bei der Auswertung der Ergebnisse sowie bei der Formulierung von Konsequenzen und Optionen für die Buß- und Beichtpastoral ging es mir keineswegs darum, dass Theologie und Kirche sich von der Normativität des Faktischen bestimmen lassen.[31] Wohl aber bin ich davon überzeugt, dass sich der Glaube nicht jenseits, sondern in, mit und unter anthropologischen und geschichtlich-gesellschaftlichen Strukturen ereignet.[32] Deshalb müssen Theologie und Kirche diese Strukturen als Bedingungs- und Realisierungsmomente des Glaubens mitbedenken. Theologie und Glaubenspraxis

---

[28] Theologisches Kontaktstudium des Fachbereichs Kath. Theologie der Universität München. *Buße – Bußsakrament – Bußpraxis*, herausgegeben von Erich FEIFEL, München 1975, 5.
[29] Vgl. Gerhard SCHMIDTCHEN, *Zwischen Kirche und Gesellschaft*. Freiburg 1972, 149: 36 % der Befragten waren der Meinung, die Einzelbeichte sei hilfreich für ihr Christsein; fast 30 % empfanden sie als belastend und für weitere 25 % bedeutete sie nichts oder wenig. – Vor allem die jüngere Generation lehnte damals bereits die Beichte in hohem Maße ab. – Zugleich meinte L. Bertsch wieder von einer Zunahme der Einzelbeichten sprechen zu können, vgl. *Sakrament der Wiederversöhnung. Zur Neuordnung von Buße und Bußsakrament*, in: Geist und Leben 48 (1975), 63.
[30] K. BAUMGARTNER, *Anfragen an die heutige Bußpraxis aus der Sicht des Beichtenden*, in: Buße – Bußsakrament – Bußpraxis 99–115; 146–148, in: Kontaktstudium (s. o.).
[31] Paul Josef CORDES, *Einzelbeichte und Bußgottesdienst. Zur Diskussion ihrer Gleichwertigkeit*, in: Stimmen der Zeit 99 (1974) 17–33: „Eine pastorale Frage darf nicht vom faktischen Trend entschieden werden. Vielmehr ist die Lehre über die Sache selbst und über mögliche theologisch-systematische Implikationen zu klären", 23 f. – Sinnvolle Klarstellungen erbringen: Johannes GRÜNDEL, *Kirche und moderne Wertsysteme. Die Bedeutung der Umfragen zur Synode unter Berücksichtigung der normativen Kraft des Faktischen*, in: K. FORSTER (Hg.), Befragte Katholiken – Zur Zukunft von Glaube und Kirche, Freiburg – Basel – Wien 1973, 64–72; Alfons AUER, *Die normative Kraft des Faktischen. Zur Begegnung von Ethik und Sozialempirie*, in: Max SECKLER u. a. (Hg.), Begegnung. Beiträge zu einer Hermeneutik des theologischen Gesprächs, Graz – Wien – Köln 1972, 615–632.
[32] Vgl. K. DIENST, in: Handbuch der Religionspädagogik II, herausgegeben von Erich FEIFEL u. a., Zürich 1974, 386. – Vgl. auch Rupert M. SCHEULE, *Beichte und Selbstreflexion. Eine Sozialgeschichte Katholischer Bußpraxis im 20. Jahrhundert*, Frankfurt/M. 2002.

sind nur dann lebendig, wenn sie ihre Antworten „im Frage- und Lebenshorizont" der Menschen geben.

Die Beschäftigung mit „Erfahrungen mit dem Bußsakrament" und ihre Reflexion[33] sind bis heute zu einem der Schwerpunkte meiner praktisch-theologischen Lehr- und Forschungstätigkeit geworden. Im Folgenden sollen einzelne Erkenntnisse dieser Studien in die Überlegungen zur Rezeption des OP einbezogen und mitbedacht werden.

Sicher wurde die neue volkssprachige *Absolutionsformel* von den Priestern (und von den Beichtenden?) positiv aufgenommen, ihr theologischer Gehalt in Aus- und Fortbildung und wohl auch in der Verkündigung und in der persönlichen Meditation vertieft.[34] Immer wieder wurde der neue Ordo dem Studium und der Analyse empfohlen: „Der Großteil der Gläubigen und viele Priester sind sich nicht klar über das, was er enthält und vorschlägt, über seine Ausrichtung und über die Unterschiede zur früheren Praxis ... Das neue Rituale stellt einen klaren Fortschritt dar, ja eine historisches Ereignis. Es beendigt die Ausschließlichkeit einer Form der Buße und Wiederversöhnung, die acht Jahrhunderte lang geherrscht hat."[35]

Die neue Gestalt der „Feier der Versöhnung für Einzelne" hat den Rückgang der Beichtzahlen in den deutschsprachigen Ländern nicht aufgehalten.[36] Sicher aber hat diese eine Personalisierung und Spiri-

---

[33] Vgl. K. BAUMGARTNER, *Erfahrungen mit dem Bußsakrament. 1: Berichte – Analysen – Probleme*, München 1978; DERS. (Hg.), *Erfahrungen mit dem Bußsakrament. 2: Theologische Beiträge zu Einzelfragen*, München 1979; vgl. auch K. BAUMGARTNER, *Aus der Versöhnung leben. Theologische Reflexionen – Impulse für die Praxis*, München 1990 sowie viele Einzelartikel von mir zu diesen Themenbereichen.

[34] Vgl. Die „*Theologische Besinnung*" dazu, in: Die deutschen Bischöfe, Der Priester im Dienst der Versöhnung, Bonn 1977, 10–15.

[35] Paul DE CLERCK – Robert GANTOY, *Eine vierte Phase in der Entwicklung des Bußsakramentes?*, in: Theologie der Gegenwart 26 (1983), 231–242, 234 f. – Die beklagte fehlende Rezeption des OP hängt wohl auch mit seinem vorläufigen Status als „Studienausgabe" zusammen. Vielleicht wurde deshalb „in Erwartung des endgültigen Textes" – sie gilt nun schon 35 Jahre! – oft nur die verbindliche Absolutionsformel rezipiert.

[36] Bei der Umfrage von 1977 habe ich festgestellt: „früher" (d.h. in den Jahren zuvor) gingen die betreffenden Katholiken: einmal/Jahr: 4,5 %; bis viermal/Jahr: 32 %; mehr als viermal/Jahr: 9,5 % und „regelmäßig" (d.h. alle vier bis sechs Wochen) 51 %; für 1977 geben sie an: einmal pro Jahr: 6 %; bis viermal/Jahr: 22 %; mehr als viermal/Jahr: 5 %; „regelmäßig": 8,5 %. 41,5 % hatten damals also ein „aktives Beichtverhalten". Auf Distanz zur Einzelbeichte waren damals 58,5 % (von ihnen gingen 26 % „statt zur Einzelbeichte zum Bußgottesdienst"). – Ähnliche Zahlen bei: E. GOLOMB, *Kirche und Katholiken in der Bundesrepublik. Daten und Analysen*, Düsseldorf 1974, 96. – Im Dezember 1982 haben 3.382 eine von mir erstellte Umfrage in bayerischen Großstadt- und Stadtgemeinden beantwortet; in denselben Gemeinden im Dezember 1992 waren es 2.546 Beantworter. Dabei zeigte sich: 1982: 70 % aktives Beichtverhalten; 30 % keine Beichte (mehr); 1992: 53 % aktives Beichtverhalten; 47 % keine Beichte (mehr). –

tualisierung der bisherigen „Ohrenbeichte" bewirkt, vor allem auch durch eine vermehrte Betonung des nun möglichen Beichtgesprächs: Inzwischen gibt es verstärkt eigene Beichträume in Kirchen und geistlichen Zentren, viele traditionelle Beichtstühle wurden umgebaut und bieten nun die Wahl zwischen anonymer Beichte und Gesprächsbeichte. (Dass viele, nicht mehr benötigte Beichtstühle inzwischen als Abstellräume für Putzmittel und Kirchenzubehör missbraucht werden, kann nur beklagt werden!). Die systematisch-theologische Begründung der Sinnhaftigkeit der Einzelbeichte (bei lässlichen Sünden) bzw. deren unbedingter Notwendigkeit (bei schwerer Schuld) trifft in der Praxis auf etwas andere Zusammenhänge. Zum einen wird schwere Schuld heute kaum gebeichtet, zum anderen gibt es viele Wege der Versöhnung für alltägliche Sünden. Beichthindernd ist vor allem die „Not und Notwendigkeit"[37] des Bekenntnisses; viele Umkehrwillige meiden wegen dieser Not die Beichtsituation und nehmen lieber „Zuflucht" zu Bußgottesdiensten (mit oder ohne den Wunsch nach einer allgemeinen Lossprechung). Die „not-wendende" Antwort auf das versöhnende Bekenntnis ist für den Beichtenden nicht so sehr die Pflicht dazu angesichts schwerer Schuld, sondern vielmehr die lösend-befreiende Kraft des Aussprechens von Schuld im Lichte der Barmherzigkeit Gottes und des existentiellen Zuspruchs von Vergebung und Versöhnung.[38]

Zuletzt habe ich im Dezember 2008 bei 300 Gottesdienstbesuchern die Umfrage von 1977 (Erfahrungen mit dem Bußsakrament I, 15 f.) noch einmal gestellt. Der Rücklauf war minimal: 25 Fragebogen habe ich ausgefüllt zurückerhalten, fast ausschließlich von Gottesdienstteilnehmern über 50 Jahren. Die Altersgruppen bis 40 Jahre haben offenbar kaum mehr „Erfahrungen mit dem Bußsakrament", außer im Bußgottesdienst. Fast ein Drittel aller Gottesdienstteilnehmer hat Schwierigkeiten mit der Tatsache oder der Form des persönlichen Bekenntnisses. Aber nicht alle, die am Bekenntnis („wie soll ich beichten und was?") leiden, geben deshalb der Bußfeier den Vorzug. – Das zweite Hauptproblem der persönlichen Beichte ist die Gewissenserforschung (bei 20 %) bzw. das Verständnis von Sünde (6 %). Auch das Problem, dass viele am Vorsatz bzw. an der Ineffektivität der Beichte leiden, Schwierigkeiten mit der Reue haben (21 %), ist nicht zu übersehen. – Die früher fast absolute äußere und innere Zuordnung von Beichte und Kommunion hat sich inzwischen weithin aufgelöst, von den einen begrüßt, von den anderen als „ungeprüfter Kommunionempfang" (Balthasar Fischer) beklagt.
[37] Vgl. K. BAUMGARTNER, Erfahrungen I, 138–143.
[38] Beim persönlichen Bekenntnis geht es vorrangig um die personale Dimension der Begegnung des Sünders mit dem verzeihenden Gott. Das Bekenntnis hat aber auch aszetisch-spirituelle Wirkungen (Förderung der Gewissenserforschung, Überprüfung der Grundeinstellungen, Umorientierung: von einer bloßen Symptom- zu einer Wurzeltherapie, Förderung einer existentiell-personalen Glaubenshaltung). – Außerdem ist darauf zu verweisen: Versöhnung ist immer auf Dialog, auf Kommunikation verwiesen: auf Worte, Gesten und Symbolhandlungen. Beim Bekenntnis im Versöhnungssakrament geht es um das Eingeständnis von Versagen, von Schuld, von Sünde. „Die Erfah-

Kaum rezipiert ist in der Praxis der Gemeinden die zweite Form *„Die gemeinschaftliche Feier der Versöhnung mit Bekenntnis und Lossprechung der Einzelnen"* (B). „Diese Form hat unleugbare Vorteile und kann die gemeinschaftliche Dimension des Bußsakramentes zum Bewusstsein bringen. Sie hat aber auch Nachteile"[39]: sehr kurze Zeit für das Bekenntnis des Einzelnen, für den persönlichen Zuspruch und das Bußwerk; immerhin aber bedeutet es einen „heilsamen Zwang", das Wesentliche zu sehen und sich nicht in unbedeutenden Einzelheiten zu verlieren. Die liturgiewissenschaftliche grundsätzliche Kritik an dieser Feier lautet: „Die Verbindung der Einzelbeichte mit einem Wortgottesdienst in Form B ist nur äußerlich ... Der Ritus stellt einen wenig geglückten Kompromiss zwischen gemeinschaftlicher Bußfeier und Einzelbeichte dar; von einer gemeinsamen Feier der Versöhnung kann man nicht sprechen ... Die praktische Durchführbarkeit dürfte sich auf kleinere, homogene Gruppen beschränken."[40] Immerhin: Es gibt durchaus positive Berichte aus der pastoralen Praxis über diese Feierform des Versöhnungssakramentes.[41] Deshalb „lohnt" es sich, solche Feiern bei Ein-

---

rung, die der Bußfertige eingesteht, ist eine blinde Erfahrung: sie liegt zugeschüttet unter der Emotion der Furcht, der Angst; eben diese emotionale Note verlangt nach Objektivierung in diskursiver Rede ... Die Sprache ist das Licht der Emotion. Durch das Bekenntnis wird das Schuldbewusstsein in das Licht des Wortes gehoben; durch das Bekenntnis bleibt der Mensch Wort bis in die Erfahrung seiner Absurdität, seines Leidens, seiner Angst ... Das Bekenntnis ... entfaltet sich immer im Element der Sprache." (Vgl. Paul RICOEUR, *Symbolik des Bösen. II: Phänomenologie der Schuld*, Freiburg – München 1971, 13–17.) Diese heilsame und heilbringende Erfahrung der Versprachlichung und Symbolisierung von Schuld und Versöhnung (Bekenntnis, Zuspruch, Handauflegung) verweist auf die Werthaftigkeit der persönlichen Beichte für jeden Christen – freilich nicht im Sinne des alleinmöglichen Weges, die Situation der schweren Schuld ausgenommen.

[39] DE CLERCK, 240 f.

[40] MESSNER, 225. – Vielleicht ist in solchen kleineren Gruppen auch der Vorschlag von DE CLERCK realisierbar, dass die Feier zweigeteilt wird: „ein erster Gottesdienst beinhaltet die einleitende Phase, das Hören und Betrachten des Wortes Gottes, die Bereitschaftserklärung, den Weg der Buße und Versöhnung gemeinsam anzutreten. Dann geht man auseinander, um sich später wieder zu einem Dankgottesdienst in der Freude über die Vergebung zu treffen. In der Zwischenzeit hätte jeder die Möglichkeit, seinem Rhythmus entsprechend die ihm nützlich oder nötig erscheinenden Schritte zu tun: einen Priester oder andere Christen aufzusuchen, die Sünden zu bekennen und sich das Wort der Vergebung sagen zu lassen" (241). Mit einer solchen „Zweiteilung" der Feier wird im Ansatz auch dem Vorschlag entsprochen, dass das derzeit in einem Akt vollzogene Bußsakrament in gestufte Feiern aufzugliedern sei: Feier der Buße in der Gemeinschaft bzw. mit dem Einzelnen – ohne sofortige Lossprechung, z. B. zu Beginn des Advents- oder der österlichen Bußzeit – und gemeinsame öffentliche Feier der Versöhnung – mit Handauflegung und Einzellossprechung, z. B. unmittelbar vor Weihnachten bzw. Ostern. Vgl. August JILEK, *Zur Liturgie von Buße und Versöhnung*, in: Liturgisches Jahrbuch 37 (1987), 31–155.

[41] Seit Jahren wird in der Kirche St. Michael in München eine solche „Gemeinschaftliche Feier der Versöhnung mit Bekenntnis und Lossprechung der Einzelnen" gehalten:

kehrtagen und Exerzitien gemeinsam für Dekanate oder Seelsorgeeinheiten mit mehreren Priestern vorzubereiten und nach entsprechender Information für die möglichen Teilnehmer regelmäßig (oder als Alternative und im Wechsel zu allgemeinen Bußgottesdiensten) zu halten. Diese Feierform macht übrigens auch auf ein wichtiges sozialpsychologisches Phänomen aufmerksam: Der Christ braucht auch für sein Umkehrverhalten soziale, gemeinschaftliche Stützen, er braucht „Umkehrbegleiter".[42] Die früheren „Standesbeichten" z. B. bildeten eine solche soziale Stütze, auch die Beichtmöglichkeit bei Einkehrtagen und Exerzitien. Auch die Erreichbarkeit von Priestern zur Beichte oder feste Beichtzeiten sind deutlich geringer geworden, die Hürden zur Beichte haben sich verstärkt. Heute sind es neue Formen wie z. B. die „Nacht der Versöhnung" und ähnliche gemeinsame Erlebnisse von Umkehr und Versöhnung, welche die Umkehr- und Versöhnungsbereitschaft im liturgisch-sakramentalen Bereich ermöglichen. Darin eingebettet kann sich der persönliche, möglichst personale Vollzug für den Einzelnen „ereignen".

Zur „Gemeinschaftlichen Feier der Versöhnung mit allgemeinem Bekenntnis und Generalabsolution" (C) stellt die Pastorale Einführung zum OP fest: „Es können gelegentlich besondere Umstände eintreten, unter denen es erlaubt oder sogar notwendig ist, mehreren Gläubigen ohne vorhergehendes Bekenntnis der Einzelnen eine Generalabsolution zu erteilen ... Eine schwerwiegende Notwendigkeit trifft zu, wenn angesichts der Zahl der Gläubigen nicht genügend Beichtväter zur Verfügung stehen ... Nur wegen eines großen Andranges, wie er z. B. bei einem großen Fest oder bei einer Wallfahrt vorkommen kann, ist dies nicht erlaubt, wenn genügend Beichtväter zur Verfügung stehen" (n. 31). Das Urteil und die Entscheidung darüber, wann eine sakramentale Generalabsolution erlaubt ist, bleibt dem Diözesanbischof nach Beratung mit den übrigen Mitgliedern der Bischofskonferenz vorbehalten (n. 32).

Die deutschen und die österreichischen Bischöfe haben, wie gesagt, die pastorale Notsituation im Jahre 1975 als nicht gegeben beurteilt; ob diese angesichts des immer mehr sich verschärfenden

---

Etwa ein Dutzend Priester, darunter auch der Erzbischof, stehen für die kurze persönliche Beichte und die Lossprechung zur Verfügung. Die Gestaltung der Feier verantworten der Konvent der Jesuiten in Zusammenarbeit mit dem Sekretariat der Region Nord im Erzbischöflichen Ordinariat München und Freising. Die Texte stammen zumeist von Frau Christa Schrödinger. – Modelle für solche Feiern hat auch KLEINHEYER vorgestellt, in: Feiern der Versöhnung, 48–80 (mit Hinweisen zur Gestaltung und mit Feier-Modellen mit Seelsorgern, Erwachsenen, Jugendlichen, älteren Menschen und für einzelne Kirchenjahreszeiten).

[42] Vgl. K. BAUMGARTNER, Der Umkehr-Prozess und seine Begleiter, in: Concilium 23 (1987), 118–124.

Priestermangels „eines Tages" festgestellt werden muss, bleibt abzu-
warten. – Die Schweizer Bischofskonferenz hat am 15. März 1989
Partikularnormen zu dieser Frage erlassen. In der Kirche der Schweiz
war seit 1974 in einzelnen Bistümern diese Form der Feier des Bußsakramentes im Einvernehmen mit Rom erlaubt. Viele Gläubige haben sie praktiziert, die Zahl der Einzelbeichten ist freilich seither
noch stärker als anderswo zurückgegangen. Ein nachgeholtes Bekenntnis von schwerer Schuld hat kaum stattgefunden. Nach der
Weisung des genannten Apostolischen Schreibens „Misericordia
dei" vom 7. April 2002 (Art. 6) hat die Schweizer Bischofskonferenz
am 4. September 2008 per Dekret festgestellt, dass „in den ihr zugehörigen Diözesen und Gebietsabteien die eine schwere Notlage begründenden Voraussetzungen für die Erteilung der Generalabsolution nicht gegeben sind; deshalb darf diese nur bei drohender
Todesgefahr erteilt werden" (can 961 § 1, 1). Zugleich wird auf die
grundlegende Bedeutung der Einzelbeichte hingewiesen, die Bußfeier mit und ohne Einzelbekenntnis und ohne Generalabsolution wird
weiterhin als bedeutungsvoll empfohlen. Derzeit ist noch nicht zu
erkennen, welche Entwicklung die Feier von Umkehr und Versöhnung in den Diözesen der Schweiz nehmen wird, wie die „Impulse
der Schweizer Bischofskonferenz zur Erneuerung der Einzelbeichte
im Rahmen der Bußpastoral" vom 6. Dezember 2007 wirken werden. Berichte über „Erfahrungen mit der Einzelbeichte" aus verschiedenen Seelsorgebereichen und Sprachregionen, die diesem Text
der Bischöfe beigefügt sind, sind der Beachtung wert. Ob mit der
restriktiven Eingrenzung der Möglichkeit der bisher erlaubten Feierform auch eine neue Phase in der Entwicklung des Bußsakramentes
erfolgen wird: hin zu einem Aufbruch oder zu einem weiteren Ab-
bruch?

Die in den 60er Jahren des 20. Jahrhunderts aus pastoralen und
theologischen Erwägungen vielfach durchgeführten gemeinsamen
„Bußandachten", auch „Bußfeiern" oder richtiger: *„Bußgottesdienste"* genannt, werden vom OP von 1974 den Gläubigen ausdrücklich „zur Teilnahme von Zeit zu Zeit" empfohlen. Auch die
„Weisung zur kirchlichen Bußpraxis" ist eindeutig: „Bußgottesdienste sollen im Leben jeder Gemeinde einen festen Platz haben."
Es wird auf die ekklesiale Dimension von Schuld und Versöhnung
verwiesen, auf die Chance zur Verkündigung von Buße und Versöhnung, auf die Möglichkeit der gemeinsamen und gründlichen Gewissenserforschung und der Neuorientierung von Einzelnen, von Gruppen und der ganzen Gemeinde. „Im Advent und in der österlichen
Bußzeit sollen sie der entfernteren Vorbereitung auf die kommenden
Hochfeste dienen. Bußgottesdienste haben so einen eigenständigen

Charakter. Sie sind aber kein Ersatz für das Bußsakrament und dürfen daher nicht in der unmittelbaren Vorbereitungszeit (Karwoche bzw. eine Woche vor Weihnachten) stattfinden."

In den Gottesdienstgemeinden gibt es nach wie vor sehr unterschiedliche Einstellungen zu den Bußgottesdiensten und Erfahrungen mit ihnen. Diese hängen natürlich auch zusammen mit der Einstellung der Priester und der hauptamtlich in der Pastoral Tätigen. In vielen Gemeinden gibt es nur noch den Bußgottesdienst, in anderen wird überhaupt keiner gefeiert. Auch die Verkündigung darüber wirkt meinungs- und verhaltensbildend. In den ersten Jahren hatten viele Katholiken erhofft, dass mit dem Bußgottesdienst auch eine allgemeine Lossprechung verbunden werden würde; einzelne Pfarrer haben eigenmächtig eine Absolution für alle erteilt. Gelegentlich trifft man auf Gemeinden, welche die Vorabendmesse zum Sonntag im ersten Teil (Wortgottesdienst) als Bußgottesdienst mit anschließender Eucharistiefeier gestalten. Bußgottesdienste für besondere Zielgruppen sind eher selten. Je nach Vorbereitung und Durchführung der Gottesdienste ist das Echo der Mitfeiernden unterschiedlich. Nach wie vor gibt es auch Mitchristen, die den Bußgottesdienst grundsätzlich ablehnen zugunsten der persönlichen Beichte.

Zwischen den Positionen, entweder die Bußgottesdienste grundsätzlich als mögliche Form des Bußsakramentes einzuschätzen oder sie „nur" als Bußform im Sinne einer volksfrommen Andacht gelten lassen zu wollen, ist ihr pastoraler Wert ausdrücklich festzuhalten. Aussagen aus den von mir erstellten Umfragen zeigen: Den allermeisten ist es mit diesem Vollzug sehr ernst, ihre Besinnung ist vielfach tiefer als bei der Vorbereitung zur persönlichen Beichte, die Gewissenserforschung bei rechter Hilfe durch den Leiter des Gottesdienstes oft intensiver, weniger von Angst und Aufregung verstellt, die Bereitschaft zu Buße und Lebensänderung nicht geringer als in der persönlichen Beichte. Das Bewusstsein, in der Situation des Sünders und in der Hoffnung auf Gottes Vergebung nicht allein zu sein, trägt zur konkreten Erfahrung der Gemeinschaft des Glaubens bei. Die Umfrage macht auch deutlich, dass das Bewusstsein der sozialen Dimension von Schuld und Vergebung (noch) kaum in den Gemeinden und bei einzelnen Gläubigen lebendig ist. Zu stark war die Formung des individuellen Christseins und die Erfahrung individueller Schuld und Heilszusage. Die Rückgewinnung des Gemeinschaftsaspektes ist auch für den Bereich von Buße und Bußsakrament nötig: Der Glaubende braucht das Bewusstsein, in eine Gemeinschaft aufgenommen und von ihr angenommen zu sein, eine Gemeinschaft, die ihn trägt und ihm beisteht in seinem Bemühen, die ihn auch erfahren lässt, dass Vergebung geschenkt und Versöhnung gewährt wird –

nicht zuletzt auch den „verlorenen Söhnen und Töchtern" unter ihnen; die „Daheimgebliebenen" können durchaus auch zu Verlorenen werden, wie das Evangelium zeigt.

3. Unterwegs zu einem definitiven deutschsprachigen Ordo paenitentiae

Seit 1978 hatten sich die IAG und verschiedene, von ihr eingesetzte Arbeitsgruppen mit theologischen, liturgischen und pastoralen Fragen zum Themenbereich „Buße und Bußsakrament" beschäftigt. Die Frage der Erarbeitung einer „definitiven und angepassten" deutschsprachigen Ausgabe wurde zwar immer wieder angesprochen, aber auch immer wieder zurückgestellt. Nachfolgend sollen – ohne Anspruch auf Vollständigkeit – einige Etappen dieser Arbeit in Erinnerung gerufen werden. Ich kann mich dabei dankenswerterweise auf Protokolle des Deutschen Liturgischen Instituts und auf eigene Unterlagen und Notizen stützen.

Eine *erste, 1978 gebildete Arbeitsgruppe* (IAG-Kommission „Feier der Buße") unter Leitung von Hans-Bernhard Meyer hatte zunächst für eine „Intensivierung der liturgischen Bildung" in den Gemeinden, vor allem auch für eine intensivere Buß- und Beichterziehung bei den Kindern und Jugendlichen votiert. Bei einem Symposium des Beirates der deutschsprachigen Pastoraltheologen über „Buße und Feier der Buße heute" am 25. Mai 1979 wurden grundlegende Probleme aus der Sicht der verschiedenen theologischen Disziplinen eingehend besprochen.

Das im Anschluss an die Bischofssynode im Herbst 1983 von Papst Johannes Paul II. am 2. Dezember 1984 herausgegebene Apostolische Schreiben „Reconciliatio et paenitentia" über Versöhnung und Buße in der Sendung der Kirche heute nahm die IAG in ihrer Sitzung vom 29. Januar bis 1. Februar 1985 zum Anlass, „Maßnahmen zu ergreifen, um die pastoralen Möglichkeiten der erneuerten Bußliturgie besser bekannt zu machen und zu einer Erneuerung der Bußpraxis beizutragen ... Unabhängig davon, ob diese Bemühungen in eine Revision der Studienausgabe und in eine definitive Ausgabe von ‚Die Feier der Buße' münden werden." Heinrich Rennings sollte diese Arbeitsgruppe leiten, Ph. Harnoncourt, O. Knoch, F. Nikolasch und J. Bommer sollten die Mitglieder sein.

Bei der Sitzung der IAG im Januar 1992 wurde dafür votiert, die bisherige Arbeitsgruppe „Feier der Buße" aufzulösen und *eine neue* zu bilden, „die bis zur nächsten IAG-Sitzung den Stand der Entwicklung studieren und konkrete weitere Vorschläge ausarbeiten soll" (einschließlich der Frage: Vorbereitung einer definitiven Ausgabe oder einer zweiten überarbeiteten Studienausgabe der „Feier der Buße"). Leiter dieser Arbeitsgruppe war H. Rennings, Mitglieder waren K. Baumgartner, R. Kaczynski, M. Hofer, B. Regner, R. Meßner. Die Arbeitsgruppe traf sich nur zweimal. Vom ersten Treffen am 12. Januar 1993 in Mannheim berichtete Rennings über sehr konstruktive Vorschläge aus der Arbeitsgruppe vor der IAG bei deren Treffen vom 26. bis 29. Januar 1993 in Augsburg. Dort wurde beschlossen, dass „eine approbierte und konfirmierte deutschsprachige Ausgabe des OP" vorbereitet werden soll. Mit dieser Aufgabe wurden betraut: K. Baumgartner, W. Gerlach, M. Hofer, R. Meßner, B. Regner, H. Rennings sowie weitere Fachleute „ad hoc". Der Tod von Rennings am 3. Oktober 1994 und die Beschäftigung der Unterkommission der deutschen Bischöfe „Sakramenten- und Gemeindepastoral" mit bußpastoralen Fragen, die in die Erarbeitung des Textes „Umkehr und Versöhnung im Leben der Kirche" (Bonn 1997) einmündete, ließen die Arbeit der Gruppe der IAG wieder in den Hintergrund treten.

Bei der nächsten Sitzung (27. bis 30. 1. 1998 in Quarten) berichtete E. Nübold über „die bisher erfolglosen Bemühungen um eine Aufnahme der Arbeit der von der IAG 1993 eingesetzten Arbeitsgruppe". Daraufhin wird eine *„neue (dritte) Arbeitsgruppe"* eingesetzt, M. Selle wird beauftragt, eine erste Sitzung einzuberufen und bis zur Wahl eines Leiters / einer Leiterin der Gruppe diese Aufgabe wahrzunehmen. Daraufhin fanden im Juli und im November 1998 zwei Arbeitssitzungen statt. Mitglieder der Gruppe sind: R. Meßner, L. Nouwens, Chr. Rath, D. Sattler, M. Selle und Weihbischof P. Vollmar, der bei der IAG-Kontaktsitzung in Augsburg vom 26. bis 29. Januar 1999 zum Leiter gewählt wurde, M. Werlen und K. Baumgartner (von der ersten bis zur fünften Sitzung als korrespondierendes, ab der sechsten Sitzung als aktives Mitglied) und P. Deselaers (ab der siebten Sitzung).

Die Protokolle der insgesamt zehn Arbeitstagungen[43] und die dabei und zwischen den Sitzungen erstellten Textvorlagen dieser Arbeitsgruppe zeigen: Die Mitarbeiterinnen und Mitarbeiter hatten sich hohe Ziele gesteckt. Sie wollten nicht einfach ein neues deutschsprachiges Rituale vorlegen, so sehr die Vorlage im Rahmen des Auftrags der IAG und der Bischofskonferenzen und ihrer Zustimmung verbleiben musste. Viele zu beratende Themen sind, eigentlich im Sinne der Vorüberlegungen der ersten Arbeitsgruppe, zu Beginn genannt worden: die Realität der Versöhnung in ihrer gottesdienst-

---

[43] 1. Sitzung: 8.–9. Juli 1998 in München – 8. Sitzung: 8.–10. Juli 2001 in Mainz.

lichen Realisierung, das gesellschaftliche und kirchliche Umfeld von Umkehr und Versöhnung, die Erfahrungen der Gläubigen mit dem Bußsakrament, die Grenze zwischen Beichte und Gespräch, anthropologische und psychologische Fragen und Probleme, Vorgaben aus der Bußtheologie und des kirchlichen Lehramtes, Vorbereitung und Begleitung der Menschen hin zur Versöhnung, Vielfalt der Wege von Umkehr und Versöhnung und deren sakramentale Gestalten, Zusammenhang mit den anderen Sakramenten, Bußsakrament und geistliche Begleitung, Bußsakrament und Exerzitienarbeit, therapeutische Wirkung des Bußsakramentes, Erstbeichte der Kinder, Vernetzung mit anderen theologischen und kirchlichen Texten, Einsichtnahme in liturgische Bücher und Feierformen anderer Kirchen u. Ä.

In der Arbeitsgruppe wurde deutlich gesehen, dass eine „Pastorale Einführung" für die Seelsorger zu erstellen ist (in Zuordnung und Abgrenzung zu den vorgegebenen „Praenotanda", die in der Studienausgabe als pastorale Einführung bezeichnet werden). In einem zweiten Teil sollten eine „Theologische Grundlegung" und konkrete Ausführungen zu finden sein: die möglichst getreue Übersetzung der römischen Praenotanda mit den verschiedenen Feierformen, die im lateinischen liturgischen Buch vorgesehen sind; Konkretisierungen sollten zu diesen Bereichen ausgearbeitet werden: Erstbeichte, Herzensbeichte (Texte für die Betrachtung; Gewissensspiegel); geistliche Begleitung; Reversion; gemeinschaftliche Feier der Versöhnung; Segensformen für Nichtchristen; Befreiungs- / Heilungsgebete u. Ä.

Bei der Sitzung der IAG vom 25. bis 28. Januar 2000 in Salzburg konnten von Weihbischof Vollmar die bisherigen Arbeiten und besonders die „Theologische Grundlegung" vorgestellt sowie die pastoral-liturgischen und theologischen Anliegen und die inhaltliche Struktur der Textvorlage erklärt werden. In der Aussprache wurde zwar begrüßt, dass der vorgelegte Text „Theologische Grundlegung" viele wichtige Impulse enthalte, doch ergaben sich Anfragen an das literarische Genus und die theologische Struktur. Es wurde entschieden, „dass in das liturgische Buch für die Feier der Buße zunächst die deutsche Übersetzung der römischen Praenotanda aufgenommen wird und dann die Pastorale Einführung der Bischöfe des deutschen Sprachgebietes folgt, die auch eine ... überarbeitete theologische Grundlegung enthält".

Die weiteren Sitzungen dieser Arbeitsgruppe beschäftigten sich mit den Rückfragen der IAG, der daran zu orientierenden Gestalt des liturgischen Buches und einem möglichst gesondert zu erstellenden Werkbuch. Ziel der gesamten Arbeit bis zur Sitzung der IAG vom 22. bis 25. Januar 2002 in Luxemburg sollte sein, den überarbeiteten Text der Pastoralen Einführung, die Übersetzung der

Praenotanda sowie den Entwurf des liturgischen Buches vorzulegen. Die fertige Vorlage für diese Sitzung trägt den Titel „Die Feier von Umkehr und Versöhnung in der Kirche" und hat folgende Teile: das Dekret der Kongregation für den Gottesdienst vom 2. Dezember 1973; die deutsche Übersetzung der „Praenotanda" von 1973 (in der Studienausgabe „Pastorale Einführung" genannt). In Kapitel I wurden dann „Die Feier des Bußsakramentes" (Form A, B und C) sowie Auswahltexte für die Feier der Versöhnung vorgestellt; das Kapitel II enthielt „Einzelne Gestalten von Umkehr und Versöhnung" (A: Die Feier der Versöhnung im Zusammenhang mit anderen Sakramenten; B: Umkehr und Versöhnung im Geschehen der Geistlichen Begleitung und im Beichtgespräch; C: Umkehr und Versöhnung in der Lebensbeichte; D: Umkehr und Versöhnung im gemeinschaftlichen Bußgottesdienst). Das Kapitel III enthielt Ausführungen zur „Schriftverkündigung in der Feier von Umkehr und Versöhnung" (Einführung und Auswahltexte); im Kapitel IV wurde ein Vorschlag gemacht für „Die Feier der Wiederaufnahme in die volle Gemeinschaft der katholischen Kirche" (Vorbemerkungen und: Die Feier der Wiederaufnahme); in einem Anhang sollte die „Lossprechung von Kirchenstrafen und Dispens von Irregularitäten" behandelt werden.

In der IAG-Kontaktsitzung vom 22. bis 25. Januar 2002 in Luxemburg stellte Weihbischof Vollmar das Gesamtergebnis der Arbeitsgruppe vor. In der Diskussion wurden verschiedene Rückfragen gestellt und Verbesserungsvorschläge gemacht, vor allem hinsichtlich des Zueinanders der Praenotanda und der Pastoralen Einführung. Zum Thema „Feier der Wiederaufnahme in die volle Gemeinschaft der katholischen Kirche" wurde angefragt, ob dafür ein gemeinsamer Text der Diözesen sinnvoll sei und ob diese Feier überhaupt in das liturgische Buch aufgenommen werden sollte. Mehrheitlich wurde der Titel der Vorlage „Die Feier der Umkehr und Versöhnung in der Kirche" als „gut und biblisch begründet" beurteilt, allerdings auch die Frage diskutiert, ob die Erwähnung der Kirche im Titel nötig sei. Schließlich wurde der vorgeschlagene Titel mit großer Mehrheit befürwortet. Der Aufbau der Vorlage wurde einstimmig angenommen. Modi sollten bis zum 15. April 2002 schriftlich eingereicht werden (bis Mitte Juni 2002 waren insgesamt fünf Stellungnahmen eingesandt worden, dabei stellten die Modi aus Köln den Entwurf sehr stark in Frage).

In der Zwischenzeit war am 28. März 2003 die Fünfte Instruktion „Zur ordnungsgemäßen Ausführung der Konstitution des Zweiten Vatikanischen Konzils über die heilige Liturgie": Der Gebrauch der Volkssprachen bei der Herausgabe der Bücher der römischen Liturgie („Liturgiam authenticam") erschienen, dadurch wurde sowohl die Arbeit der IAG wie auch die der Arbeitsgruppe „Ordo paenitentiae" in Frage gestellt; die Tätigkeit der Arbeitsgruppe ruht seither. Die bisherige „Arbeitsgemeinschaft der Liturgischen Kommissionen im deutschen Sprachgebiet (IAG)" wurde 2004 in ein „Forum Liturgie der Bischofskonferenzen und Bischöfe im deutschen Sprachgebiet (FLD)" überführt. Außerdem hat die Kongregation für den Gottesdienst und die Sakramentenordnung die Bischöfliche Kommission „Ecclesia celebrans" eingesetzt. Diese unterstützt die Deutsche Bischofskonferenz, die Österreichische Bischofskonferenz und die Schweizer Bischofskonferenz sowie die konferenzfreien Erzbischöfe von Luxemburg und Vaduz bei der Wahrnehmung ihrer Verantwortung für die liturgischen Texte. – Als Sekretariat dieser Bischöflichen Kommission ist die Arbeitsstelle „Bücher der Kirche" in Bonn tätig. Zum Priesterjahr 2009/10 wurde von Rom ein „Direktorium für alle Beichtväter und Geistlichen Leiter'" angekündigt.

4. Ausblick

Angesichts des überaus langen und zuletzt doch sehr intensiv beschrittenen Weges hin zu einer definitiven deutschsprachigen Ausgabe des OP legt sich aus folgenden Gründen und mit diesen Optionen ein baldiger Abschluss nahe:

- Dieses Rituale ist das einzige, das immer noch keine abschließende Form erhalten hat. Es könnte dadurch der Eindruck erweckt werden, dass der entsprechende pastoral-liturgische Bereich von nachrangiger Bedeutung ist oder der Beliebigkeit anheimgestellt wird.
- Die Arbeiten der zuletzt tätigen AG waren so konstruktiv, dass eine Überarbeitung und Ergänzung der vorgelegten Texte – die Ausführungen von „Liturgiam authenticam" und von „Misericorida dei" sowie die inzwischen wohl eingeholte römische Stellungnahme zum weiteren Vorgehen in der Arbeit – bald zu einem sinnvollen Ziel führen müsse.
- Die Arbeit am neuen „Gotteslob" bedarf ebenfalls approbierter und konfirmierter Texte zur Liturgie des Bußsakramentes.

Aus der langjährigen Tätigkeit in den bisherigen Arbeitsgruppen zur Überarbeitung bzw. Neukonzeption des deutschsprachigen OP empfehle ich:

- Die Texte der verschiedenen Bischofskonferenzen zur Feier und Pastoral des Bußsakramentes für die „Pastorale Einführung" in die Textgestaltung einzubeziehen (z.B. die „Weisung zur kirchlichen Bußpraxis" der deutschen Bischöfe und ihren Text „Umkehr und Versöhnung im Leben der Kirche", die österreichischen „Weisungen für die Verwaltung des Bußsakramentes" von 1992 und den Text der Schweizer Bischofskonferenz vom Dezember 2007).

– Sowohl das Buch für „Die Feier von Umkehr und Versöhnung (in der Kirche)" wie auch ein Werkbuch mit weiteren Themen und Texten zu Einzelfragen (z. B. Beichtgespräch, Beichte und geistliche Begleitung[44], Erstbeichte[45] u. a.) zu veröffentlichen.

Vor einiger Zeit wurde ich um einen Aufsatz gebeten, der Antwort geben sollte auf die Frage: Gibt es „Eine neue Chance für die Beichte?"[46]. Dabei habe ich zusammenfassend festgestellt: „Sowohl für die Gesellschaft wie für das Leben der Kirche ist das Sakrament der Umkehr und Versöhnung von fundamentaler Bedeutung: zur Gewissensentlastung und -vertiefung des Einzelnen durch die Vergebung von Schuld und die Kraft zu neuem Anfang, zu einem verantwortungsbewussten, auch Schuld und Versöhnung wahrnehmenden Leben angesichts eines gewaltig zunehmenden Unschuldswahnes, zur Werte- und Normenorientierung in der Gesellschaft. ... Die Pastoral eines vergessenen oder ungeliebten Sakramentes[47] zu erneuern bzw. zu vertiefen, sollte wieder als Aufgabe und Chance erkannt werden; darüber lohnt sich nachzudenken und ins Gespräch zu kommen.

---

[44] Vgl. Bernhard KÖRNER (Hg.), *Geistliche Begleitung und Bußsakrament. Impulse für die Praxis*, Würzburg 2007; Philipp MÜLLER, *Geistliche Begleitung und sakramentale Beichte. Eine theologisch-praktische Verhältnisbestimmung*, in: Geist und Leben 81 (2008), 241–252.

[45] Vgl. Juliane REUS, *Kinderbeichte im 20. Jahrhundert. Pastoralgeschichtliche Untersuchung zum Wandel der Erstbeichtvorbereitung in Deutschland*, Würzburg 2009.

[46] Vgl. *Impulse für die Pastoral I: Die Versöhnung feiern.* Freiburg 2007, 13–16.

[47] Joachim MÜLLER (Hg.), *Das ungeliebte Sakrament. Grundriss einer neuen Bußpraxis.* Mit Beiträgen von Bernhard GROM, Walter KIRCHSCHLÄGER und Kurt KOCH, Freiburg/Schweiz 1995.

Zeiten der Buße

Die Quadragesima

Andreas Heinz

Im Programm der 8. Trierer Sommerakademie des Deutschen Liturgischen Instituts steht als Titel über diesem Vortrag: „Zeiten der Buße". Stimmt der Plural? Für die Ostkirche ja. Dort gibt es mehrere institutionalisierte Buß- und Fastenzeiten im Laufe des Jahres. In der orthodoxen Kirche beginnt zum Beispiel am 1. August das zweiwöchige „Marienfasten" vor dem Fest „Mariä Entschlafung" am 15. August. Auch in der römischen Tradition gab es in der Vergangenheit mehrere Bußzeiten und Bußtage: Außer der Fastenzeit vor Ostern gehören zum Urgestein der römischen Liturgie die vier Quatemberwochen zu Beginn der vier Jahreszeiten;[1] es gab das Vigilfasten vor Weihnachten, Ostern, Pfingsten, Mariä Himmelfahrt und Allerheiligen.[2] Manche Orden beobachteten zusätzliche Fastenzeiten. Der hl. Franz von Assisi übernahm den damals weit verbreiteten Brauch einer Adventsfastenzeit. Er schrieb in seine Regel: „Die Brüder sollen fasten von Allerheiligen bis Weihnachten."[3] Weiter heißt es dort: Sie sollen auch fasten „von Epiphanie (…) bis Ostern."[4] In der endgültigen Franziskaner-Regel von 1223 ist daraus eine Kann-Vorschrift geworden. Dort heißt es: „Wer freiwillig die heilige Fastenzeit hält, die von Epiphanie an vierzig ununterbrochene Tage dauert, die der Herr durch sein heiliges Fasten geweiht hat, soll vom Herrn gesegnet sein; wer sie nicht halten will, ist nicht dazu verpflichtet. Während der anderen (Fastenzeit) bis zur Auferstehung des Herrn sollen sie fasten."[5]

Er handelt sich bei der sofort nach Erscheinung des Herrn einsetzenden Fastenzeit um ein Erinnerungsfasten an das vierzigtägige Fasten Jesu in der Wüste. Das ist ja das große Vorbild aller Fastenzeiten. Dass dieses Erinnerungsfasten gleich nach Epiphanie begann, hängt

---

[1] Vgl. Andreas HEINZ, Art. *Quatember, Quatembertage*, in: LThK³ 8 (Freiburg u. a. 1999), 764f.; DERS., *Sondergottesdienste an der Schwelle der Vier Jahreszeiten*, in: Die Vier Jahreszeiten im 18. Jahrhundert, herausgegeben von der Arbeitsstelle 18. Jahrhundert, Heidelberg 1986, 225–236.
[2] Vgl. CIC 1917 c. 1252.
[3] Hans Urs VON BALTHASAR, *Die Großen Ordensregeln* (Lectio spiritualis 12), Einsiedeln ⁵1984, 291.
[4] Ebd.
[5] Ebd., 316.

damit zusammen, dass an Epiphanie auch der Taufe Jesu gedacht wird.[6] Bei den Synoptikern lesen wir (etwa Lk 4,1 ff.), dass Jesus nach seiner Taufe vom Geist in die Wüste geführt wurde, wo er vierzig Tage fastete und die Versuchungen des Teufels siegreich bestand. Das Devotionsfasten nach Epiphanie ist nie eine allgemeine Einrichtung geworden. Eine solche aber ist seit dem 4. Jahrhundert die ebenfalls vom 40-tägigen Fasten Jesu inspirierte und durch andere biblische Vorbilder wie Mose (Ex 24,18), Elija (1 Kön 19,8), die 40-jährige Wüstenwanderung Israels (Jos 5,6) und die Bußpredigt Jonas in Ninive (Jona 3,1–10) zusätzlich motivierte Quadragesima vor Ostern.[7]

Für diese Vierzig-Tage-Zeit ist mit der Liturgiereform im deutschen Sprachraum die Bezeichnung „Österliche Bußzeit" eingeführt worden. Der traditionelle Name „Fastenzeit" ist aber gottlob erhalten geblieben. Es ist ein Glücksfall, dass es in unserer Umgangssprache einen Namen gibt, der den Eigencharakter dieser Zeit im allgemeinen Bewusstsein hält. Sachgerecht ist der Name eigentlich nicht mehr. Denn es gibt außer dem Aschermittwoch in der Quadragesima selbst keine gebotenen Fasttage mehr.[8] Österliche Bußzeit trifft dagegen die gemeinte Sache genauer. Der neue Name nennt das Ziel der Vorbereitung: Ostern! Und er charakterisiert den Weg zum Ziel als Buße im umfassenden Sinn des biblischen Begriffs „Metanoia".

Was hat es auf sich mit dieser Zeit? Was hat das Konzil dazu gesagt? Wir sind, wenn Leute sich auf das Konzil berufen, mittlerweile vorsichtiger geworden. Nicht überall, wo Konzil drauf steht, ist auch Konzil drin.

Das erste vom Konzil verabschiedete Dokument war die Liturgiekonstitution (4. 12. 1963). Danach hat das Konzil noch 15 Konstitutionen, Dekrete und Erklärungen verabschiedet. Für unser Thema können wir uns aber auf die Liturgiekonstitution beschränken. Abgesehen von den Ermahnungen an die Priester, bereitwillig das Bußsakrament zu spenden und selbst zu empfangen im Priesterdekret (Presbyterorum Ordinis 13; 18; vgl. auch Christus Dominus 30) und der Bestimmung, dass die Bischöfe in ihrem Zuständigkeits-

---

[6] Durch die Einführung des Festes der Taufe Jesu am Sonntag nach Epiphanie im Zuge der Neuordnung des Kirchenjahres nach dem Zweiten Vatikanum ist dieses von jeher im Fest der Erscheinung des Herrn am 6. Januar enthaltene Motiv stärker hervorgehoben worden; vgl. Adolf ADAM, *Das Kirchenjahr mitfeiern*, Freiburg im Breisgau 1979, 122–126.

[7] Zur Geschichte und heutigen Gestalt der Quadragesima vgl. Hansjörg AUF DER MAUR, *Feiern im Rhythmus der Zeit I: Herrenfeste in Woche und Jahr* (Gottesdienst der Kirche 5), Regensburg 1983, 143–153; ADAM, *Kirchenjahr* (wie Anm. 6), 81–101.

[8] Vgl. CIC 1983 c. 1251.

bereich die Bußdisziplin zu regeln haben (Lumen Gentium 26), kommt in den späteren Äußerungen des Konzils „Buße" praktisch nicht mehr vor.

Zwei Artikel von „Sacrosanctum Concilium" befassen sich mit dem „tempus quadragesimale" (SC 109–110). Vom körperlichen Fasten ist dort nur ganz am Rand die Rede. Was dort gesagt wird, betrifft zudem streng genommen schon nicht mehr die Fastenzeit, sondern das Ostertriduum. Am Ende von SC 110 heißt es: In der ganzen katholischen Welt bleibt „der Freitag des Leidens und Sterbens unseres Herrn" gebotener Fasttag und dieses Pascha-Fasten soll sinnvollerweise auch auf den Karsamstag ausgedehnt werden, „damit man so hochgestimmten und aufgeschlossenen Herzens zu den Freuden der Auferstehung des Herrn gelange".

Was die Quadragesima selbst betrifft, stellt das Konzil als Leitmotive heraus: Taufe und Buße. Das sind im Grunde genommen keine zwei getrennten Größen. Wie eng beides zusammenhängt, zeigt der Sprachgebrauch der frühen Kirche. Sie hat bekanntlich die Buße „baptismus secundus – Zweite Taufe" genannt. Wir sind in der richtigen Spur, wenn wir den Gehalt der Quadragesima im Licht der Taufe sehen. Doch davon später!

1. Die Gestalt der Quadagesima nach dem Zweiten Vatikanum

Wir wollen uns zunächst Klarheit verschaffen über die Gestalt der Bußzeit vor Ostern. Ein Ziel der Reform nach dem Zweiten Vatikanischen Konzil (1962–1965) hieß: Wiederherstellung ihrer ursprünglichen Dauer. Die ältere Generation erinnert sich noch an die „Vorfastenzeit". Die „violetten Sonntage" begannen schon drei Wochen vor dem Aschermittwoch, am Sonntag „Septuagesima". Bei der Entstehung der Vorfastenzeit dürfte ostkirchlicher Einfluss im Spiel gewesen sein.[9] Das Zweite Vatikanum hat in keinem seiner Dokumente die Vorfastenzeit mehr erwähnt; es hat nur mehr von der Zeit der 40 Tage gesprochen. Ein deutlicher Hinweis für die Durchführung der Reform.

---

[9] Schon Ende des 4. Jahrhunderts hat man in Jerusalem eine 8-wöchige Fastenzeit vor Ostern beobachtet, obwohl auch im Osten an sich das 40-tägige Fasten Jesu die Dauer der Vorbereitungszeit bestimmt. Da jedoch in der Ostkirche außer am Sonntag (Tag der Auferstehung) auch am Samstag (Tag der Auferstehungserwartung und der Befreiung der Verstorbenen aus dem Reich des Todes) nicht gefastet wird, braucht man eine verlängerte „Quadragesima", um 40 Fasttage zu erreichen; vgl. EGERIA, *Itinerarium / Reisebericht mit Auszügen aus Petrus Diaconus De locis sanctis / Die heiligen Stätten*, übersetzt und eingeleitet von Georg RÖWEKAMP unter Mitarbeit von Dietmar THÖNNES (Fontes Christiani 20), Freiburg u. a. 1995, 87–89 (zu Kap. 27,1–29,1).

Diese hat die ältere Ordnung wiederhergestellt. Die symbolträchtige „heilige" Zahl 40 ist wieder das Maß der österlichen Vorbereitungszeit. Man hat dabei aber Gott sei Dank eine Inkonsequenz in Kauf genommen. Wäre man ganz konsequent gewesen, hätte der sechste Sonntag vor Ostern, der 1. Fastensonntag, wieder der Anfangstag der Quadragesima werden müssen. Wenn man von diesem Sonntag an 40 Tage weiterzählt, ist der 40. Tag der Gründonnerstag. Das war in der Tat ursprünglich (und heute wieder) der Schlusstag der Österlichen Bußzeit. Der Gründonnerstag war deshalb bis ins späte Mittelalter der „Antlasstag", wie er noch in Tirol heißt, der Ablass-Tag, der Tag der Lossprechung der öffentlichen Büßer, die dann, mit Gott und ihren Mitchristen versöhnt, Ostern wieder mitfeiern konnten.[10] Auch heute ist der Gründonnerstag wieder – was den meisten noch immer nicht recht bewusst ist – der Schlusstag der Fastenzeit. Mit der Abendmahlsmesse beginnt etwas Neues: Die Österliche Dreitagefeier. Karfreitag und Karsamstag gehören also nicht mehr zur Quadragesima. Das Fasten am Karfreitag ist nicht wie in der Quadragesima aszetisch motiviert; es ist ein Trauerfasten in Erinnerung an das Leiden, Sterben und das Begräbnis Jesu. Es ist das Fasten, von dem Jesus gesprochen hat, als er sagte: „Es werden aber Tage kommen, an denen ihnen der Bräutigam genommen ist, dann werden auch sie fasten!" (vgl. Mk 2, 20).

Was den Anfang der Quadragesima angeht, hat man das Ergebnis einer späteren Entwicklung aus Pietät, vor allem aber aus pastoralen Gründen respektiert. Seit dem frühen Mittelalter beginnt die Fastenzeit am Mittwoch vor dem 1. Fastensonntag.[11] Der Grund für die Vorverlegung war das Bestreben, 40 wirkliche Fasttage vor Ostern zu haben. Da der Sonntag wegen seines österlichen Festcharakters kein Fasttag sein kann, braucht man für die sechs ausfallenden Fastensonntage sechs Werktage mehr. Man gewann sie, indem man vier Tage früher begann und am Ende das Karfreitags- und Karsamstagsfasten noch dazu rechnete. Es wäre ein pastoraler Sündenfall erster Klasse gewesen, wenn man aus liturgiearchäologischen Gründen den Aschermittwoch abgeschafft und die Fastenzeit wieder mit dem 1. Fastensonntag begonnen hätte.[12] Da ist es schon besser, die Inkonsequenz in Kauf zu nehmen, dass die Quadragesima jetzt nicht exakt 40, sondern ohne Sonntage 38 und mit den Sonntagen 44 Tage zählt.

Was die übrigen äußeren Gestaltungselemente angeht, hat die Re-

---

[10] Vgl. ADAM, Kirchenjahr (wie Anm. 6), 58.
[11] AUF DER MAUR, Feiern (wie Anm. 7), 147.
[12] Der archaische Zustand des Beginns der Quadragesima am 6. Sonntag vor Ostern hat sich in der ambrosianischen Liturgie Mailands bis heute erhalten, vgl. Pietro BORELLA, Il Rito Ambrosiano, Brescia 1964, 364–371.

form keine Neuerungen eingeführt. Bestätigt wurde die violette Paramentenfarbe (und Rosa an Laetare), das „Halleluja-Fasten", der Verzicht auf das Gloria, der Verzicht auf Blumenschmuck, moderates Orgelspiel nur zur Begleitung des Gesangs.[13] Obwohl die amtlichen Dokumente nichts darüber sagen, ist an manchen Orten der alte Brauch des „Hungertuchs" oder Fastenvelums wieder aufgelebt. Es war dies eine Art Vorhang, in der Regel mit den Leidenswerkzeugen oder mit Passionssymbolen geschmückt, der während der Fastenzeit den oft prächtigen Altaraufbau verhüllte,[14] eine Form des Augenfastens. Das Misereor-Tuch hat daran angeknüpft, hat aber eine andere Funktion.

Dagegen liegt es auf der gleichen Linie, wenn vom 5. Fastensonntag an, dem früheren Passionssonntag, die Kreuze verhüllt werden. Viele finden das paradox. Muss nicht gerade in der Passionszeit das Kreuz den Gläubigen vor Augen gestellt werden? Mancherorts hat man deshalb begonnen, ein besonderes Passionskreuz aufzustellen. Andere sagen: Nur die österlichen Triumphkreuze sollen verhüllt werden. Die Verhüllung der Kreuze ist nur mehr eine Kann-Vorschrift.[15] Solche Kann-Vorschriften wurden in der heißen Phase der Reform vielfach als Aufforderung zur Abschaffung interpretiert. Seit es die spektakulären Verhüllungsaktionen gegeben hat – etwa die Verhüllung des Berliner Reichstagsgebäudes – ist vielen wieder klar geworden, dass eine tiefe pädagogische Weisheit hinter dem Brauch der Kirche steht, welche das während der Passionszeit verhüllte und dadurch die Aufmerksamkeit erregende Kreuz am Karfreitag liturgisch enthüllt und es in der Todesstunde Jesu mit großer Eindringlichkeit den Gläubigen neu vor Augen stellt, ehe diese es verehren.

2. Der Gehalt der Quadragesima

Das Ziel der Österlichen Bußzeit ist das Jahrespascha. Wir Christen sollen unser höchstes Fest als ganze Christen mitfeiern, mit „geläutertem Herzen", wie es etwa in der ersten Präfation für die Fastenzeit heißt.[16] Die beiden Leitmotive, die den Weg hinauf zum Ostergipfel

---

[13] Alle diese Bestimmungen bestätigt die Neufassung der „Allgemeinen Einführung in das Römische Messbuch" von 2002, die nunmehr „Grundordnung des Römischen Messbuchs" heißt; vgl. Grundordnung des Römischen Messbuchs. Vorauspublikation zum Deutschen Messbuch (3. Auflage), Bonn 2007, GORM Nr. 53 (Gloria), Nr. 62a (Halleluja), Nr. 305 (Blumenschmuck), Nr. 313 (Orgel), Nr. 346 (Paramentenfarbe).
[14] Vgl. Reiner SÖRRIES, Art. Hungertuch, in: LThK[3] 5 (Freiburg u. a. 1996), 337.
[15] Vgl. ADAM, Kirchenjahr (wie Anm. 6), 94 f.
[16] Vgl. Textbuch Gemeindemesse. Mit Einführungen, herausgegeben vom Deutschen Liturgischen Institut in Trier, Augsburg 1997, 586.

prägen, heißen: Taufe und Buße.[17] Zum Stichwort „Taufe" sagt das Konzil: „... die der Fastenliturgie eigenen Taufmotive (sollen) stärker genutzt werden" und einige „sollen gegebenenfalls aus der älteren Tradition wieder hervorgeholt werden" (SC 109). Die hier angesprochene „ältere Tradition" meint die Quadragesima der frühen Kirche. Sie war wesentlich geprägt von der näheren Vorbereitung der erwachsenen Taufbewerber auf den Empfang der Initiationssakramente in der Osternacht. Zum anderen galt die Sorge der Kirche den öffentlichen Büßern. Sie waren zwar wiedergeboren durch die Taufe. Aber sie hatten durch schwere Schuld den Adel ihres Christseins verspielt und mussten deshalb umkehren und durch „die Tränen der Buße"[18] den Standpunkt und das Niveau ihrer Taufe wiedererlangen. Diese Chance gab es nur einmal.[19]

Erstes Leitmotiv: Taufe

Bleiben wir zunächst bei der baptismalen Dimension der Quadragesima. Dass die Fastenzeit etwas mit der Taufe zu tun haben soll, ist heutigen Christen noch immer ziemlich fremd. Erst ganz allmählich bahnt sich ein Bewusstseinswandel an. Die Erwachseneninitiation wird zunehmend auch in unseren Breiten aktuell. Spätestens seit der Wiedervereinigung ist uns bewusst geworden, dass in einem Land, in dem in weiten Teilen nicht einmal mehr die Hälfte der Bevölkerung getauft ist, der christliche Glaube auf Dauer nur eine Zukunft hat, wenn es gelingt, unter den Jugendlichen und Erwachsenen Sympathisanten zu gewinnen.[20] In den deutschen Domen findet mittlerweile fast überall am 1. Fastensonntag eine Feier der Zulassung zu den Initiationssakramenten statt. Die Zugelassenen, die „Electi –

---

[17] Vgl. dazu die Anmerkungen von Eduard NAGEL, *Taufe und Buße. Inhaltliche Akzente der Vierzig Tage vor Ostern,* in: Gottesdienst 38 (2004), 17–19.

[18] Vgl. Ewald VOLGGER OT, *Das Wasser der Taufe und die Tränen der Buße,* in: Heiliger Dienst 59 (2005), 42–56.

[19] Vgl. zur Bußdisziplin in der Alten Kirche Reinhard MESSNER, *Feiern der Umkehr und Versöhnung.* (Gottesdienst der Kirche. Handbuch der Liturgiewissenschaft 7/2: Sakramentliche Feiern I/2), Regensburg 1992, 84–134. Zu Spätformen der öffentlichen Kirchenbuße im Westen des deutschen Sprachgebiets vgl. Andreas HEINZ, *Spätformen der öffentlichen Kirchenbuße im alten Erzbistum Trier in nachtridentinischer Zeit,* in: DERS., *Liturgie und Frömmigkeit. Beiträge zur Gottesdienst- und Frömmigkeitsgeschichte des (Erz-)Bistums Trier und Luxemburgs zwischen Tridentinum und Vatikanum II,* Trier 2008, 69–95.

[20] Vgl. Andreas HEINZ, *Die Feier der Eingliederung Erwachsener in die Kirche,* in: Trierer Theologische Zeitschrift 98 (1989), 280–296. Zur jetzigen Feiergestalt vgl. Die Feier der Eingliederung Erwachsener in die Kirche. Grundform. Manuskriptausgabe zur Erprobung, herausgegeben von den Liturgischen Instituten Deutschlands, Österreichs und der Schweiz, Trier 2001.

die Erwählten", werden in der Osternacht in ihren Heimatpfarreien getauft und gefirmt und gehen zur Erstkommunion. Wenn auf dem Weg zur Taufe die Skrutinien beziehungsweise die Stärkungsriten am 3., 4. und 5. Fastensonntag gemeindeöffentlich gehalten werden, erfahren die Christen am Ort vom katechumenalen Weg erwachsener Taufbewerber oder von Kindern im Schulalter. Sie können Anteil nehmen und mitgehen und sich so anregen lassen, das eigene Christsein neu zu bedenken.

Die Osternacht ist dabei, wieder zu dem zu werden, was sie einst war: die große Taufnacht des Jahres. Während der Fastenzeit soll es keine Taufen geben. In der Alten Kirche wurde zu Beginn der Quadragesima das Baptisterium buchstäblich verschlossen, um dann erst in der Osternacht wieder aufgetan zu werden.[21] Auch wo in der Osternacht aus Mangel an Täuflingen keine Taufe stattfindet, bleibt es nicht mehr bloß bei der Weihe des Taufwassers. Eine der glücklichsten Neuerungen der unter Papst Pius XII. (1939–1958) im Jahre 1951 wiederhergestellten Ostervigil ist die gemeinsame Erneuerung des Taufversprechens.[22] Wenn das allerdings mehr sein soll als eine schöne Zeremonie, dann muss dieses erneute Taufbekenntnis vorbereitet worden sein und herauswachsen aus einem in der Quadragesima erneuerten Taufbewusstsein.

Dazu bietet die Liturgie vielfältige Anknüpfungspunkte. Ihr Taufbezug ist deutlich verstärkt worden. Wir können das allein schon aus Zeitgründen hier nicht im Einzelnen entfalten. Wir konzentrieren uns auf die Fastensonntage. Die Eucharistiefeier dieser sechs Sonntage vor Ostern ist nämlich für den größten Teil der Gläubigen die privilegierte, oft auch die einzige Gelegenheit, Fastenzeit überhaupt zu erleben. Die neue Leseordnung gibt jedem Fastensonntag sein Gesicht. Tonangebend ist immer das Evangelium. Der Taufgedanke ist am stärksten akzentuiert im Lesejahr A.[23]

Ausgenommen vom Dreijahresturnus ist der Aschermittwoch. Das Tor zur Quadragesima hat seit mehr als einem Jahrtausend seine jedes Jahr wiederkehrende feste Form. Die biblischen Lesungen sagen das, was am Anfang zu sagen ist und wie man es besser nicht sagen könnte. Der Appell zum Innehalten und Umkehren (Joël 2, 12–18), der Aufruf, sich versöhnen zu lassen (2 Kor 5, 20 – 6, 2),

[21] Vgl. Bruno KLEINHEYER, *Weggemeinschaften. Die Feier der österlichen Sakramente*, in: Gottesdienst 22 (1988), 25–27, hier 25.

[22] Zusammenfassend zu den Reformmaßnahmen im Pontifikat Pius' XII. vgl. Andreas HEINZ, *Liturgiereform vor dem Konzil. Die Bedeutung Pius' XII. (1939–1958) für die gottesdienstliche Erneuerung*, in: Liturgisches Jahrbuch 49 (1999), 3–38.

[23] Vgl. zu den folgenden Ausführungen Elmar NÜBOLD, *Auf Ostern gut vorbereitet. Die Messperikopen der Sonntage der Fastenzeit*, in: Gottesdienst 24 (1990), 9–11.

die Empfehlung der bewährten und noch immer gültigen Mittel der Buße: Teilen, Beten, Fasten (Mt 6, 1–6.16–18). Dazu der eindrucksvolle Aschenritus. Dieser kräftig akzentuierte Auftakt unterstreicht die Wichtigkeit der Unternehmung der 40 Tage. Sie ist auch eine nachdrückliche Einladung zum Mitgehen und Mitmachen. Denn der Aschermittwoch ist nicht zuerst der große Schlusspunkt der tollen Tage nach dem Motto „Am Aschermittwoch ist alles vorbei …“; er ist vielmehr Anfang und Aufbruch zu neuen Ufern.[24] Es beginnt der Weg hinauf zum Gipfel des Jahrespascha. Dieser Aufbruch ist mehr als „der Beginn einer Periode verminderter Kalorieneinnahme" (Rennings). Das Tor wird aufgetan zu einer Zeit der Umkehr und der Erneuerung. Einer der Pioniere der liturgischen Erneuerung, der Innsbrucker Jesuitenprofessor Josef Andreas Jungmann, hat schon lange vor dem Konzil gesagt, die Fastenzeit müsste so etwas sein wie die Jahresexerzitien der ganzen Gemeinde.[25] Es geht vor allem darum, den klaren Standpunkt der Taufe wiederzugewinnen, das eigene Christsein zu vertiefen mit dem Ziel, Ostern als „rundum erneuerter" Christ mitzufeiern.

Wie sieht der Leitfaden dieses spirituellen Erneuerungsprozesses an den sechs Fastensonntagen aus? Der 1. und 2. Fastensonntag bilden eine Einheit. Sie sind in allen drei Lesejahren ein gleich gebauter Doppelbogen, der in die Fastenzeit hineinführt. Am 1. Fastensonntag hörte die Gemeinde schon immer und auch jetzt in allen drei Lesejahren das Evangelium vom 40-tägigen Fasten Jesu und von seinem Sieg über den Bösen (Mt 4, 1–1 Parr.). Wenn wir nach dem Taufbezug fragen, darf man zuerst an die negative Seite des Taufbekenntnisses denken: Dreimal hat Jesus dem Bösen eine Absage erteilt. Dreimal widersagt der Taufkandidat vor der Taufe dem Bösen. Der siegreich bestandene Kampf Jesu mit dem Versucher ist ein Bild für die bleibende Kampfsituation des Christen. Ein in der Fastenzeit oft gesungenes Lied spielt darauf an (Gotteslob 304: Zieh an die Macht, du Arm des Herrn). In einer Strophe heißt es: „Wir sind im Kampfe Tag und Nacht, o Herr, nimm gnädig uns in acht und steh uns an der Seite." Im Tagesgebet der Fasteneröffnungsmesse fällt das Wort von der „militia christiana", dem „Kriegsdienst des Christen." Das Deutsche Messbuch übersetzt die Stelle viel zu harmlos: „Gib uns die Kraft zu christlicher Zucht".[26]

---

[24] Arno STERZENBACH, *Die Quadragesima gestalten. Überlegungen zur Liturgie der Österlichen Bußzeit*, in: Gottesdienst 25 (1991), 1–3. 12 f.; hier 1.
[25] Vgl. dazu auch die Überlegungen von Heinrich RENNINGS, *Eine Intensivphase. Auf der Suche nach einer Pastoral der Österlichen Bußzeit*, in: Gottesdienst 28 (1994), 9–11.
[26] Vgl. Textbuch (wie Anm. 16), 113.

Die neuen Eigenpräfationen der Fastensonntage greifen jeweils das Thema des Evangeliums auf. Am 1. Fastensonntag werden zwei Motive herausgestellt:[27] Jesus selbst hat zum einen durch sein 40-tägiges Fasten die Gestalt der Quadragesima vorgebildet. Er hat auch das Programm dieser Zeit vorgegeben: Dadurch, dass er den Versuchungen des Widersachers nicht nachgegeben hat, hält er uns an, ebenfalls den Unrat der Sünde zu entfernen, damit wir Ostern würdig feiern und endlich auch zum ewigen Osterfest gelangen können. Auch der 2. Fastensonntag hat von jeher sein Thema. Er ist der Sonntag der Verklärung. Das Evangelium von der Verklärung Jesu auf dem Berg (Mt 17, 1–9 Parr.) komplettiert das Fasteneröffnungsevangelium. Dort war von Jesus in der Bewährung die Rede, hier von Jesus in der Verklärung. Dort ging es um den von Anfechtungen bedrohten Weg; hier leuchtet das Ziel des Weges auf. Kreuz und Tod waren für Jesus nicht der Endpunkt, sondern Transitus in seine Herrlichkeit. Es ist eine Vorausschau der österlichen Auferstehungsherrlichkeit Christi, aber auch des Lebensziels der mit ihm verbundenen Christen.[28] Auf die Getauften wartet am Ende eine glänzende Zukunft.

Das Konzil hat verlangt, alte Taufmotive der Quadragesima sollten wieder neu zur Geltung kommen. In diesem Sinn sind die altkirchlichen johanneischen Taufevangelien wiedergekehrt.[29] Am 3. Fastensonntag das Gespräch Jesu mit der Samariterin am Jakobsbrunnen (Joh 4, 5–42): Jesus führt diese Frau zum Glauben an ihn als den wahren Spender des Lebens; die Perikope mündet in dem Bekenntnis: „Dieser ist der wahre Retter der Welt." Die Taufe ist Sakrament des Glaubens, der ein Gottesgeschenk ist. Deshalb bitten die Getauften in der Präfation darum, dass auch ihnen wie der Samariterin ein fester Christus-Glaube geschenkt wird, der sich in Taten der Liebe bewährt.[30] Die Lesung aus dem Römerbrief (Röm 5, 1–2.5–8) verweist auf die letzte Kraftquelle der Gottes- und Nächstenliebe: das Pascha Christi, der – wie Paulus sagt – „seine Liebe zu uns darin erwiesen hat, dass er für uns gestorben ist, als wir noch Sünder waren".

Der 4. Fastensonntag (Laetare) ist der Sonntag des Blindgebore-

---

[27] Vgl. ebd., 121.

[28] Vgl. ebd., 130 (Eigenpräfation).

[29] Vgl. Balthasar FISCHER, *Der patristische Hintergrund der großen johanneischen Taufperikopen*, in: I Simboli dell'iniziazione cristiana. Atti del primo Congresso Internazionale di Liturgica. Pontificio Istituto Liturgico 25.–28. Maggio 1982. A cura di P. Giustino Farnechi OSB (Studia Anselmiana 87: Analecta liturgica 7), Roma 1983, 61–79.

[30] Vgl. Textbuch (wie Anm. 16), 139f.

nen (Joh 9,1–41). Er wäscht sich im Teich Shiloah – was „der Gesandte" bedeutet – und die Augen gehen ihm auf. Der sehend gewordene Mann gelangt zum Glauben „an den Menschensohn". Die letzte Strecke der Taufvorbereitung hat die Alte Kirche „Photizomenat" genannt: Zeit der Erleuchtung. „Erleuchtung" war ein Name für die Taufe selbst. „Empfange das Licht Christi!", sagt der Priester heute, wenn er die an der Osterkerze entzündete Taufkerze den Eltern und Paten übergibt. Und er fährt fort: „Christus, das Licht der Welt, hat ihre Kinder erleuchtet. Sie sollen als Kinder des Lichtes leben, sich im Glauben bewähren und dem Herrn entgegengehen, wenn er kommt in Herrlichkeit."[31] Die neutestamentliche Lesung aus dem Epheserbrief (Eph 3,8–14) zitiert ein frühchristliches Tauflied: „Steh auf, der du schläfst, steh auf von den Toten, und Christus wird dein Licht sein!" Von der Heilung des Blindgeborenen schlägt die Präfation[32] die Brücke zum Heil der aus dem Wasser neu Geborenen; Gott hat sie aus der Finsternis zum Licht des Glaubens geführt und zu seinen Kindern gemacht. Das Gebet nach der Kommunion spricht von „dem wahren Licht, das jeden Menschen erleuchtet" und bittet um einen klaren Blick für das, was recht ist, und um ein Herz, das Gott „aufrichtig liebt"[33]. Die Taufbezüge liegen in diesem Messformular offen auf der Hand.

Am 5. Fastensonntag ist das Evangelium von der Auferweckung des Lazarus zu hören. Auch darin geht es um Hinführung zum Glauben, und zwar an den, der von sich sagt: „Ich bin die Auferstehung und das Leben (…) und jeder, der an mich glaubt, wird in Ewigkeit nicht sterben" (Joh 11,1–45). In dieser Geschichte ist Marta, die Schwester des Lazarus, die paradigmatische Glaubensschülerin. In der Mitte der langen Perikope steht ihr Glaubensbekenntnis: „Ja, Herr, ich glaube, dass du der Messias bist, der Sohn Gottes, der in die Welt kommen soll" (Joh 11,27). Die Taufe ist Eingliederung in die Schicksalsgemeinschaft mit Christus, der sich in seiner Auferstehung als stärker erwiesen hat als der Tod und der das Leben in Fülle für seine Gläubigen bereithält. Die Lesungen dieses Sonntags verstärken diese Botschaft: Ezechiel verkündigt einen Gott, der die Gräber öffnet, durch seinen Geist die Toten erweckt und belebt und sie in das Land der Verheißung führt (Ez 37,12b-14). Paulus sagt im Römerbrief (Röm 8,8–11), dass diejenigen, die den lebendig machen-

---

[31] Die Feier der Kindertaufe in den Bistümern des deutschen Sprachgebietes. Zweite authentische Ausgabe auf der Grundlage der Editio typica altera 1973, Freiburg u.a. 2007, 65.

[32] Vgl. Textbuch (wie Anm. 16), 149.

[33] Vgl. ebd., 150.

den Geist empfangen haben, mit dem auferweckten Christus leben werden. Die Taufe bestimmt die Getauften für das ewige Leben.

Das Motiv des Glaubens an den Spender des Lebens in der Lazarusperikope hat vielfältige Taufbezüge. Im 3. Skrutinium, das am 5. Fastensonntag vorgesehen ist, klingt der Gedanke an das ewige Leben an im Gebet zur Handauflegung über die Katechumenen.[34] Deutlicher redet die vorgeschlagene spezielle Fürbitte im Allgemeinen Gebet: „Hilf unseren Taufbewerbern über all den Freuden und Sorgen dieses Lebens das ewige Leben nicht aus den Augen zu verlieren."[35]

Der 6. Fastensonntag hat, ähnlich wie der Eröffnungstag der Quadragesima, seinen Eigencharakter, der in allen drei Lesejahren die gleiche Feiergestalt und den gleichen Verkündigungsgehalt aufweist. Der Palmsonntag ist das Tor zur Karwoche. Das Gedächtnis des Einzugs Jesu in Jerusalem, wo sich sein Pascha vollenden wird, ist wie ein Präludium der Paschafeier auf dem Gipfel der Heiligen Woche. Der in seiner Passion Erniedrigte wird vorausnehmend schon als Sieger und König gefeiert, wobei das irdische Jerusalem Bild des himmlischen Jerusalems ist, wo der Auferstandene lebt und seine Erlösten mit ihm.

Im Lesejahr B steht nicht die Taufthematik im Vordergrund. Der rote Faden ist die Meditation des Paschamysteriums Christi. Die Perikopen sind wieder dem Johannesevangelium entnommen. Im vierten Evangelium kommt nämlich am deutlichsten heraus, dass Jesus in seiner Niedrigkeit gleichzeitig der Sohn Gottes in seiner göttlichen Hoheit ist und bleibt. Sein Tod und seine Auferstehung wird am 3. Fastensonntag vorausverkündigt im Bild vom Niederreißen und Wiederaufrichten des Tempels in drei Tagen (Joh 2,19–22). Am 4. Fastensonntag wird die Erhöhung des Gekreuzigten verkündigt im Bild der erhöhten Schlange; der Aufblick zu diesem Heilszeichen rettete vom Tod (Joh 3,14–21). Am 5. Fastensonntag weist das Bild vom Weizenkorn, das stirbt und sterbend viele Frucht bringt, hin auf das Paschamysterium Christi (Joh 12,20–33).

Die evangelische Kirche nennt die ganze Fastenzeit „Passionszeit". Der Name würde am ehesten für unser Lesejahr B passen. In der katholischen Tradition war dieser Name reserviert für die zwei letzten Wochen der Fastenzeit. Die erneuerten liturgischen Bücher kennen den „Passionssonntag" nicht mehr und sprechen auch nicht mehr von „der Passionszeit", weil man die Einheit der ganzen 40-Tage-

---

[34] Vgl. Eingliederung (wie Anm. 20), 124.
[35] Vgl. ebd., 126.

Zeit nicht verunklären will.[36] Verkehrt ist der Name aber auch heute nicht. In den zwei letzten Wochen der Fastenzeit tritt das Passionsgedächtnis noch immer in der Liturgie besonders hervor. Charakteristisch sind in dieser Hinsicht die für diese Zeit vorgesehenen speziellen Passions-Präfationen. In der zweiten heißt es: „Wiederum kommen die Tage, die seinem heilbringenden Leiden und seiner glorreichen Auferstehung geweiht sind."[37]

Die Volksfrömmigkeit betrachtet die ganze Fastenzeit als Passionsgedächtniszeit. Der Kreuzweg ist die charakteristische Andacht der Wochen vor Ostern. Das darf auch so bleiben. Die Passionsbetrachtung kann sich auf den Verkündigungsschwerpunkt des Lesejahres B berufen. Aber die Quadragesima darf nicht auf die Passionsbetrachtung reduziert werden. Das ist eine spätmittelalterliche Engführung, die der Protestantismus aus seiner Entstehungszeit geerbt und dann festgeschrieben hat. Der Inhalt der Quadragesima ist umfassender. Auch in der Pascha-Verkündigung des Lesejahres B ist die Taufthematik unausgesprochen immer präsent. Denn nach Röm 6, der klassischen Stelle der paulinischen Tauftheologie, bedeutet Getauft-Werden Eintauchen in das Pascha Christi, mit ihm begraben werden und mit ihm auferstehen zum unvergänglichen Leben.

Zweites Leitmotiv: Buße

Was ist mit dem zweiten vom Konzil genannten Schwerpunkt der Quadragesima, der Buße? Was ist das überhaupt? Im allgemeinen Bewusstsein denkt man bei dem Stichwort „Buße" unwillkürlich an äußere Bußwerke. Seit dem hohen Mittelalter kam es zu dieser Engführung, die zusammenhängt mit der auf die Beichte reduzierten Bußdisziplin. Sie förderte die Gleichsetzung von Buße und Bußwerk. Das für die Quadragesima typische Bußwerk war in der Vergangenheit das körperliche Fasten. Das Kirchenrechtsbuch von 1917 (c. 1252) gebot das Fasten noch an allen Werktagen der Quadragesima. Es gab und gibt darüber hinaus freiwillig übernommene Bußwerke: Kinder verzichten auf Süßigkeiten. Erwachsene versagen sich das Rauchen, das Trinken von Alkohol oder schränken ihren Fernsehkonsum und ihr Internet-Surfen ein. Das Autofasten wird Jahr für Jahr in der Fastenzeit propagiert, allerdings ohne wirklichen Bezug zum Gehalt der Fastenzeit.[38]

---

[36] Vgl. ADAM, Kirchenjahr (wie Anm. 6), 94.
[37] Vgl. Textbuch (wie Anm. 16), 588.
[38] Ein umfangreicher Bericht über die Aktion „Autofasten" war im „Paulinus", der Wochenzeitung im Bistum Trier, in diesem Jahr überschrieben: „Freude haben, Verzicht

Auch Kirchenmänner denken beim Stichwort „Buße" offenbar zuerst und vor allem an derartige äußere Bußwerke. Die „Deutsche Tagespost" berichtete zu Beginn der Fastenzeit 2009 humorvoll in einer Glosse über die Fastenvorsätze der österreichischen Bischöfe.[39] So erfuhren die Leser, dass Kardinal Schönborn in der Fastenzeit auf sein Frühstücksei verzichtet. Der Salzburger Erzbischof Kothgasser versagt sich den Biergenuss; da dieser Verzicht ihm nicht leicht fällt, räumt er ein, dass er hier und da „auf den Verzicht verzichtet". Sein Weihbischof Andreas Laun erklärt, die Tatsache, dass er an der Bischofskonferenz teilnehme, sei für ihn schon einmal „ein schöner Brocken Fasten". Das Bußwerk von Weihbischof Stefan Turnovsky besteht darin, dass er in der Fastenzeit den Computer spätestens um 21.00 Uhr ausschaltet.

Wohlgemerkt: Das Fasten und andere Formen des Verzichts bleiben gültige Formen der Buße. Aber sie sind nicht das, was „Buße" als das spirituelle Programm der Quadragesima eigentlich meint. Das reicht tiefer und ist umfassender. Am ehesten kommt man an die Sache heran, wenn man die Quadragesima als „Umkehr-Zeit" versteht. Das genau ist der Verkündigungsschwerpunkt im Lesejahr C.

Den Ton gibt wieder das Evangelium an. Es ist an jedem Sonntag ein Appell zur Umkehr im Sinne einer grundlegenden Änderung der ganzen Lebenseinstellung und Lebensführung. Es beginnt am 3. Fastensonntag mit der Geschichte vom unfruchtbaren Feigenbaum (Lk 13,1–9). Gott hat eine himmlische Geduld mit dem Baum, der keine Früchte trägt. Doch auch sie hat Grenzen; wenn alles Bemühen um den Baum auf Dauer fruchtlos bleibt, hat er keine Zukunft.

Dass es bei dem Anruf zur Buße um den ganzen Menschen geht, darum, dass er sich von verkehrten Wegen abwendet und umkehrt, schildert eindrucksvoll das Gleichnis vom verlorenen Sohn und barmherzigen Vater am 4. Fastensonntag (Lk 15,1–12). Am 5. Fastensonntag wird das Evangelium von der Frau verkündigt, die als Sünderin gesteinigt werden soll. Doch Jesus sagt der Frau: Ändere dein Leben! „Geh und sündige von jetzt an nicht mehr!" (Lk 8,1–11)

Im Unterschied zu der Zeit im Jahreskreis sind in der Quadragesima alle drei biblischen Lesungen thematisch aufeinander abgestimmt. Deshalb ist die Fastenzeit eine günstige Gelegenheit, die Vollgestalt der Liturgie des Wortes mit allen drei biblischen Lesun-

---

üben und die Schöpfung bewahren." Eine religiöse Motivation der befragten Beteiligten war nicht zu erkennen; vgl. Paulinus vom 19. April 2009, 9.

[39] Vgl. Stephan BAIER, *Katholisches Fastenbrechen. Was wir in den Fastenhirtenbriefen unserer Bischöfe alles nicht zu lesen bekommen.* Der Autor beruft sich auf den in der Zeitung „Tiroler Sonntag" veröffentlichten Bericht über die Interviews mit den Bischöfen.

gen zu feiern. Wenn weiterhin zwischen der 1. und 2. Lesung ausgewählt wird, empfiehlt es sich, den alttestamentlichen Lesungen
den Vorzug zu geben. Diese bilden in der Quadragesima eine thematische Reihe, insofern sie stufenweise von der Urgeschichte bis zu den
prophetischen Verheißungen der messianischen Heilszeit die wichtigsten Kapitel der Geschichte Gottes mit den Menschen aufschla-
gen. Sie bereiten so auch auf die komprimierte Verkündigung der
Heilsgeschichte in den alttestamentlichen Lesungen der Osternacht
vor. Abschließendes Fazit: Wenn die Taufbewerber und die Getauften den Weg Gottes mit den Menschen mitgehen (atl. Lesungen) und
wenn sie sich zu Umkehr und Buße aufrufen lassen (Lesejahr C),
durch die Taufevangelien des Lesejahres A sich um eine Vertiefung
ihres Glaubens und ihrer Lebensweihe bemühen und über das Pa-
scha-Mysterium Christi nachdenken (Lesejahr B), sind sie für die
Mitfeier des Ostertriduums bestens vorbereitet.

3. Pastorale Impulse

Der Schriftleiter der Zeitschrift „Gottesdienst", Dr. Eduard Nagel,
hat vor Jahren in seiner bekannten 2-Minuten-Rubrik zutreffend bemerkt, Muslime wüssten in der Regel sehr gut Bescheid, was sie im
Ramadan zu tun hätten. Christen gerieten dagegen in Verlegenheit,
wenn sie nach der Gestaltung ihrer Fastenzeit gefragt würden.[40] Bes-
tenfalls wird dann dieses oder jenes „Fastenopfer" genannt.

Der bekannteste, aber keineswegs beste Gestaltungsvorschlag
kommt von „Misereor". Ein dickes Rund-um-Gestaltungspaket erhalten alle Pfarrämter jedes Jahr lange vor dem Aschermittwoch un-
gefragt zugestellt. Die Zentrale des Bischöflichen Hilfswerks „Misereor" hat es seit Jahren darauf angelegt, aus der Quadragesima eine
Misereor-Zeit zu machen. Die Werbestrategien zur Erhöhung des
Kollektenergebnisses werden von Jahr zu Jahr einfallsreicher und ag-
gressiver. Zu den Spendentüten ist das Misereor-Tuch gekommen,
das in manchen Kirchen während der Fastenzeit als ständiger Blick-
fang vor, neben oder über dem Altar hängt. Ein Misereor-Plakat de-
koriert den Ambo. Auch die von Misereor gelieferten Gestaltungs-
hilfen für alle möglichen Gottesdienstformen und die am grünen
Tisch schon Monate zuvor gebastelten Einführungen, Kyrie-Rufe,
Formulare für Fürbitten und Kommunionmeditationstexte sind
durchweg zweckdienlich aufbereitet. Da geht es immer wieder um
Bewusstseinsbildung in Sachen Dritte Welt. Von der Liturgie der

---

[40] Vgl. Gottesdienst 31 (1997), 27.

Quadragesima ist das alles in der Regel ziemlich weit entfernt. Ist diese caritative Aktion, so gut und wichtig sie an sich ist, hierzulande wirklich das einzige Resultat der vom Konzil gewollten Erneuerung der Quadragesima? Die Zeitschrift „Gottesdienst" ließ vor ein paar Jahren einen imaginären Durchschnittskatholiken zu Wort kommen mit der Äußerung: „Eine der schönsten Seiten an Ostern ist, dass die Misereor-Zeit vorbei ist."[41]

Was kann und soll in der Fastenzeit geschehen, individuell und gemeinschaftlich? Es wäre zu wenig, wenn die Gottesdienstteilnehmer nur konstatieren würden, dass der Priester nun im violetten Messgewand an den Altar geht und die Küsterin an den Blumen spart. Die Liturgie des Wortes an Aschermittwoch zieht alle Register, um klar zu machen, dass jetzt eine besonders wichtige Zeit beginnt. Am Ende der zweiten Lesung heißt es: „Jetzt ist sie da, die Zeit der Gnade. Jetzt ist er da, der Tag der Rettung" (2 Kor 6,2). Gott schenkt seinen Gläubigen im Kreislauf des Jahres die Chance eines neuen Anfangs. Im Tagesgebet des 1. Fastensonntags heißt es: „Allmächtiger Gott, du schenkst uns die heiligen vierzig Tage als eine Zeit der Umkehr und der Buße."[42] Diese Gnade eines neuen Anfangs verweist zurück auf den grundlegenden Anfang des Christenlebens: die Taufe. Seitdem muss es im Leben eines Christen immer wieder neue Anfänge geben, neue Aufbrüche und neue Anläufe, die darauf zielen, entschiedener, konsequenter und besser das zu werden, was wir durch die Taufe sind. Das Trainingsprogramm der Quadragesima soll den noch nicht Getauften und den schon Getauften helfen, authentischere Christen zu werden. Wer sich Christ nennt, darf nach einem oft zitierten Wort von Papst Leo dem Großen († 461) nicht unter seiner Würde leben,[43] sondern er muss sich immer neu anstrengen, auf dem Niveau seiner Taufe zu bleiben, beziehungsweise zum klaren Kurs der Grundausrichtung seines Lebens in der Taufe zurückzukehren; mit anderen Worten: Es gilt, die Taufgnade zu erneuern, zu vertiefen, nötigenfalls durch das Sakrament der Buße wiederzugewinnen.

Was kann bei dieser Zielvorgabe konkret geschehen? Wie kann der baptismale Gehalt der Quadragesima pastoral fruchtbar gemacht werden? Von den Verkündigungschancen im Lesejahr A war schon die Rede. Bekanntlich können diese Perikopen auch in den anderen Lesejahren genommen werden. Das liegt vor allem dann na-

[41] Vgl. Gottesdienst 37 (2003), 67.
[42] Textbuch (wie Anm. 16), 120.
[43] Vgl. Sermo de natale domini 1, 1–3 (CSEL 138, 85 ff.; Patristische Lesung in der Lesehore von Weihnachten).

he, wenn es in einer Pfarrei Erwachsene oder Kinder im Schulalter gibt, die sich auf den Empfang der Initiationssakramente in der Osternacht vorbereiten. Von dieser Tatsache muss die Gemeinde unbedingt erfahren. Nur dann bekommt sie die Chance, den Weg der Taufbewerber zu begleiten und dabei das eigene Christsein neu zu bedenken. Die eventuelle Teilnahme von Kandidaten aus der Pfarrei an der Zulassungsfeier im Dom muss der Gemeinde mitgeteilt werden. In den Fürbitten der Fastensonntage kommen die Taufbewerber regelmäßig vor. Die Stärkungsriten am 3., 4. und 5. Fastensonntag werden möglichst in der Gemeindemesse vollzogen und so von allen miterlebt.

Auch die Erstkommunion ist ein Initiationssakrament. In den meisten Pfarreien fällt die Endphase der Vorbereitung mit der Quadragesima zusammen. Die erste Kommunion der mündig gewordenen Kinder hat an sich an Ostern ihren Ort. Aus praktischen Gründen ist sie auf den Oktavtag von Ostern und heute auch auf einen späteren Sonntag der Osterzeit verschoben worden. Sie vollendet die in der Taufe begonnene Eingliederung in den Leib Christi. Die Kerzen der Erstkommunikanten sind ihre Taufkerzen. Es stellt sich die Frage: Ist der Taufbezug in der Erstkommunionvorbereitung und -feier den Beteiligten genügend bewusst? Vielfach läuft die Erstkommunionvorbereitung unter einem frei gewählten Symbol und Leitwort völlig unverbunden neben der Liturgie einher. Das Einzige, was viele Gemeinden davon mitbekommen, ist die Stellwand, die schon ein halbes Jahr vorher im vorderen Teil der Kirche, nicht selten in Altarnähe, angebracht wird. Darauf ist beispielsweise ein bunter Regenbogen zu sehen oder ein Schiff auf hohen Wellen oder ein Haus mit vielen Fenstern oder eine große Sonne mit den Portraitfotos der Erstkommunionkinder. Die Kinder selbst sind meistens unsichtbar; nach dem Fest sind sie so gut wie verschwunden. Als die Jesuiten im 17. Jahrhundert im Rahmen ihrer Volksmissionen die feierliche gemeinsame Erstkommunion einführten, war es ihre erklärte Absicht, die Erwachsenen durch den Blick auf die Kinder an die Anfänge des eigenen Glaubens zu erinnern und den ersten Eifer wieder zu wecken.[44] Die Chance, den Weg der Kinder zu einem Tauferinnerungs- und Tauferneuerungsimpuls für die Gesamtgemeinde zu machen, sollte auch heute nicht ungenutzt bleiben.

Der Erneuerung und Pflege des Taufbewusstseins könnte eine Predigtreihe über ein Tauflied dienen, etwa: „Ich bin getauft und Gott

---

[44] Vgl. Rupert BERGER, *Neues Pastoralliturgisches Handlexikon*, Freiburg 1999, 128 f. (Erstkommunion).

geweiht" (Gotteslob 635). Wenn es einen Bibelkreis beziehungsweise das Bibelteilen gibt, bieten sich die Taufevangelien des Lesejahres A jeweils vor dem Sonntag ihrer Verkündigung als Gesprächsgegenstand an. Es könnte auch speziell eingeladen werden zu vier oder fünf Bibelabenden mit dieser Thematik.

In der Quadragesima bleibt der Taufbrunnen geschlossen. Doch es ist sehr sinnvoll unter dem Titel „Taufseminar" oder „Taufgespräch" eine Gruppe junger Eltern an mehreren Abenden zusammenzubringen, deren Kinder an Ostern oder in der Osterzeit getauft werden sollen oder deren Kinder in den vorhergehenden Monaten getauft worden sind.

Das österliche Taufgedächtnis mit der Besprengung der Gemeinde sollte dagegen für die Osternacht und für die Sonntage der Osterzeit reserviert bleiben.[45]

Der Besinnung auf die Taufe als gemeinsames Fundament des Christseins quer durch alle Konfessionen könnte ein ökumenischer Taufgedächtnisgottesdienst in der Quadragesima dienen. Schon in der Zeit der Liturgischen Bewegung hat man das antike Vorbild der quadragesimalen Stationsgottesdienste mancherorts wieder aufgegriffen. In Trier gab es beispielsweise in den Kirchen der Innenstadt allwöchentlich eine Jugendmesse mit Fastenpredigt.[46] In ländlichen Gebieten könnte es solche Fastenstationsgottesdienste reihum in ausgewählten Pfarrkirchen eines Dekanates geben, Kreuzfeiern mit Passionspredigten oder Wort-Gottes-Feiern mit einem Zyklus thematischer Fastenpredigten, die das Glaubenswissen vertiefen und zu neuem Eifer im religiösen Leben anregen würden. Angesagt sind Themen, die in die Mitte des Glaubens führen, etwa: Die Messe, was ist das eigentlich? Die Sakramente als Quellen des Lebens. Auf einem Plakat stand als Motto: Das Feuer neu entfachen! Auf einem anderen: Herr, wer bist du?

Das Konzil hat bekanntlich besondere Wortgottesdienste namentlich in der Quadragesima gewünscht (SC 35,4). Der Glaubensvertiefung soll auch die in den Werktagsmessen der Quadragesima empfohlene Kurzhomilie dienen.[47]

Die in der Taufe begründete Gemeinschaft mit Jesus wird vertieft durch das Lesen im Neuen Testament. Man kann die Quadragesima hindurch ein ganzes Evangelium abschnittsweise lesen. Man kann bewusst eine Meditationszeit in seinen Tagesrhythmus einbauen.

---

[45] Vgl. GORM (wie Anm. 13), Nr. 51.
[46] Vgl. Andreas HEINZ, *Evangelisierung durch die Liturgie. Jugendgottesdienste in Trier zur Zeit des NS-Kirchenkampfes und in den Nachkriegsjahren*, in: DERS., Liturgie und Frömmigkeit (wie Anm. 19), 373–393, hier 379–381. 383 f.
[47] Vgl. CIC 1983 c. 767 § 3.

Mehr Zeit für Gott! Nur so kann die Fastenzeit eine religiöse Intensivzeit werden. Ihr spirituelles Programm bringt die erste Präfation der Fastenzeit gut ins Wort, wenn sie zum Gebet und zu Werken der Liebe mahnt und zur Mitfeier der Geheimnisse einlädt, die „in uns die Gnade der Kindschaft erneuern"[48]. Mit den Geheimnissen, den „mysteria", sind vor allem die Sakramente der Eucharistie und der Buße gemeint; die Gnade der Kindschaft ist nichts anderes als die Taufgnade.

Die zweite Komponente des quadragesimalen Erneuerungsprogramms ist schon verschiedentlich angeklungen: die Buße. Die Fastenzeit ist Umkehr-Zeit. Umkehr braucht Zeit. Es ist nicht getan mit den 30 Minuten eines Bußgottesdienstes oder mit den fünf bis zehn Minuten einer Beichte. Aber selbst diese ausdrücklichen Formen der Umkehr und der Neuausrichtung fallen bei den meisten mittlerweile aus. Das Bußwesen der Kirche steckt in einer tiefen Krise. Die Teilnahme an den Bußgottesdiensten ist massiv zurückgegangen. Als ich 1970 als junger Kaplan die ersten Bußgottesdienste in Landpfarreien der Eifel gefeiert habe, waren die Kirchen brechend voll. Heute kommen selbst in der katholischen Eifel kaum mehr als 5 bis 10 % von denen, die sich in der Fastenzeit, wie das Konzil sagt (SC 109), „durch Buße" auf die Feier des Pascha-Mysteriums" vorbereiten sollen.

Manche Pfarrer ziehen daraus die falschen Konsequenzen. Wegen der zurückgegangenen Teilnehmerzahlen reduzieren sie das Angebot von Bußgottesdiensten. Es gibt Pfarreien, in denen selbst vor Ostern keine Beichtgelegenheit mehr angesetzt wird. In Einzelfällen hat man sogar den Beichtstuhl aus der Kirche entfernt. Das Konzil hat dagegen die Pfarrer angehalten, gerne und oft Beichtgelegenheit anzubieten im Bewusstsein, „dass das Bußsakrament sehr viel dazu beiträgt, das christliche Leben zu fördern" (Christus Dominus 30,2). Papst Benedikt XVI. sagte bei seinem kürzlichen Besuch im Heiligtum von Padre Pio, der ein stark frequentierter Beichtvater war: „Wir Priester dürfen uns mit den leeren Beichtstühlen nicht abfinden."[49] Wie diese Krise überwunden werden kann, weiß allerdings auch der Papst nicht. Sicher aber verdient die bisher zu wenig beachtete „Gemeinschaftliche Feier der Versöhnung mit Bekenntnis und Lossprechung der Einzelnen" neue Aufmerksamkeit.[50]

Umkehr ist ein Prozess, der Zeit braucht, mindestens 40 Tage. In

[48] Textbuch (wie Anm. 16), 586.
[49] Vgl. Benedikt XVI., *Ansprache in San Giovanni Rotondo*, in: Osservatore Romano. Wochenausgabe in deutscher Sprache vom 12. Juli 2009, Nr. 29, 10.
[50] Vgl. *Die Feier der Buße. Nach dem neuen Rituale Romanum*. Studienausgabe, herausgegeben von den Liturgischen Instituten Salzburg, Trier, Zürich (Pastoralliturgi-

dieser Umkehr-Zeit sind die drei erprobten Umkehr-Übungen der jüdisch-christlichen Tradition nach wie vor aktuell. Sie gehören zum aszetischen Rüstzeug aller Weltreligionen. Im Eröffnungsevangelium der Quadragesima (Mt 6, 1–6.16–18) werden sie jedes Jahr wieder neu in Erinnerung gerufen, begleitet von der Warnung Jesu, sie nicht zu einer selbstgerechten religiösen Leistungsdemonstration zu missbrauchen. Es ist die bekannte Trias: Teilen, Beten, Fasten.

Was wir heute „Teilen" nennen, ist in der biblischen Ausdrucksweise das „Almosen geben". Das Teilen mit den Armen hat auch das Konzil im Auge, wenn es betont, dass die Bußpraxis nicht bloß eine individuelle Übung sein soll, „sondern auch eine äußere und soziale" (SC 110). Hilfsaktionen wie „Misereor" haben von hierher durchaus ihren legitimen Ort in der Österlichen Bußzeit. Dahinter steht der Gedanke: Die durch Verzicht und Einschränkung gesparten und frei werdenden Mittel sollen den Armen zugutekommen. In der dritten Präfation für die Fastenzeit heißt es: „Die Entsagung mindert in uns die Selbstsucht und öffnet unser Herz für die Armen. Denn deine Barmherzigkeit drängt uns, das Brot mit ihnen zu teilen in der Liebe deines Sohnes, unseres Herrn Jesus Christus."[51] Der reiche Prasser hat keine Augen für den armen Lazarus. Offene Augen für Menschen in Not, Spenden für Bedürftige in der Nähe und in der Ferne, aber auch Zeit haben für Menschen, die einen Menschen brauchen, sind bewährte Mittel zu einer authentischeren Christus-Nachfolge. Denn ihm begegnen wir im Geringsten seiner Brüder und ihm kommen wir näher, wenn wir die Not der Armen an uns heranlassen. Es gibt den Vorschlag, die Kollekte an allen Fastensonntagen jeweils für ein bestimmtes, der Gemeinde mitzuteilendes Projekt der Nächstenliebe durchzuführen.[52] In den Kirchen sollte es in der Fastenzeit einen speziellen Opferstock mit exakter Zweckangabe geben für das Fastenopfer.

Die Fastenzeit als religiöse Intensivphase muss vor allem geprägt sein durch das zweite Element der klassischen Trias: das Gebet. Wenn es aus welchen Gründen auch immer nicht möglich sein sollte, die Kirche immer geöffnet zu halten, in der Fastenzeit muss sie tagsüber offen sein. Es wird überall einzelne Gläubige geben, die den Hinweis aufgreifen, das Gotteshaus als einen Ort der Stille, des Aufatmens und des Gebets aufzusuchen, auch wenn dort kein Gottesdienst stattfindet. Dort brennt das Ewige Licht. Dort hängen die

---

sche Reihe in Verbindung mit der Zeitschrift „Gottesdienst"), Freiburg im Breisgau 1974, 35–47 (Zweites Kapitel).

[51] Textbuch (wie Anm. 16), 587.

[52] Vgl. Sterzenbach, Quadragesima (wie Anm. 24), 2.

Kreuzwegstationen. Dort kann man vor dem Marienbild ein Licht anzünden.

Wenn in der Fastenzeit gilt, dass man das Gewöhnliche bewusster und eifriger tun soll, dann bedeutet das etwa, dass man aufmerksamer darauf sieht, den Tag mit Gott zu beginnen und zu beschließen. Zum Programm der Quadragesima könnte ein Schriftwort für den Tag gehören, vielleicht auch die regelmäßige Lesung der Perikopen der Werktagsmesse. Mehr Zeit für Gott! Ältere Leute verbringen viel Zeit vor dem Fernseher. Wie wäre es, den Fernsehkonsum in der Fastenzeit einzuschränken, nicht um des Verzichts willen, sondern positiv: Diese gewonnene Zeit nehmen und die Unbequemlichkeit des Weges auf sich nehmen, um die Abendmesse am Werktag der Quadragesima mitzufeiern? Wenn die Fastenzeit eine Zeit intensiveren Gebets sein soll, müsste die Zahl der Gottesdienstteilnehmer eigentlich in den Wochen vor Ostern merklich steigen. Der hl. Benedikt, einer der großen Meister christlicher Spiritualität, sagt im Fasten-Kapitel seiner Regel (RegBen 49) sinngemäß: In diesen Tagen soll der Mönch die Nachlässigkeiten der anderen Zeiten durch größeren Eifer wiedergutmachen. Dann rät Benedikt weiter, man solle in der Fastenzeit seinen gewöhnlichen Christenpflichten etwas hinzufügen, also etwas mehr tun als gewöhnlich, auch beim Beten.[53]

Es sind schon Beispiele für besondere Gottesdienste der Quadragesima genannt worden. Der Kreuzweg bleibt erhaltenswert. Man könnte den Besuch von Kreuzweganlagen empfehlen, wie es sie in manchen Regionen im Freien gibt. Aus Italien hört man von guten Erfahrungen mit besonderen Fastenstationsgottesdiensten.[54] In vielen Pfarreien gibt es die sogenannte Frühschicht, besonders für Jugendliche. Das vom Chor mitgestaltete Abendlob, etwa in Form einer musikalischen Passionsandacht, wird Anklang finden. Aber auch der Rosenkranz passt als Form der Leben-Jesu-Betrachtung mit den Schwerpunkten Passion und Verherrlichung Jesu gut in die Fastenzeit.

Das körperliche Fasten, die dritte Komponente des quadragesimalen Trainingsprogramms, ist nur noch an zwei Tagen geboten, aber es bleibt darüber hinaus empfohlen. Denn körperlicher Verzicht und Selbstbeschränkung sind nach der Auskunft aller Religionen eine gute Voraussetzung für geistiges und geistliches Leben. Wer satt ist und

---

[53] Vgl. Basilius STEIDLE (Hg.), *Die Benediktusregel lateinisch-deutsch*, Beuron ²1975, 146–149.
[54] Vgl. Klaus Peter DANNECKER, *Auf Ostern zu. Stationskirchen als Gestaltungselement der Fastenzeit*, in: Gottesdienst 34 (2000), 4.

selbstgenügsam, hat keinen Hunger und Durst mehr nach dem „Reich Gottes und seiner Gerechtigkeit" (Lk 12, 31).

Fasten ist heute durchaus wieder „in", allerdings nicht aus religiösen Motiven, sondern der Gesundheit, der Schönheit und der körperlichen Fitness wegen. Der Zweck dieses Fastens bleibt das eigene Ich. Dagegen hilft das aszetische Fasten zur Freiheit von Abhängigkeiten. Es will den Menschen frei machen von Selbstsucht und so öffnen für Gott und für die anderen. In der früher einzigen Präfation für die Fastenzeit – im Deutschen Messbuch ist es jetzt die vierte – heißt es: „Durch das Fasten des Leibes (...) erhebst du den Geist."[55] Lange bevor er Papst geworden ist, hat Josef Ratzinger dazu geschrieben: „Der ganz satte Mensch, der gar nicht mehr hungert, wird blind und taub. Er gewahrt nur noch sich selbst. Wenn wir darauf einmal aufmerksam geworden sind, beginnen wir vielleicht auch die Bilder der Heiligen Schrift neu zu verstehen, die in die Taufliturgie aufgenommen wurden: das Bild des Menschen, der blind ist vor Gott, des Menschen, der taubstumm ist, sich selbst und die Welt gar nicht zu vernehmen vermag. Wir werden inne, dass wir jene Wirklichkeit brauchen, die im Wort ,fasten' angesagt ist."[56]

4. Schluss

Als Papst Johannes XXIII. (1958–1963) vor nunmehr 50 Jahren, am 25. Januar 1959, ein Ökumenisches Konzil ankündigte, gab es in weiten Teilen Deutschlands noch so etwas wie ein katholisches Milieu. In den Landgebieten des Bistums Trier nahmen noch mehr als 55% der Katholiken regelmäßig an der Sonntagsmesse teil, etwa zwei Drittel gingen zu den Ostersakramenten.[57] Es zeigten sich zwar auch damals schon Erosionserscheinungen, aber die meisten Konzilsväter hatten noch den Traum, dass die Liturgiereform das gottesdienstliche Leben überall neu aufblühen lassen würde. 40 Jahre danach sind unsere Gemeinden keine blühenden Glaubenslandschaften. Auch an den Fastensonntagen sind es kaum noch 10% der Gemeindemitglieder, die zur Eucharistiefeier kommen. Die meisten erreicht unser Umkehr-Appell nicht.

Ein zusätzliches Problem ist der zunehmende Priestermangel. In

---

[55] Textbuch (wie Anm. 16), 587.
[56] Vgl. Josef RATZINGER, *Dogma und Verkündigung*, München 1973; hier zitiert nach dem Auszug in: Christ in der Gegenwart 27 (1975), 77.
[57] Vgl. Bernhard SCHNEIDER, *Kirchliches Leben, Frömmigkeit und Seelsorge*, in: Beharrung und Erneuerung 1881–1981 (Geschichte des Bistums Trier 5), herausgegeben von Bernhard SCHNEIDER und Martin PERSCH, Trier 2004, 263–387, hier 281–288.

77

den größeren Seelsorgeeinheiten auf dem Land haben viele Pfarrkirchen schon jetzt nur mehr an jedem 2. Sonntag eine Sonntagsmesse. Das gottesdienstliche Programm der Quadragesima wird so nur mehr bruchstückhaft erlebt. Da die Gottesdienste des Ostertriduums nicht selten auf verschiedene Pfarrkirchen verteilt werden, erlebt die Gemeinde auch das Ziel der Vorbereitung nur mehr fragmentarisch. Die Entwicklung wird wohl dahingehen, dass das volle Gottesdienstprogramm nur mehr in Mittelpunktkirchen realisiert werden kann. Aber das darf nicht bedeuten, dass an der Basis, in den kleineren Einheiten der alten Pfarreien, nichts mehr passiert. Viele Impulse für die religiöse Intensivphase vor Ostern lassen sich auch ohne die Mitwirkung eines Priesters umsetzen. Darüber nachzudenken und entsprechende Initiativen zu entwickeln, wird eine der wichtigsten pastoralen Aufgaben der Zukunft sein. Denn die neuen Strukturen als solche bringen es nicht. Ob das weitmaschige Netz auf Dauer trägt, muss sich erst zeigen. Denn auch in Zukunft gilt: Die Kirche lebt an der Basis, oder sie lebt nicht.

Sühne und Versöhnung aus biblischer Sicht

Rainer Schwindt

Immer wieder schuldig zu werden, gehört zu den Grunderfahrungen menschlichen Lebens. Dem religiös Sensiblen muss auffallen, dass dies in unserer heutigen Gesellschaft aber weitgehend ausgeblendet wird, ganz anders als in der Lebenswelt der biblischen Überlieferung, die diese Grenzerfahrung nicht nur allenthalben thematisiert, sondern geradezu ins Zentrum theologischer Narration und Reflexion stellt. Ziel ist eine Lebensbewältigung, die in der Vergebung Gottes gründet, in der Einsicht, von diesem trotz aller Vergehen angenommen zu werden. Die in der Bibel aufgezeigten Wege, die den Menschen von der Last seiner Schuld und Sünden befreien können, lassen sich unter den Begriff „Sühne und Versöhnung" fassen.[1] Aus semantisch-sprachwissenschaftlicher Sicht ist freilich Vorsicht geboten. Die genannten Termini stammen nämlich aus dem germanischen Rechtswesen, so dass nicht zu erwarten ist, dass das biblische Hebräisch und Griechisch des Alten und Neuen Testamentes sprachlich äquivalente Begriffe besitzen.[2] Die Wurzel beider Wörter geht auf das althochdeutsche *suona* zurück, das „Urteil oder Gericht" im Sinne eines ausgleichenden Ersatzes bei Unrecht bedeutet.[3] „Versöhnung" stellt eine verstärkende Präfixbildung des Nomens „Sühne" dar und wird vor allem im Bereich zwischenmenschlicher Wiedergutmachung gebraucht, ohne religiöse Konnotationen zu verlieren.[4] Während „Sühne" eher auf den Akt der Wiedergutmachung zielt, hat „Versöhnung" nach dem Grimmschen Wörterbuch mehr seine Folgezustände im Blick, „die erreichte äuszere ruhe, den äusze-

---

[1] Vgl. Georg FISCHER – Knut BACKHAUS, *Sühne und Versöhnung. Perspektiven des Alten und Neuen Testaments* (Die Neue Echter Bibel. Themen 7), Würzburg 2000, 11 f.

[2] Vgl. Jens SCHRÖTER, *Sühne, Stellvertretung und Opfer. Zur Verwendung analytischer Kategorien zur Deutung des Todes Jesu*, in: DERS. – J. FREY (Hg.), Deutungen des Todes Jesu im Neuen Testament (WUNT 181), Tübingen 2005, 51–71, 61; Cilliers BREYTENBACH, *„Christus litt euretwegen". Zur Rezeption von Jes LXX und anderen frühjüdischen Traditionen im 1. Petrusbrief*, in: FREY – SCHRÖTER, Deutungen, 437–454, 437 f.

[3] Vgl. Hartmut GESE, *Die Sühne*, in: DERS., Zur biblischen Theologie. Alttestamentliche Vorträge (BEvTh 78), München 1977, 85–106, 87.

[4] Vgl. Alfred BERTHOLET, *Der Versöhnungsgedanke in der Religion*, ZThK 22 (1912), 321–328.

ren frieden, weiter sodann ‚versöhnung' in einem tieferen sinne, die ausgesöhnte gesinnung, das innere versöhntsein"[5].

Sühne und Versöhnung im Alten Testament

Im Bibelhebräischen gibt es nur zum Wort „Sühne" eine ungefähre Entsprechung, nämlich die hebräische Wurzel *kpr*. Je nach dem, ob man sie auf das akkadische *kuppuru* „abwischen" oder das nordwest- und südsemitische *kpr* „bedecken" zurückführt, steht sie für die Tilgung der Schuld oder für deren Zudecken. Als Terminus theologischer Fachsprache ist *kipper* seit der mittleren Königszeit (Ex 32, 30; Dtn 21, 8a; Jes 6, 7; 22, 14) und dem Exil (Jer 18, 23; Ps 78, 38; 79, 9) belegt.[6] Zum Nomen „Versöhnung" gibt es im Hebräischen keine Entsprechung. Dies gilt insbesondere für zwischenmenschliches Versöhnen, das z. B. in den Vätererzählungen und der Davidüberlieferung begegnet und begrifflich zum Teil von *kpr* abgedeckt wird.[7] Als von Gott ausgehende Überwindung menschlicher Schuld ist Versöhnung im Alten Testament in jedem Fall allgegenwärtig. Die dezidiert theozentrische Perspektive im Versöhnungshandeln zeigt sich schon in der Tatsache, dass allein von Gott ein Vergeben ausgesagt wird (hebräisch 46-mal *salach*), nie dagegen von einem Mitmenschen.

Die Bewältigung von Schuld in der Geschichte Israels bringt schon früh rituell gestaltete Formen hervor, so etwa die Klagebegehung, deren rituelle Struktur durch verschiedene Texthinweise zumindest grob rekonstruierbar ist:

1. Aufruf der Priester zur Klage
2. Zeichen der Trauer: Fasten, Kleidung, Trauergesten, kultische Reinigung
3. Versammlung mit den Ältesten und dem Volk
   – Opfergottesdienst
   – Klagegebete und Schuldbekenntnis
   – Appell an Gottes Bundestreue und Hilfsbereitschaft
   – Rettungszusage durch Heilsorakel (aber unsicher).

---

[5] Jacob und Wilhelm GRIMM, *Deutsches Wörterbuch*, 10. Band, IV. Abteilung, Leipzig 1942, 1018.

[6] So Bernd JANOWSKI, Art. *Sühne, 1. Altes Testament und Judentum*, in: EKL³ IV, 552 f.

[7] Vgl. Rainer ALBERTZ, KPR: *Kultische Sühne und politische und gesellschaftliche Versöhnung*, in: DERS., Kult, Konflikt und Versöhnung. Beiträge zur kultischen Sühne in religiösen, sozialen und politischen Auseinandersetzungen des antiken Mittelmeerraumes (AOAT 285), Münster 2001, 135–149, 136–139.

Trauer und Klage dienen entweder der inneren Bewältigung und religiösen Sinngebung von Not und Tod (vgl. Jakobs oder Davids Zerreißen der Kleider in ihrer Totenklage [Gen 37, 34; 2 Sam 1, 11 f.]) oder zielen auf eine Veränderung eines als göttliche Strafaktion begriffenen Unglücks (vgl. das Fasten Davids während der Krankheit seines Sohnes in 2 Sam 12, 16–23, das nicht der Trauer, sondern der Selbstdemütigung vor Gott gilt)[8].

Eines der Grundelemente der alttestamentlichen Versöhnungsbereitschaft Gottes stellt der Bundesschluss Gottes mit seinem Volk Israel dar. Durch Schuld und Sünden kann der Bund mit Gott zwar verletzt und zerbrochen werden, doch überwiegt die Bundestreue Gottes als Fundament des israelitischen Gottesglaubens:

„(Du sollst) erkennen: Jahwe, dein Gott, ist der Gott; er ist der treue Gott; noch nach tausend Generationen achtet er auf den Bund und erweist denen seine Huld, die ihn lieben und auf seine Gebote achten" (Dtn 7, 9).

Hosea kann die Spannung zwischen Gottes Versöhnlichkeit und Israels Bundesbruch sogar als einen Konflikt Gottes mit sich selbst darstellen:

„[8c] Mein Herz wendet sich gegen mich, mein Mitleid lodert auf. [9] Ich will meinen glühenden Zorn nicht vollstrecken und Efraim nicht noch einmal vernichten. Denn ich bin Gott, nicht ein Mensch, der Heilige in deiner Mitte. Darum komme ich nicht in der Hitze des Zorns" (Hos 11, 8c–9).

Die alttestamentliche Prophetie ist wesentlich Umkehrpredigt, die dem Aufdecken und der Erkenntnis von Sünde und Schuld weithin verpflichtet ist.[9] Bekenntnis, Bitte und Buße ebnen den Weg, auf dem Gott den Menschen entgegenkommt (vgl. Hos 14, 2–9). Das göttliche Erbarmen ist aber immer ungeschuldet und größer, als es erwartet werden kann:

„Wenn eure Sünden sind wie Karmesin, wie Schnee sollen sie weiß werden; wenn sie rot sind wie Purpur, wie Wolle sollen sie sein" (Jes 1, 18; vgl. auch Am 9, 11–15).

Für die Propheten zeigt sich die Qualität der Bundesbeziehung sowohl in nationalen wie in persönlich-alltäglichen Notsituationen.

---

[8] Vgl. Ernst KUTSCH, „Trauerbräuche" und „Selbstminderungsriten" im Alten Testament (1965), in: DERS., Kleine Schriften zum Alten Testament, herausgegeben von L. SCHMIDT – K. EBERLEIN (BZAW 168), Berlin – New York 1986, 78–90, 81 f.
[9] Vgl. Hans Walter WOLFF, Das Thema „Umkehr" in der alttestamentlichen Prophetie, in: ZThK 48 (1951), 129–148; FISCHER – BACKHAUS, Sühne, 47–49; Robert OBERFORCHER, Sühneliturgie und Bußfeier im Alten Testament und im Frühjudentum, in: Sakramentliche Feiern I/2: Reinhard MESSNER, Feiern der Umkehr und Versöhnung (Gottesdienst der Kirche 7/2), Regensburg 1992, 23–48.

Die Bundesbeziehung fordert sowohl eine Anamnese der Schuldvergangenheit als auch eine Gewissenserforschung in der Gegenwart. Schuld wird nicht mehr wie in der Umwelt des Alten Testamentes dämonisiert und in magisch-dynamistischen Bereichen angesiedelt, sondern wird als geschichtliche Kategorie erkannt, näherhin als Geschichte zwischen dem Gott Israels und seinem Volk.[10] Die deuteronomistische Bewegung entfaltet diese Einsicht unter dem Eindruck der Tempelzerstörung 586 v.Chr. zu einer umfassenden Abfalls- und Unheilsgeschichte Israels. Für die Deuteronomisten führt Israels Einsicht in die eigene Schuld an der nationalen Katastrophe zu einem tieferen Verständnis des Gottesbundes als eine von Gott einklagbare Glaubens- und Lebenshaltung.

Für die spät- bzw. nachexilisch anzusetzende priesterschriftliche Theologie kristallisiert sich Gottes Gegenwart und Versöhnungsbereitschaft in besonderer Weise in seinen Herrlichkeitsoffenbarungen und in seinem Wohnen mitten in Israel. Dass das „Wohnungnehmen" Gottes bzw. seines Kabod bei den Menschen (וישכן Ex 24, 16a) auf ein dynamisches Sichbegegnen (יעד) zielt, wird besonders im zentralen Text Ex 29, 42b-46 deutlich, der als Grundtext priesterschriftlicher, vor dem Krisenhintergrund des babylonischen Exils entworfener Theologie gelten kann:

„[42b] am Offenbarungszelt (אהל מועד) werde ich mich dir offenbaren, um mit dir dort zu reden. [43] Ich werde mich dort den Israeliten offenbaren und mich in meiner Herrlichkeit als heilig erweisen. [44] Ich werde das Offenbarungszelt, den Altar, Aaron und seine Söhne heiligen und für meinen Priesterdienst weihen. [45] Ich werde mitten unter den Israeliten wohnen und ihnen Gott sein. [46] Sie sollen erkennen, dass ich der Herr, ihr Gott bin, der sie aus Ägypten herausgeführt hat, um in ihrer Mitte zu wohnen, ich, der Herr, ihr Gott."

Nach Bernd Janowski wird an dieser Stelle der „Begriff אהל מועד interpretierend eingeführt und so eine theologische Ätiologie des Terminus אהל מועד gegeben: Dieses Zelt ist der Ort in Israel, an dem Jahwe Mose bzw. den Israeliten ,begegnet' (Ex 29, 42b.43a)."[11] Die Gott-Mensch-Begegnung am Sinai ist damit auf das Zeltheiligtum übertragen. Ziel dieses נועד (V. 42b.43) Jahwes gegenüber den בני ישראל ist nicht allein die Wortoffenbarung, sondern auch das שכן

---

[10] So Ernst-Joachim WARNKE, *Schuld und Schuldbewältigung nach dem prophetischen Zeugnis des Alten Testaments*, ThLZ 115 (1990), 1–10, 7.

[11] Bernd JANOWSKI, *Sühne als Heilsgeschehen. Studien zur Sühnetheologie der Priesterschrift und zur Wurzel KPR im Alten Orient und im Alten Testament* (WMANT 55), Neukirchen–Vluyn 1982, 326; vgl. auch DERS., *„Ich will in eurer Mitte wohnen". Struktur und Genese der exilischen Shekina-Theologie* (1987), in: DERS., Gottes Gegenwart in Israel. Beiträge zur Theologie des Alten Testaments, Neukirchen–Vluyn 1993, 119–147.

Jahwes in deren Mitte (45a.46a).[12] Im priesterschriftlichen Heiligtum des „Begegnungszeltes" wird das einmalige Sinaiereignis im Kult Israels stets neu vergegenwärtigt. Als Stätte, wo Gott dem Menschen nahe sein, begegnen kann, ist es als Idealtypos des Tempels gezeichnet (vgl. auch Lev 26,11–13).

Parallel dazu entwickelt die priesterschriftliche Theologie ein Konzept, in dessen Mitte die Kategorie der Sühne steht.[13] Kult und Heilsgeschichte sind dabei eng miteinander verbunden. So wird der Kult im Begegnungszelt als innerer Fluchtpunkt der gesamten Bundesgeschichte begriffen, die mit der Schöpfungsplanung Gottes beginnt und sich mit den Vätergeschichten und dem Exodus fortsetzt.[14] Der Weg in die Freiheit wird von den rettenden Herrlichkeitsoffenbarungen im Heiligtum beglaubigt (Ex 29,43; Lev 9,23).

In diesem Raum möglicher Gottesbegegnung kann der Mensch nun seine Schuld vor Gott bringen und Sühne tun. Der Mensch bleibt dabei von Gottes Initiative abhängig. Dessen Vergebung setzt der Priester in realsymbolischer Weise in Kraft:

„So schafft der Priester ihnen Sühne *(kippär)*, und es wird ihnen (von Gott) vergeben" (Lev 4,31).

In der Kulttheologie der Priesterschrift gewinnen sämtliche Opfer Sühnecharakter. Nach Ez 45,17 hat „der Fürst an allen Feiertagen des Hauses Israel, an den Festen und an den Neumond- und Sabbat-Tagen für Brandopfer, Speiseopfer und Trankopfer zu sorgen. Er veranstaltet die Sünd-, Speise-, Brand- und Heilsopfer, die das Haus Israel entsühnen sollen" (vgl. auch Lev 9,15–24). Das Schuldopfer *('ascham)* und das Sündopfer *(chatta't)* gewinnen nun im Opferkult, der zuvor von Schlacht-, Brand- und Speiseopfern geprägt war, an Gewicht. Die Texte der Priesterschrift differenzieren zwischen der Entsühnung des Altars bzw. des Heiligtums und der Entsühnung von Menschen.[15] Das verbindende Element beider Sühnegeschehen

---

[12] Siehe Rainer SCHWINDT, *Gesichte der Herrlichkeit. Eine exegetisch-traditionsgeschichtliche Studie zur paulinischen und johanneischen Christologie* (HBS 50), Freiburg u. a. 2007, 19–22.

[13] Vgl. OBERFORCHER, Sühneliturgie, 28.

[14] Umfang, Struktur und Theologie der Priesterschrift sind sehr umstritten. Vgl. nur Thomas POLA, *Die ursprüngliche Priesterschrift. Beobachtungen zur Literarkritik und Traditionsgeschichte von P^g* (WMANT 70), Neukirchen–Vluyn 1995; Christian FREVEL, *Mit Blick auf das Land die Schöpfung erinnern. Zum Ende der Priesterschrift* (HBS 23), Freiburg u. a. 2000, Peter WEIMAR, *Studien zur Priesterschrift* (FAT 56), Tübingen 2008.

[15] Näheres mit Belegen bei JANOWSKI, Sühne, 189–193. Vgl. aber zu Lev 16 DERS., *Ecce homo. Stellvertretung und Lebenshingabe als Themen Biblischer Theologie* (BThSt 84), Neukirchen–Vluyn 2007, 30, Anm. 101, mit Verweis auf Theodor SEIDL, *Leviticus 16 – „Schlußstein" des priesterlichen Systems der Sündenvergebung*, in: H.-J.

bildet die Blutapplikation. Das Sühneritual vollzieht sich nach Lev 4 f. in folgenden Akten: in der Darbringung des Opfertieres, in der Handauflegung und Schlachtung durch den Opfernden, der Feststellung durch den Priester, dem Blutritus durch den (Hohe-)Priester und in der Beseitigung der übrig gebliebenen Teile des Opfertieres.[16] Der für Israel bzw. den Hohenpriester als seinen kultischen Repräsentanten zu vollziehende große Blutritus besteht nach Lev 4, 5–7.16–18 aus dem siebenmaligen Blutsprengen „vor Jahwe" an den Vorhang vor dem Allerheiligsten und dem Bestreichen der Hörner des Räucheraltars mit Blut sowie dem Ausgießen des restlichen Blutes an das Fundament des Brandopferaltars. Zu beachten ist jedoch, dass nicht der Blutritus allein, sondern der ganze Vorgang des Sündopferritus als Sühne schaffend bezeichnet wird (vgl. Lev 4,20.26.35).[17] Auch der armen Volksgenossen zugestandene Opfervollzug ohne Blutapplikation in Lev 5 macht deutlich, dass Blut kein exklusives Mittel kultischer Sühne darstellte. Von daher nimmt es nicht wunder, dass es in der Priesterschrift nur eine einzige Aussage gibt, die zur Erhellung der symbolisch-theologischen Bedeutung der Blutriten in Frage kommt:

„Die Lebenskraft des Fleisches sitzt nämlich im Blut. Dieses Blut habe ich euch gegeben, damit ihr auf dem Altar für euer Leben die Sühne vollzieht; denn das Blut ist es, das für ein Leben sühnt" (Lev 17,11).

Die Singularität dieser Aussage schwächt ihr paradigmatisches Gewicht, das ihr von den Exegeten gerne beigemessen wird. So hat die inzwischen klassisch zu nennende Interpretation von Bernd Janowski (im Anschluss an Klaus Koch[18] und Hartmut Gese[19]), der Lev 17,11 als „Summe der kultischen Sühnetheologie" im Alten Testament versteht, in der Forschung viel Zustimmung gefunden.[20] Nach dem Tübinger Alttestamentler bedeutet die rituelle Freisetzung des Blutes die Freisetzung des individuellen Lebens. Weiter versteht er die Handauflegung als identifikatorischen Akt des Opfernden mit dem Opfertier, so dass sich im Ritus eine zeichenhaft-reale Hingabe

---

FABRY – H.-W. JÜNGLING (Hg.), Leviticus als Buch (BBB119), Berlin – Bodenheim 1999, 219–248, 227 f.

[16] Vgl. Fritz MAASS, Art. כפר kpr pi. sühnen, in: THAT I, Sp. 842–857, 846.

[17] Vgl. Friedhelm HARTENSTEIN, Zur symbolischen Bedeutung des Blutes im Alten Testament, in: FREY – SCHRÖTER, Deutungen des Todes Jesu, 119–137, 131.

[18] Klaus KOCH, Sühne und Sündenvergebung und die Wende von der exilischen zur nachexilischen Zeit, EvTh 26 (1966), 217–239.

[19] Hartmut GESE, Die Sühne, in: DERS., Zur biblischen Theologie. Alttestamentliche Vorträge (BEvTh 78), München 1977, 85–106.

[20] JANOWSKI, Sühne, 242.

der Lebenssubstanz dieses Menschen an das Heilige vollzieht.[21] Die Opferriten von Lev 4 und Lev 16 lassen jedoch nicht erkennen, dass sie in einer solchen stellvertretenden Lebenshingabe ihren Skopus hätten.[22] Eine Alternativexegese hat zuletzt Christian Eberhart vorgelegt.[23] Ausgehend von einem Rahmen kultischer Kommunikation mit Jahwe rücken die Kategorien der Gabe und die Metaphorik der Speise und des (königlichen) Gastmahls in den Blick. Die Blutapplikation an den Altar könnte dann nach Lev 17, 11 als „Rückgabe des Lebens an seinen Geber"[24] verstanden werden. Die Verwendung des Tierblutes und der in ihr sitzenden Lebenskraft für die kultische Sühne ist eine zusätzliche und kurzzeitige Gabe des Schöpfergottes an den Menschen zur Reinigung von Sünde und Schuld. Nach der extensiven Studie Eberharts zur Bedeutung aller Opfer im Alten Testament stehen nicht die Sünd- und Schuldopfer, sondern die rituelle „Verbrennung auf dem Brandopferaltar als der alle Opferarten vereinigende Ritualschritt im Mittelpunkt des alttestamentlichen Kultverständnisses"[25]. Während Applikationsriten mit Schächtblut auf andere nachfolgende Rituale verweisen, thematisieren die summarischen Schlussreferenzen meist das Ritual der Verbrennung. In diesem Geschehen manifestiert sich eine Begegnung des Menschen mit Gott, die den Opfergeber auf Gottes Segen und Angenommensein hoffen lässt.

Im Ganzen ist allerdings zu fragen, ob zwischen beiden Forschungsparadigmen nicht doch eine Brücke geschlagen werden kann. So wichtig für Eberharts Interpretation die Kategorien der Gabe und „Annäherung"[26] sind, können die Aspekte des Tötens und der Lebenshingabe letztlich aber nicht marginalisiert werden. „Geben" hat auch immer etwas mit „hingeben" zu tun. Die Intensität dieses Aktes des Loslassens und Verzichtens, die auch das Maß der Identifikation mit der Opfergabe bestimmt, bemisst sich an der Größe der Gottesentfremdung des immer wieder schuldig werdenden Menschen. Das Alte Testament kennt dementsprechend unterschiedliche Sühnehandlungen je nach dem Grad der Schuld und Sünden-

---

[21] Janowski, Sühne, 247.
[22] So mit Recht Hartenstein, Bedeutung, 135, und jüngst Thomas Hieke, *Der Kult ist für den Menschen da. Auf Spurensuche in den Opfervorschriften von Leviticus 1–10*, in: BiKi 64 (2009), 141–147, 144.
[23] Christian Eberhart, *Studien zur Bedeutung der Opfer im Alten Testament. Die Signifikanz von Blut- und Verbrennungsriten im kultischen Rahmen* (WMANT 94), Neukirchen–Vluyn 2002.
[24] Hartenstein, Bedeutung, 136.
[25] Eberhart, Studien, 400.
[26] Ebd., 401.

erkenntnis.[27] Sühnetheologisch leitend ist in jedem Fall die Einsicht, dass der sühnende Kult „den inneren Vorgang der Reue (ab)bildet, und die Reue ... nach einem äußeren Tun (verlangt)"[28]. Echte Umkehr verlangt nach einer Gestaltgebung. Liturgischer Höhepunkt aller Sühnehandlungen ist der einmal im Jahr stattfindende Versöhnungstag, der *jom hakkippurim* in Lev 16. Jenseits bisheriger literar- und redaktionskritischer Analysen nimmt die heutige Exegese diesen Spitzentext verstärkt als kompositorisches Ganzes wahr.[29] Der Ort der Blutriten erschließt sich über die Erfassung der spezifischen symbolischen Topographie des Textes. Wie andere priesterliche Kultdeskriptionen ist Lev 16 von der Zuordnung zwischen „innen" und „außen" geprägt, wobei die Kapporet als der Ort der unmittelbarsten Gottespräsenz den Ursprung und das Ziel allen Kulthandelns bildet.[30] Um das Heiligtum legen sich in konzentrischer Ordnung das Lager als Bereich des bewohnten Humanen und die Wüste als Bereich des unbewohnten Wilden. In dieser polaren Raummatrix vollzieht sich das Ritualgeschehen in doppelter Bewegungsrichtung, zum einen als nach „innen" zur Kapporet gerichtetes Sündopfer, zum anderen als nach „außen" gerichteter Sündenbockritus. Als Ziel der ersten Ritualsequenz, des Sündopfers, gibt V. 16 an: „Und er soll Sühne schaffen dem Heiligtum von den Unreinheiten der Israeliten und von ihren Übertretungen." Sühne ist hiernach wesentlich als Reinigung verstanden. Der konkreten Gestalthaftigkeit der räumlichen Polarität entspricht die konkret substanzhafte Vorstellung von Sünde und Unreinheit. Die Sündenmaterie, von der Priester und Heiligtum gereinigt werden, wird in der zweiten Ritualsequenz nun im Sündenbockritual eliminatorisch beseitigt. Während im ersten Sühnritual verschiedene Tiere geopfert wurden, dient der „Sündenbock" nur als „Transportmittel", dem alle Sünden des Volkes aufgeladen werden, damit er sie in die Wüste hinausträgt. Eine Hingabe von Leben ist hier nicht im Blick. Der Ziegenbock als Lastenträger symbolisiert weniger einen neuen Schuldigen, wie es der „Sündenbock"-Terminus heute impliziert, als viel-

---

[27] Vgl. OBERFORCHER, Sühneliturgie, 30.

[28] Adrian SCHENKER, *Versöhnung und Sühne. Wege gewaltfreier Konfliktlösung im Alten Testament. Mit einem Ausblick auf das Neue Testament* (BiBe 15), Freiburg (Schweiz) 1981, 163, Anm. 144.

[29] Vgl. nur Benedikt JÜRGENS, *Heiligkeit und Versöhnung. Levitikus 16 in seinem literarischen Kontext* (HBS 28), Freiburg u. a. 2001; Rolf RENDTORFF, *Erwägungen zu ‚kipper' in Leviticus 16*, in: Frank-Lothar HOSSFELD – Ludger SCHWIENHORST-SCHÖNBERGER (Hg.), Das Manna fällt auch heute noch. Beiträge zur Geschichte und Theologie des Alten, Ersten Testaments. FS: E. Zenger (HBS 44), Freiburg u. a. 2004, 499–510; SEIDL, Leviticus; HARTENSTEIN, Bedeutung, 124–131.

[30] HARTENSTEIN, Bedeutung, 126.

mehr die Entlastung und Reinigung Israels, welche vom Menschen existentiell eingeholt werden muss. So wird der Ritus der Handauflegung vom Schuldbekenntnis des Hohenpriesters begleitet.[31] Auch hier ist der Sühnekult also Ausdruck eines inneren Vorgangs. Die agendarischen Anweisungen, dass dieser Festtag als Ruhe- und Abstinenztag zu begehen ist (Lev 16,29–34; 23,26–32), vertiefen die personale Dimension der Umkehr (vgl. auch das zweimalige „eure Seele beugen" in VV. 29.31). Das Hinwegnehmen der Sünden durch den Ziegenbock ist offen für eine Theologie der Stellvertretung, sofern das Tier für die Israeliten die Aufgabe der räumlichen Entfernung der materia peccans vollzieht.

Im Hinblick auf die christologische Rezeption des Stellvertretungsgedankens wiegt das Leidensgeschick des Gottesknechtes aus dem vierten Ebed-Jahwe-Lied Jes 52,13–53,12 freilich noch schwerer. Die Niedrigkeit des Knechts wird ab V. 2 geschildert, wobei deren Ungeheuerlichkeit mittels typischer Topoi der Klagelieder ausgesagt wird. Die VV. 2 f. bringen die menschliche Verachtung und den Ausschluss aus der Gemeinschaft zum Ausdruck. Nach allgemeiner Überzeugung ist dies eine von Gott bewirkte Strafe für seine Sünden (V. 4b). Ab V. 4a bricht sich die neue Erkenntnis Bahn, dass Gott die Sündenstrafe einem Schuldlosen aufgehäuft hat. Es sind die Sünden der „Wir", die gegen jede Einsicht dem Einen aufgebürdet wurden (VV. 4a.6b):

„[4a] Fürwahr unsere Krankheiten – er trug sie, und unsere Schmerzen – er schleppte sie ... [5] Er aber war durchbohrt wegen unserer Verschuldungen; Züchtigung zu unserem Heil lag auf ihm, und durch seine Strieme wurde uns Heilung zuteil ... [6b] Aber Jahwe ließ ihn treffen die Schuld von uns allen."

Das Endgeschick, das den Propheten ereilt hat, wird nur angedeutet. V. 9 spricht von seinem Begräbnis bei Frevlern, V. 8 vielleicht von seiner Hinrichtung.[32] V. 10 bringt die Heilswende ins Wort:

„Aber Jahwe, dessen Plan es war, ihn zu schlagen, heilte den, der sein Leben als Schuldtilgung (אשם) einsetzte. Er wird Nachkommen sehen und lange leben. Der Plan Jahwes wird durch ihn gelingen."

Was genau meint die Rede von dem אשם, für den der Knecht nach Gottes Plan leidet und sein Leben einsetzt? Der Beantwortung dieser

---

[31] Vgl. OBERFORCHER, Sühneliturgie, 32.

[32] Einige Forscher gehen davon aus, dass der Prophet von den Babyloniern als Aufrührer verhaftet, hingerichtet und vielleicht in einem Massengrab bestattet wurde. Vgl. John W. MILLER, *Prophetic Conflict in Second Isaiah. The Servant Songs in the Light of Their Context*, in: H. J. STOEBE (Hg.), Wort – Gebot – Glaube. Beiträge zur Theologie des Alten Testaments. FS: W. Eichrodt (AThANT 59), Zürich 1970, 77–85.

Frage kommt für die alttestamentliche, aber mehr noch für die neutestamentliche Sühnetheologie ein kaum zu überschätzendes Gewicht zu. Dies wird klar, wenn man sich die hermeneutischen Vorgaben und Intentionen der jüngeren Forschungsbeiträge vergegenwärtigt.[33] So fällt auf, dass sie mehrheitlich unter der polarisierenden Fragestellung, ob ein kultischer oder ein nichtkultischer Deutehorizont zu veranschlagen ist, zu einem Textverständnis kommen, nach welchem „das vierte Gottesknechtslied zum biblischen Hauptzeugen eines nicht im Opferkult verankerten Stellvertretungsmodells avanciert, mit dessen Hilfe man die im Opferkult beheimateten Sühnevorstellungen von der allgemein als außerkultisch bestimmten Vorstellung stellvertretender Schuldübernahme in Jes 53 sachlich abgrenzen zu können meint"[34]. Begründet wird dies mit dem Hinweis auf den weitgehenden Ausfall kultischen Vokabulars im Vergleich mit den agendarischen Texten des kultischen Schuldopfers in Lev 4 f. oder des „Sündenbockritus" in Lev 16. Umgekehrt fehlt in Lev 16 der אשם-Begriff. Während hier ein Eliminationsritus vorliegt, sofern der Ziegenbock die Schuld Israels in ein Niemandsland fortschafft, wird man beim Gottesknecht von einer Substitution reden können. Der Ebed Jahwe hält und erträgt die Schuld anderer bis hin zur stellvertretenden Lebenshingabe:

„[11abb] Als Gerechter macht mein Knecht die Vielen gerecht, und ihre Verschuldungen – er schleppt sie ... [12b] Er aber trug die Sünde der Vielen und trat für die Frevler ein."

Eine zur kultischen Sühnopfervorstellung alternative traditionsge-

---

[33] Vgl. paradigmatisch Bernd JANOWSKI, *Er trug unsere Sünden. Jes 53 und die Dramatik der Stellvertretung*, in: DERS. – P. STUHLMACHER (Hg.), Der leidende Gottesknecht. Jesaja und seine Wirkungsgeschichte (FAT 14), Tübingen 1996, 27–48, 40 ff.; DERS., *Stellvertretung. Alttestamentliche Studien zu einem theologischen Grundbegriff* (SBS 165), Stuttgart 1997, 87–90; sich anschließend Ernst HAAG, *Stellvertretung und Sühne nach Jes 53*, TThZ 105 (1996) 1–20, 19; Hermann SPIECKERMANN, *Konzeption und Vorgeschichte des Stellvertretungsgedankens im Alten Testament* (1997), in: DERS., Gottes Liebe zu Israel. Studien zur Theologie des Alten Testaments (FAT 33), Tübingen 2001, 141–153, 142. – Für eine kultische Kontextualisierung von Jes 53 plädiert z. B. Georg FOHRER, *Stellvertretung und Schuldopfer in Jes 52,13 – 53,12* (1969), in: DERS., Studien zu alttestamentlichen Texten und Themen (1966–1972) (BZAW 155), Berlin 1981, 24–43, 41.

[34] Ulrike MITTMANN–RICHERT, *Der Sühnetod des Gottesknechts. Jesaja 53 im Lukasevangelium* (WUNT 220), Tübingen 2008, 59 f. – Für die Notwendigkeit einer Unterscheidung zwischen einer auf den Opferkult bezogenen Sühnevorstellung und einer stellvertretenden Lebenshingabe, die nicht im kultischen Kontext formuliert ist, plädiert z. B. Jörg FREY, *Probleme der Deutung des Todes Jesu in der neutestamentlichen Wissenschaft. Streiflichter zur exegetischen Diskussion*, in: DERS. – Jens SCHRÖTER (Hg.), Deutungen des Todes Jesu im Neuen Testament (WUNT 181), Tübingen 2005, 3–50, 20.

schichtliche Situierung des אשם-Begriffs sieht die Forschung im orientalisch-alttestamentlichen Tun-Ergehen-Zusammenhang, der zu Situationen einer Schuldverpflichtung führt, die sich aus den Folgen einer Verfehlung ergeben. Die bösen Folgen eines bösen Tuns müssen getilgt, müssen abgeleistet werden (vgl. Gen 26,10; 1 Sam 6,3.4.8.17). Diese „Schuldtilgung" aus dem eher rechtlich geprägten Kontext einer Schuldsituation könnte vom Gottesknecht gemeint sein. Der Unschuldige übernimmt auf die Initiative Gottes hin mit seiner Lebenshingabe die Verpflichtung einer Schuldtilgung der Sünden Israels. Das Schuldbekenntnis Israels in VV. 4–6 schafft die Voraussetzung für seine Rettung. Das den „Wir" vor Augen gestellte Geschick des Gottesknechts führt sie zu der Einsicht in die eigene Schuld und dass diese von einem unschuldig Leidenden getilgt wurde.

So weit, so gut. Im Hinblick auf die urchristliche Auslegung der jesajanischen Gottesknechtsprophetie ist allerdings zu fragen, ob diese nichtkultische Lesung auch für die neutestamentliche Schriftexegese bestimmend gewesen ist. Jüngst hat dies Ulrike Mittmann-Richert in ihrer Arbeit zur lukanischen Rezeption von Jes 53 mit beachtlichen Argumenten bestritten.[35] So ist davon auszugehen, dass der Schlüsselbegriff אשם von den urchristlichen Auslegern nicht als Schuldableistung, sondern als Schuldopfer verstanden worden ist, einfach daher, weil erstere Deutung im Alten Testament nur vereinzelt, letztere dagegen sehr häufig belegt ist.[36] Dazu später mehr.

Ziehen wir eine kurze Summe alttestamentlicher Buß- und Versöhnungstheologie:
Die semantische Matrix allen Nachdenkens über Schuld und Vergebung bildet das Schöpfer- und Erlösertum Gottes, das sich im Mitsein Jahwes, dem Bundesschluss mit Israel und seinen Heilszusagen artikuliert. Das Alte Testament kennt sowohl ein persönlich-individuelles Schuldbewusstsein als auch das Wissen um ein Eingebundensein in einen gesamtmenschlichen und geschichtlichen Lebens- und Schuldzusammenhang. Die Annahme von Gottes Versöhnungsbereitschaft kann sich in verschiedensten, mehr oder weniger rituell geprägten Formen des Schuldbekenntnisses ausdrücken, von der persönlichen Klage bis hin zu priesterlichem Kult, von materieller Wiedergutmachung bis hin zur Lebenshingabe (vgl. das vierte Gottesknechtslied und die Märtyrer der Makkabäerzeit). Umkehr beruht nicht auf eigener Bußleistung, sondern gründet einzig im Ver-

---

[35] Siehe Mittmann-Richert, Sühnetod, 58–85.
[36] Vgl. ebd., 60.

söhnungswillen Gottes. Von diesem ist besonders das Leidensgeschick des Gottesknechtes aus Jes 53 bestimmt, der die Schuld der „Wir" stellvertretend „erträgt". Das ist der Erfolg des Ebed Jahwe. Mit der Soteriologie der jesajanischen Gottesknechtsprophetie findet das Versöhnungshandeln Jahwes im Alten Testament seinen tiefgründigsten Ausdruck. Verstanden werden kann dieser radikale Stellvertretungsgedanke sicher nur dann, wenn man sich für die Einsicht öffnet, dass der Mensch „in der geschichtlichen Wirklichkeit nicht verantwortlich handeln, geschweige denn rückhaltlos lieben kann, *ohne* in die Gemeinschaft der menschlichen *Schuld* hineinzugeraten"[37]. Biblische Schulderfahrung vergegenwärtigt dem Menschen, dass er aus der entstandenen Notlage nicht mehr aus eigener Kraft herauskommen kann.

Sühne und Versöhnung im Neuen Testament

Gehen wir zum Neuen Testament über, so ist es zunächst unbestritten, dass die soteriologische Deutung des Kreuzestodes Jesu Christi Ausgang und Mitte göttlichen Versöhnungshandelns darstellt. Unstrittig ist ebenfalls, dass die neutestamentlichen Zeugnisse Jesu Tod recht häufig mit dem Sühnegeschehen des israelitischen Opferkultes in Verbindung bringen.[38] Wie im Bereich der alttestamentlichen Wissenschaft[39] sind es in jüngerer Zeit auch in der Exegese zum Neuen Testament vor allem Forscher der Tübinger evangelischen Fakultät gewesen, die die Kategorien von Sühne und Opfer als Grundelemente einer Biblischen Theologie zu profilieren suchten.[40] Die verstreuten Aussagen vom Tod Jesu „für uns", „für unsere Sünden" u. Ä. stellen danach „Reflexe einer umspannenden Theologie des göttlichen Sühnens und Versöhnens im Tod des gekreuzigten Messias Jesus dar, der den alttestamentlichen Sühnekult eschatologisch überbietet und zugleich ablöst"[41]. Dass ein solcher „Sinnund Traditionszusammenhang" vor dem Hintergrund des vorfind-

---

[37] Christian LINK, „*Für uns gestorben nach der Schrift*", in: EvErz 43 (1991), 148–169, 166.
[38] Vgl. zum Folgenden Samuel VOLLENWEIDER, *Diesseits von Golgotha. Zum Verständnis des Kreuzestodes Jesu als Sühnopfer* (1996), in: DERS., Horizonte neutestamentlicher Christologie. Studien zu Paulus und zur frühchristlichen Theologie (WUNT 144), Tübingen 2002, 89–103, 94–98.
[39] Vgl. GESE, Sühne; JANOWSKI, Sühne; Stellvertretung; Homo.
[40] Peter STUHLMACHER, *Biblische Theologie des Neuen Testaments, I: Grundlegung: Von Jesus zu Paulus*, Göttingen 1992; Otfried HOFIUS, *Sühne und Versöhnung* (1983), in: DERS., Paulusstudien (WUNT 51), Tübingen 1989, 33–49.
[41] VOLLENWEIDER, Golgotha, 95.

lichen, disparaten Überlieferungsgutes erhebbar ist, wird von anderen Exegeten allerdings in Zweifel gezogen. Die Problematik wird am Beispiel des Corpus Paulinum besonders deutlich. Dazu einige Überlegungen.

Zunächst ist zu konzedieren, dass sich in den Paulusbriefen in der Tat soteriologische Aussagen zum Tod Jesu finden, die auf kultische Sühnetradition zurückgreifen.[42] In Röm 5, 8 f. etwa expliziert er den Tod Jesu als Sterben „für uns, als wir noch Sünder waren" und weiter als Gerechtwerdung „durch sein Blut" (ἐν τῷ αἵματι αὐτοῦ). Da der Hinweis auf das Blut kaum bloß den Aspekt des gewaltsamen Todes bezeichnen dürfte, ist ein sühnekultischer Horizont hier nicht zu bestreiten.[43] Prominenter noch ist Pauli Deutung des Todes Jesu als „Sühneort", ἱλαστήριον, in Röm 3, 25:

„Ihn (Jesus Christus) hat Gott hingestellt (προέθετο) als ἱλαστήριον durch (den) Glauben in seinem Blut (διὰ [τῆς] πίστεως ἐν τῷ αὐτοῦ αἵματι) zum Aufweis seiner Gerechtigkeit wegen des Zulassens der zuvor geschehenen Sünden (εἰς ἔνδειξιν τῆς δικαιοσύνης αὐτοῦ διὰ τὴν πάρεσιν τῶν προγεγονότων ἁμαρτημάτων)."

Dass Paulus hier den Heilstod Jesu vor einem kultischen Vorstellungshintergrund entfaltet, legt sich insofern nahe, als ἱλαστήριον an den hebräischen Terminus כפרת denken lässt, mit dem der Pentateuch die Deckplatte der Bundeslade bezeichnet, den Ort der Erscheinung Gottes und seiner Begegnung mit Mose (Lev 16,2; Ex 25,22; Num 7, 89).[44] Dieser Bezug scheint allerdings insofern widersprüchlich, als damit „Christus zugleich der ‚Sühnedeckel' ist, an den das Blut gespritzt wird – und das Opfer, dessen Blut dabei verwandt wird"[45]. Die in der Forschung erwogenen Alternativdeutun-

[42] Vgl. Thomas Söding, Sühne durch Stellvertretung. Zur zentralen Deutung des Todes Jesu im Römerbrief, in: J. Frey – J. Schröter (Hg.), Deutungen des Todes Jesu im Neuen Testament (WUNT 181), Tübingen 2005, 375–396; Thomas Knöppler, Sühne im Neuen Testament. Studien zum urchristlichen Verständnis der Heilsbedeutung des Todes Jesu (WMANT 88), Neukirchen–Vluyn 2001, 112–187; Martin Gaukesbrink, Die Sühnetradition bei Paulus. Rezeption und theologischer Stellenwert (FzB 82), Würzburg 1999.

[43] Jörg Frey, Die Deutung des Todes Jesu als Stellvertretung. Neutestamentliche Perspektiven, in: J. C. u. B. Janowski – H. P. Lichtenberger, Stellvertretung. Theologische, philosophische und kulturelle Aspekte. Band 1: Interdisziplinäres Symposion Tübingen 2004, Neukirchen–Vluyn 2006, 87–121, 112.

[44] Vgl. zuletzt Bernd Janowski, Das Leben für andere hingeben. Alttestamentliche Voraussetzungen für die Deutung des Todes Jesu, in: Frey – Schröter, Deutungen, 97–118, 111–115; Daniel Stökl ben Ezra, The Impact of Yom Kippur on Early Christianity. The Day of Atonement from Second Temple Judaism to the Fifth Century (WUNT 163), Tübingen 2003, 197–205.

[45] Petra Von Gemünden – Gerd Theissen, Metaphorische Logik im Römerbrief. Beobachtungen zu dessen Bildsemantik und Aufbau, in: R. Bernhardt – U. Link-

gen des ἱλαστήριον als Sühnopfer (vgl. 4 Makk 17,21 f.)[46] oder als Weihegeschenk[47] sind jedoch aufgrund später bzw. spärlicher Quellennachweise kaum evidenter.[48] Neuere metapherntheoretisch orientierte Studien halten die Annahme einer kultmetaphorischen Implikation von Röm 3,25 daher immer noch für die plausibelste Lesart, zumal das Mittel der Metaphorisierung einen sehr weiten Deutehorizont eröffnet.[49] Mit dem Hilasterion ist nicht allein das rituelle Geschehen der Blutsprengung an den Sühnedeckel im Blick, sondern auch das Innere des Begegnungszeltes als Ort der Gottesnähe. Auch diese allgemeinere Ebene kultischer Konkretion wird jedoch transformiert, insoweit der gekreuzigte Jesus Christus nun zu dem Ort der Sündenreinigung und Gottesbegegnung wird.[50] Sofern der Tempelkult mit Jesu Tod abgelöst wird, die basale Implikation der im Kult ermöglichten Gottesbegegnung aber erhalten bleibt, ergibt sich eine bemerkenswerte Koinzidenz von Opferkritik und Opfertheologie, die Ruben Zimmermann für ein „Konstitutivum der neutestamentlichen Opferchristologie"[51] hält.

Wichtig ist freilich zu sehen, dass die Integration kultischer Transzendenzerfahrung in das Karfreitagskerygma durchaus nicht von kultischer Sprache und Vorstellungswelt abhängig ist. So kommen in der paulinischen Interpretation des Kreuzestodes Jesu als Heilstod auch nichtkultische Aussagen zu stehen. Ein von Paulus pointiert in den Vordergrund gerücktes Deutemodell ist das der Versöhnung, so in 2 Kor 5,14–21 und Röm 5,1–11. Beide Stellen sind zweifellos

---

WIECZOREK (Hg.), Metapher und Wirklichkeit. Die Logik der Bildhaftigkeit im Reden von Gott, Mensch und Natur. FS: D. Ritschl, Göttingen 1999, 108–131, 117, Anm. 13.
[46] So z. B. Eduard LOHSE, Der Brief an die Römer (KEK 4), Göttingen 2003, 135. Vgl. auch Jan Willem VAN HENTEN, The Traditional-Historical Background of Rom. 3.25: A Search for Pagan and Jewish Parallels, in: M. DE BOER (Hg.), From Jesus to John. FS: M. de Jonge (JSNT.S 8), Sheffield 1993, 101–128, 107.121–127.
[47] So zuletzt Stefan SCHREIBER, Das Weihegeschenk Gottes. Eine Deutung des Todes Jesu in Röm 3,25, ZNW 97 (2006), 88–110.
[48] Zur Kritik jüngst Martin VAHRENHORST, Kultische Sprache in den Paulusbriefen (WUNT 230), Tübingen 2008, 271 f.
[49] Vgl. Jens SCHRÖTER, Metaphorische Christologie. Überlegungen zum Beitrag eines metapherntheoretischen Zugangs zur Christologie anhand einiger christologischer Metaphern bei Paulus, in: J. FREY – J. ROHLS – R. ZIMMERMANN (Hg.), Metaphorik und Christologie (TBT 120), Berlin – New York 2003, 53–73, 63–66; Ruben ZIMMERMANN, Die neutestamentliche Deutung des Todes Jesu als Opfer. Zur christologischen Koinzidenz von Opfertheologie und Opferkritik, KuD 51 (2005), 72–99, 92–96; DERS., „Deuten" heißt erzählen und übertragen. Narrativität und Metaphorik als zentrale Sprachformen historischer Sinnbildung zum Tod Jesu, in: J. FREY – J. SCHRÖTER (Hg.), Deutungen des Todes Jesu im Neuen Testament (WUNT 181), Tübingen 2005, 315–373, 355–370.
[50] Vgl. SCHRÖTER, Christologie 64; SÖDING, Sühne, 378–383.
[51] ZIMMERMANN, Deutung, 75.

Spitzentexte paulinischer Heilsverkündigung. Mit der Personalisierung der Sühnevorstellung geht bei Paulus eine Radikalisierung der Versöhnungsvorstellung einher, die aus einem eher politischen und sozialen Kontext stammt, beim Apostel aber zu einer wichtigen theologischen Größe wird.[52] Die Versöhnungsaussagen in den genannten Abschnitten stehen jeweils am Ende und führen den Gedankengang an sein Ziel. Die Verse Röm 5, 10 f. stellen das Komplement zu dem sühnetheologisch ansetzenden Argumentationsgang in 3, 21–26 dar. Die Gerechtigkeitsoffenbarung Gottes, die Paulus dort sühnetheologisch ins Wort setzt (3, 25), wird in Röm 5, 9 aufgenommen („durch sein Blut sind wir gerecht gemacht") und abschließend als Versöhnungstat Gottes charakterisiert:

„[10] Da wir mit Gott versöhnt wurden durch den Tod seines Sohnes, als wir noch (Gottes) Feinde waren, werden wir erst recht, nachdem wir versöhnt sind, gerettet werden durch sein Leben. [11] Mehr noch, wir rühmen uns Gottes durch Jesus Christus, unseren Herrn, durch den wir jetzt schon die Versöhnung empfangen haben" (Röm 5, 10 f.).

In 2 Kor 5 beschreibt Paulus seinen Verkündigungsauftrag als Dienst der Versöhnung (διακονία τῆς καταλλαγῆς 5, 18). Der in Korinth um die Legitimität seines Apostelamtes ringende Paulus stellt sich als Gesandten Gottes vor, der von ihm in Dienst genommen ist, um die Versöhnung in Christus unter den Gläubigen fruchtbar zu machen:

„[19] Ja, Gott war es, der in Christus die Welt mit sich versöhnt hat, indem er den Menschen ihre Verfehlungen nicht anrechnete und uns das Wort von der Versöhnung anvertraute. [20] Wir sind also Gesandte (πρεσβεύομεν) an Christi statt, und Gott ist es, der durch uns mahnt. Wir bitten an Christi statt: Lasst euch mit Gott versöhnen" (5, 19 f.).

Das Versöhnungswort des Apostels ist Ausfluss der Versöhnungstat Christi. Dabei geht es um mehr als nur um die Befreiung des Menschen von Sünden. Es geht um die Schaffung einer neuen Personalität durch die Gemeinschaft mit Christus (5, 17),[53] der an den Ort der Sünde getreten ist, an den Ort größter Gottesferne, in den Worten des Paulus:

„Er hat den, der keine Sünde kannte, für uns zur Sünde gemacht, damit wir in ihm Gerechtigkeit Gottes würden" (5, 21).

In jüngster Zeit gibt der Passus 2 Kor 5, 18–21 in der neutestament-

[52] Vgl. FISCHER – BACKHAUS, Sühne, 103.
[53] Nach FISCHER – BACKHAUS, Sühne, 105: „Schwingt (hier) noch etwas mit vom ursprünglichen Wortsinn von *katallagé*: Versöhnen bedeutet Verändern, Wechseln, geistgeschenktes Neuwerden".

lichen Wissenschaft Anlass zu heftigen Diskussionen um das Verhältnis von Gottes Versöhnungshandeln und dem paulinischen Apostolat. Aufgenommen wurde dieser Diskurs von dem protestantischen Exegeten Jens Schröter, der in seiner Studie „Der versöhnte Versöhner"[54] das apostolische Wirken des Paulus als Dienst eines „Mittlers" charakterisiert. Danach würde Paulus nicht nur die Tat Gottes in Christus, sondern auch seinen Apostolat als soteriologisch relevante Größe prädizieren.[55] Anders gesagt, seine Verkündigung wäre Teil des Heilsgeschehens. Die Hauptlast der Argumentation tragen dabei die Verse 2 Kor 5,18–20. Schröter greift die Auslegung von Cilliers Breytenbach auf, wonach die Rede vom πρεσβεύομεν die antike Vorstellung eines Gesandten als „Mittler" bei Friedensverhandlungen ins Spiel bringe.[56] Nach Eduard Lohse wird in dieser Auslegung der Bote Paulus offenkundig zur Botschaft selbst und der Vorgang der Versöhnung wird erst dann abgeschlossen und vollendet, wenn das Angebot der Versöhnung angenommen worden ist.[57] Offenkundig stellt diese Lesart eine Anfrage an ein zentrales Theologumenon der protestantischen Kirche dar, wonach es Gott allein ist, „von dem die Versöhnung ausgeht und verwirklicht wird"[58]. Mit der Negierung eines jeden menschlichen Mittlertums wird aus katholischer Sicht insbesondere die Kirche als vermittelnde Instanz in Frage gestellt.[59] Ob die drei im Blick stehenden Paulus-

---

[54] Jens SCHRÖTER, *Der versöhnte Versöhner. Paulus als Mittler im Heilsvorgang zwischen Gott und Gemeinde nach 2 Kor 2,14–7,4* (TANZ 10), Tübingen – Basel 1993. Vgl. auch Schröters jüngsten Beitrag zu dem von ihm angestoßenen Diskurs: SCHRÖTER, *Gottes Versöhnungstat und das Wirken des Paulus. Zur Gestaltwerdung des Evangeliums nach 2 Kor 5,18–21*, in: Josef HAINZ (Hg.), Unterwegs mit Paulus. Otto Kuss zum 100. Geburtstag, Regensburg 2006, 87–107.

[55] Ebd., 31.

[56] Ebd., 295–299; Cilliers BREYTENBACH, *Versöhnung. Eine Studie zur paulinischen Soteriologie* (WMANT 60), Neukirchen–Vluyn 1989, 65 f.

[57] Eduard LOHSE, Rez. zu SCHRÖTER, *Versöhner*, in: ThLZ 120 (1995), 242–244. – Nach Anacleto DE OLIVEIRA, *Die Diakonie der Gerechtigkeit und der Versöhnung in der Apologie des 2. Korintherbriefes. Analyse und Auslegung von 2 Kor 2,14 – 4,6; 5,11 – 6,10* (NTA 21), Münster 1990; I. Howard MARSHALL, *The Meaning of „Reconciliation"*, in: Robert A. GUELICH (Hg.), Unity and Diversity in New Testament Theology. FS: G. E. Ladd, Grand Rapids 1978, 117–132, 128, umfasst der Versöhnungsprozess drei Phasen: 1. Der Versöhnungsakt Gottes in Christi Tod, mit welchem er den Zustand aller Menschen objektiv und definitiv vom Unheil ins Heil wendete; 2. Die Verkündigung dieses Versöhnungswortes durch das Evangelium; 3. Den Empfang dieses Wortes im Glaubensgehorsam durch den Menschen.

[58] Ebd., 244.

[59] So Josef HAINZ, *Vermittelnde Versöhnung? Zu Jens Schröters Buch „Der versöhnte Versöhner. Paulus als Mittler im Heilsvorgang"*, in: DERS. (Hg.), Unterwegs mit Paulus. Otto Kuss zum 100. Geburtstag, Regensburg 2006, 207–225. Vgl. insbesondere seinen Hinweis (208, Anm. 5) auf die Kritik an dem päpstlichen Dokument „Dominus Jesus", die um genau diese Frage der Versöhnungsmittlerschaft kreist.

Verse allerdings hinreichen, um diese grundlegende Problematik zu lösen, ist sehr fraglich. Der situative Kontext der paulinischen Apologie wehrt einer Generalisierung ihrer theologischen Aussage. Hinzu kommt die Unsicherheit der Auslegung. So fällt auf, dass Paulus seinen Versöhnungsdienst als „Wir"-Aussage fasst, was zum 1. Korintherbrief passt, wo er auch andere Mitarbeiter neben sich gelten lässt (1 Kor 3, 6). Auch ist nicht zu leugnen, dass der Apostel in Röm 5 von einer bereits abgeschlossenen Versöhnung ausgeht und sein Mitwirken im Heilsgeschehen mehr zurücknimmt.[60] Dennoch macht die Rede von der Versöhnung hinreichend deutlich, dass Paulus sich von Gott in Dienst genommen weiß, um dessen Heilshandeln der Welt zu vergegenwärtigen. Während andere soteriologische Begriffe wie „Erlösung", „Loskauf", „Heiligung" oder „Rechtfertigung" allein Gottes Handeln beinhalten, „ist der Begriff der ‚Versöhnung' geeignet, die Rolle der Apostel bzw. aller Boten des Evangeliums im Heilshandeln Gottes zu verankern"[61]. Das Diktum des evangelischen Exegeten Breytenbach, „an der Stellungnahme zum Apostel entscheiden sich Heil und Verlorenheit"[62], sollte den Amtsträgern der katholischen Kirche Mahnung und Ermunterung sein. In der Versöhnungsbotschaft des Apostels spricht Gott selbst sich aus, ist er selbst am Werk.[63]

Wenden wir uns schließlich noch den vom Apostel häufig verwendeten Formeln von Jesu Tod „für uns" oder „für unsere Sünden" zu. Auch deren traditionsgeschichtliche Situierung erlaubt keine eindeutigen Zuordnungen. Die Forschung verweist hier gerne auf pagane Zeugnisse vom Sterben eines Menschen für Stadt, Freunde oder Familie („noble death").[64] Am entschiedensten hat Cilliers Breytenbach in mehreren Studien versucht, die (vor)paulinischen Formeln von Jesu Sterben „für uns" aus diesem hellenistischen Modell herzuleiten und einen Bezug zu Jes 53 gleichzeitig auszuschließen.[65] Meines Erachtens widersprechen sich beide traditionsgeschichtlichen Ableitungen nicht, sondern sind sogar eng miteinander verbunden. Eine Synopse von Jes 53 mit Texten aus Daniel (11, 33.35; 12, 1–3) und den Makkabäerbüchern (2 Makk 7), welche ein stellvertreten-

---

[60] Vgl. LOHSE, Rez. 244.
[61] HAINZ, Versöhnung, 224.
[62] BREYTENBACH, Versöhnung, 179.
[63] Vgl. FISCHER – BACKHAUS, Sühne, 105.
[64] Vgl. David SEELEY, The noble death. Graec-Roman martyrology and Paul's concept of salvation (JSNT.S 28), Sheffield 1990.
[65] Cilliers BREYTENBACH, Versöhnung. Eine Studie zur paulinischen Soteriologie (WMANT 60), Neukirchen–Vluyn 1989; DERS., Versöhnung, Stellvertretung und Sühne, in: NTS 39 (1993), 59–79; DERS., „Christus starb für uns". Zur Tradition und paulinischen Rezeption der sogenannten „Sterbeformeln", in: NTS (2003), 447–475.

des Sühneleiden und Märtyrertum in jüdisch hellenistischem Kontext belegen, führen nämlich zu einer literar- und traditionsgeschichtlichen Bewertung des vierten Gottesknechtsliedes, die die masoretische Endgestalt wahrscheinlich und die LXX-Fassung fast sicher vor dem Erfahrungshintergrund der Makkabäerzeit entstanden sein lässt.[66] Jüngst hat Mittmann-Richert, wie erwähnt, darauf hingewiesen, dass der Schlüsselbegriff אשם aus Jes 53,10 von den urchristlichen Auslegern nicht als Schuldableistung, sondern als Schuldopfer verstanden worden sein dürfte. Dafür spricht nicht nur die in den alttestamentlichen Texten mehrheitlich belegte Schuldopfer-Semantik des Begriffs, sondern auch die genuine Situierung der urchristlichen Jes 53-Exegese im kultischen Rahmen des jesuanischen Abendmahls, das den Tod Jesu in den Mahlsworten mittels der sühnekultischen Bedeutungsträger „Blut" und „Bund" paradigmatisch deutet (vgl. Mk 14,24).[67] Demnach lässt sich schon im Geschick des jesajanischen Gottesknechts das pagane Modell vom Sterben „pro" mit alttestamentlich sühnopfertheologischem Denken verbinden. Entsprechend fragwürdig ist im Falle der paulinischen Formeln eine exklusive traditionsgeschichtliche Zuordnung.

Mittmann-Richert steht mit ihrem jüngsten Beitrag zum „Sühnetod des Gottesknechts" ganz in der Tradition der Tübinger Schule einer gesamtbiblischen „Sühnopfertheologie". Ihr Ziel ist die Profilierung der Lebenshingabe des Gottesknechts als grundlegendes Beispiel für eine Sinnerschließung des Sühnekultes als Selbstoffenbarung des versöhnungswilligen Gottes. Der Kreuzestod Jesu lässt

---

[66] Vgl. SCHWINDT, Gesichte, 79–83, im Anschluss an HAAG, Stellvertretung, 14–17. Die Einordnung in die Makkabäerzeit ist nicht neu. Schon R. H. KENNETT, The Composition of the Book of Isaiah in the Light of History and Archaeology, London 1910, teilte den größten Teil des gesamten Jesajabuches dieser Ära zu. Den Ebed deutete er als Typus für die Gruppe der Chassidim (DERS., The „Servant of the Lord", London 1911). Zuletzt ordnete M. TREVES, Isaiah LII, VT 24 (1974), 98–108, 100, insbesondere Jes 53 dem Jahr der Befreiung unter Judas Makkabäus, 164 v. Chr., zu. Daraus schloss er auf den Hohenpriester Onias als Gottesknecht (101). – Ein bemerkenswertes Zeugnis aus (wahrscheinlich) nachmakkabäischer Zeit für die Deutung der Lebenshingabe einzelner Frommer als stellvertretendes Sühneopfer bildet die LXX-Fassung des deuterokanonischen Asarjagebets in LXX-Dan 3,24–50. Dan LXX-Dan 3,39b.40: 39b ὡς ἐν ὁλοκαυτώμασι κριῶν καὶ ταύρων καὶ ὡς ἐν μυριάσιν ἀρνῶν πιόνων 40 οὕτω γενέσθω ἡμῶν ἡ θυσία ἐνώπιόν σου σήμερον καὶ ἐξιλάσαι ὄπισθέν σου ὅτι οὐκ ἔστιν αἰσχύνη τοῖς πεποιθόσιν ἐπὶ σοί καὶ τελειώσαι ὄπισθέν σου, unterstellt in Abweichung von der aramäischen Fassung „das menschliche Werk des Lebenshingabe der vorausgegangenen und in der Wiederaufnahme des Tempeldienstes nach der Religionsverfolgung offenbar gewordenen Versöhnung durch Gott, wie es der Hinweis auf die Sühne ‚hinter' Gott oder ‚im Anschluß' an ihn zum Ausdruck bringt" (Ernst HAAG, Das Sühnopfer der Gotteszeugen nach dem Asarjagebet des Buches Daniel, TThZ 116 [2007], 193–220, 210).

[67] Vgl. MITTMANN-RICHERT, Sühnetod, 65 f. und 70–73.

sich so als konservierende Transzendierung des alttestamentlichen Sühnekultes verstehen. Diese offenbarungsgeschichtliche Perspektive hilft, die priesterschriftliche Sühnopfer–Konzeption als integralen Bestandteil einer gesamtbiblischen Heilsgeschichte zu begreifen.[68] Das sich daraus ergebende bibeltheologische Potential führt jedoch unverkennbar zu einer semantischen Ausweitung der Kategorie des Kultischen, die aus sprach- und begriffsgeschichtlicher Sicht Bedenken weckt. So zeigen die Beiträge von Jörg Frey und Jens Schröter in dem von ihnen herausgegebenen Sammelband zu den „Deutungen des Todes Jesu im Neuen Testament" eine hermeneutische Sensibilität im Umgang mit den Quellen, hinter die nachfolgende Arbeiten nicht zurückgehen können.[69] Dem von beiden Exegeten erhobenen Postulat der Notwendigkeit einer terminologischen Präzisierung sind allerdings insofern Grenzen gesetzt, als der Begriff der Stellvertretung kein biblisches Lexem,[70] sondern ein erst in der Neuzeit eingeführtes Interpretament darstellt, und auch die Sühnebegrifflichkeit von der hebräischen und griechischen Terminologie nicht eindeutig abgebildet wird. Die wissenschaftssprachliche Aufarbeitung der zur überlieferungsgeschichtlichen Kontamination neigenden urchristlichen Schriftauslegung in der Intention, die biblischen Heilstodaussagen theologisch verständlich zu machen, stellt für die Exegese eine bleibende Herausforderung dar.[71]

Fragen wir nun, wie Versöhnung und Sühne in neutestamentlicher Zeit konkret vollzogen wurden. Nach einhelligem Zeugnis der kanonischen Schriften geschieht die Vergebung der Sünden in der Taufe. Theologisch am tiefsten entfaltet findet sich dies bei Paulus. Nach Röm 6,3–7 haben die Getauften teil an Christi Heilswerk, da sie in seinen Tod getauft und daher mit ihm begraben sind.[72] Ihm gleich geworden im Tod, sind sie nicht mehr Sklaven der Sünde und werden mit ihm auch auferstehen. Diese Heilszusage schließt mit der Paränese, sich nun als Menschen „zu begreifen, die für die Sünde tot sind,

---

[68] Vgl. MITTMANN-RICHERT, Sühnetod, 74, Anm. 256.
[69] Vgl. Rainer SCHWINDT, Rez. zu: Deutungen des Todes Jesu im Neuen Testament, herausgegeben von J. FREY – J. Schröter (WUNT 181), Tübingen 2005, in: TThZ 117 (2008), 173–175.
[70] Eine ausführliche Begriffsgeschichte hat Stefan SCHAEDE, Stellvertretung. Begriffsgeschichtliche Studien zur Soteriologie (BHTh 126), Tübingen 2004, vorgelegt.
[71] Erste Überlegungen dazu finden sich bei Michael WOLTER, Der Heilstod Jesu als theologisches Argument, in: J. FREY – J. SCHRÖTER (Hg.), Deutungen des Todes Jesu im Neuen Testament (WUNT 181), Tübingen 2005, 297–313.
[72] Zu einer ritologischen Interpretation von Röm 6 vgl. Christian STRECKER, Die liminale Theologie des Paulus. Zugänge zur paulinischen Theologie aus kulturanthropologischer Perspektive (FRLANT 185), Göttingen 1999, 177–189.

aber für Gott leben in Christus Jesus" (Röm 6, 11). Nach Kol 2, 11–15 beruht die Sündenvergebung in der Taufe darauf, dass Gott den Schuldschein an das Kreuz geheftet und damit getilgt hat. Da der Tod Jesu die Sündenmächte entmachtet hat (vgl. Kol 2, 15), erfolgt ein Herrschaftswechsel, in den die Täuflinge mit hineingenommen werden. Die Befreiung von den Sünden geschieht näherhin durch den Heiligen Geist. Es ist ein Sphärenwechsel, der zugleich die Eingliederung in den Leib Christi, die Kirche, bedeutet: „Durch den einen Geist wurden wir in der Taufe alle in einen einzigen Leib aufgenommen" (1 Kor 12, 13a). Mit der Eingliederung in die Kirche Jesu Christi wird der Sünder mit Gott versöhnt.

So unbestritten in der Urkirche die Taufe als fundamentales Initiationssakrament auch war, hat es in ältester christlicher Zeit keine einheitliche Taufpraxis gegeben.[73] Umso deutlicher ist, dass Lukas mit dem petrinischen Taufaufruf in der Pfingstperikope der Taufe ein theologisches Profil geben möchte. Sie ist 1.) Teil der Umkehr, 2.) geschieht sie im Namen Jesu Christi, 3.) bewirkt sie die Vergebung der Sünden und 4.) ist sie Empfang der Gabe des Heiligen Geistes (Apg 2, 38). Sowohl die Umkehr als Motiv und Anlass der Taufe wie auch die Sündenvergebung als ihr Ziel weisen auf die Johannestaufe. Die bekennende Hinwendung zu Jesus als dem Messias, der die von Johannes angesagte Äonenwende einleitet, markiert die entscheidende Differenz zwischen beiden Umkehrtaufen. Die Deutung des Todes Jesu als sündenbefreiende Rettungstat dürfte die urchristliche Rezeption der johanneischen Umkehrtaufe wesentlich motiviert haben.[74] Die Jesuslogien Mk 11, 39 und Lk 12, 50, welche Leiden und Tod als Taufe metaphorisieren, deuten darauf hin, dass die Verbindung der Taufe mit dem Kreuzestod Jesu theologiegeschichtlich im ältesten palästinischen Judenchristentum wurzelt.[75]

Wie die Johannestaufe ist die christliche Taufe ein einmaliges Umkehrgeschehen, das Eingehen in eine neue Existenz aus der Verbundenheit mit Christus heraus. Wie jede personale Beziehung ist sie nicht unverlierbarer Besitz.[76] Das Geschenk der Umkehr stellt im täglichen Leben eine bleibende Herausforderung dar. So mahnt Paulus die Korinther, die er im 1. Korintherbrief zunächst als reingewaschen, geheiligt und gerecht geworden charakterisiert (6, 11), an späterer Stelle, ja nicht wieder dem Götzendienst und der Unzucht

---

[73] Zu diesem Ergebnis kommt die ausführliche Studie von Friedrich AVEMARIE, *Die Tauferzählungen der Apostelgeschichte. Theologie und Geschichte* (WUNT 139), Tübingen 2002, 440.
[74] Vgl. ebd., 449.
[75] Ebd., 454.
[76] Vgl. OBERFORCHER, Sühneliturgie, 51–53.

zu verfallen (10, 7 f.). Ein Heilsverlust auch für die schon getauften Christen ist nicht ausgeschlossen. Der Paränese kommt daher in der gesamten neutestamentlichen Briefliteratur ein großes Gewicht zu. Prinzipielle Regeln im Umgang mit Sündern finden sich jedoch nicht, umso mehr jedoch allgemein gehaltene Anweisungen wie z. B. die paulinische Weisung, jemanden, der sich verfehlt habe, „im Geist der Sanftmut" wieder auf den rechten Weg zu führen (Gal 6, 1). „Einer trage des anderen Last" (Gal 6, 2). Missstände in der Gemeinde nehmen vor allem in der korinthischen Briefkorrespondenz einen großen Platz ein.

Ein besonders schwerer Fall von Sünde stellt das Verhalten eines Blutschänders dar, der offenbar mit seiner Stiefmutter zusammenlebt (1 Kor 5, 1–5). Wegen dieses auch unter Heiden als große Sünde geltenden Vergehens soll der Betreffende aus dem Kreis der Gemeinde ausgestoßen und dem Satan ausgeliefert werden. Dass dies „im Namen des Herrn Jesus" geschehen solle, stellt das harte Strafurteil unter die Autorität des Kyrios. Man hat dieses Vorgehen mit heidnischen Devotionsriten verglichen, die einen Gegner dem vernichtenden Fluch von Unterweltsgöttern anheimgaben.[77] An die Stelle einer Umkehrmöglichkeit im irdischen Leben setzt Paulus den leiblichen Tod des Sünders. Die Auslieferung an den Teufel geschieht εἰς ὄλεθρον τῆς σαρκός (1 Kor 5, 5b). Während die frühjüdische Jubiläenschrift bei der Verfluchung des Blutschänders ausdrücklich die Unmöglichkeit der Sühne in Ewigkeit herausstellt und eine Steinigung zur Beseitigung des Frevlers aus der Mitte des Gottesvolkes vorsieht (Jub 33, 10–13), bleibt die Vollstreckung des Urteils bei Paulus Gott überlassen. Offenbleibt, ob der Apostel hier an ein göttliches Strafwunder wie im Falle des Ehepaares Hananias und Sapphira in Apg 5, 1–11 denkt oder an ein Einwirken dämonischer Mächte, die zum vorzeitigen Tod führt (vgl. 1 Kor 11, 30; Ijob 1, 5. 7; 6, 12; 33, 21).[78] Auch die Kompetenzverteilung zwischen dem Apostel und der Gemeinde bleibt unklar. Einerseits wird das Urteil von Paulus schon vor der Gemeindeversammlung gefällt, andererseits

---

[77] Vgl. Adolf DEISSMANN, *Licht vom Osten. Das Neue Testament und die neuentdeckten Texte der hellenistisch-römischen Welt*, 4. Aufl., Tübingen 1923, 256 f., nach dem 1 Kor 5, 4 f. zwei technische Ausdrücke des Devotionsritus aufnimmt. Die Wendung „dem Satanas überantworten, damit ..." entspricht in dem Londoner Zauberpapyrus 46, 334 ff. die Formel: „Totendämon, ... ich überantworte Dir den N.N., auf dass ...", und das Wörtchen su,n „mit / in Gemeinschaft mit" findet sich neben dem Pariser Zauberpapyrus Z. 2999 (Text in DEISSMANN, Licht, 221) auch in einer attischen Devotionstafel des 3. Jh. v. Chr.: „ich werde sie binden ... in Gemeinschaft mit Hekate, der unterirdischen, und den Erinyen" (257).

[78] Vgl. Jakob KREMER, *Der erste Brief an die Korinther* (RNT), Regensburg 1997, 102 f.

hat er das sofortige Eingreifen der Gemeinde offensichtlich erwartet, womit ihr wohl die Kirchenzucht allgemein aufgetragen wird. Da hier ein Verstoß gegen „heiliges Recht" vorliegt, muss die Gemeinde im Bestreben, sich rein und heilig zu halten, schnell und mit Schärfe richten. Die alttestamentliche Gerichtsvorstellung wird aber insofern überschritten, als dem Frevler trotz seines leiblichen Todes die Möglichkeit ewigen Lebens in Aussicht gestellt wird. Wenn der Leib auch vernichtet wird, der Geist kann am Tage des Herrn gerettet werden (τὸ πνεῦμα σωθῇ ἐν τῇ ἡμέρᾳ τοῦ κυρίου, 1 Kor 5, 5c).

Aufschlussreich ist ein Vergleich mit dem ähnlich gelagerten Sündenfall der in den Pastoralbriefen erwähnten Hymenäus und Alexander (1 Tim 1, 19 f.). Der Vorgang wird mit dem gleichen Vokabular wie in 1 Kor 5, 5 geschildert, doch zeigt die nachpaulinische Zeit eine maßvolle Kirchenzucht, die im Zuge einer nachlassenden Naherwartung als Sündenstrafe nicht körperliche Pein oder gar den Tod erwartet, sondern einen zeitweiligen Gemeindeausschluss, der wieder zum rechten Weg führen soll.[79] Die Genannten sind vom Apostel dem Satan übergeben worden, „damit sie lernen sollen, nicht mehr zu lästern" (1 Tim 1, 20bc). Das „Lernen" (παιδεύειν) dürfte auf das zuvor genannte „Anderslehren" (ἑτεροδιδασκαλεῖν 1, 3) anspielen. Die Falschlehrer sollen sich wieder der „gesunden Lehre" (1, 10) zuwenden, da nur diese zum rechten Glauben führt. Deutlicher als bei Paulus verlangt der nachpaulinische Autor die Unterordnung unter die Autorität des Gemeindeleiters. Konkreteres über die Kirchenzucht ist in den Pastoralbriefen aber nicht zu erfahren. Immerhin erfährt man noch von zwei Fällen der Zurechtweisung: Tit 3, 10 f. ordnet an, einen „ketzerischen Menschen" (αἱρετικὸν ἄνθρωπον), der zweimal ermahnt wurde, zu meiden. 1 Tim 5, 20 fordert zu einer öffentlichen Zurechtweisung des Sünders auf, damit sich auch die anderen fürchten.

Für den Evangelisten Matthäus stellt eine solche gemeindeöffentliche Zurechtweisung erst den letzten Schritt dar (Mt 18, 15–17).[80] Wer einen Bruder sündigen sieht, soll zu ihm gehen und ihn zunächst unter vier Augen zurechtweisen (vgl. Lev 19, 17). Kann er nicht zurückgewonnen werden, sollen gemäß Dtn 19, 15 ein oder zwei Zeugen hinzugezogen werden. Bleibt er immer noch verstockt, ist schließlich die ganze Gemeinde einzubeziehen.[81] Dass er im Falle

---

[79] Zur Exegese vgl. Lorenz Oberlinner, *Der erste Timotheusbrief* (HThK), Freiburg u. a. 1994, 55–62.

[80] Vgl. Joachim Gnilka, *Das Matthäusevangelium. Zweiter Teil. Kommentar zu Kapitel 14, 1–28,20 und Einleitungsfragen* (HThK), Freiburg u. a. 1988, 136–142; Oberforcher, *Sühneliturgie*, 58–60.

[81] Die traditionsgeschichtlichen Anleihen im alttestamentlichen Gesetz und in der Ge-

bleibender Unbeugsamkeit als Heide oder Zöllner gelten solle, umschreibt den Ausschluss des Sünders aus der Kirchengemeinschaft. Eine mögliche Wiederaufnahme wird zwar nicht angesprochen, aber wird auch nicht expressis verbis ausgeschlossen. Trotz einer erkennbaren Institutionalisierung ist das Verfahren noch nicht der späteren kanonischen Buße vergleichbar. Um Vergebung zu erlangen, braucht der Sünder nur auf die Zurechtweisung zu hören. Nicht die Sünde, sondern das Beharren in ihr führt zur Strafsanktion des Gemeindeausschlusses.

Das den Verfahrensregeln angefügte Wort vom „Binden und Lösen" (Mt 18,18) bringt eine eschatologische Dimension mit ein, welche das Strafhandeln der Gemeindeversammlung an Gottes Herrschaft bindet. Was auf Erden gebunden und gelöst wird, hat Gültigkeit auch im Gegenwart wie Zukunft umfassenden Himmel. Nach rabbinischem Sprachgebrauch sind mit dem „Binden und Lösen" halachische Festsetzungen dessen gemeint, was erlaubt und was verboten ist. Da es im matthäischen Kontext um Fälle von Kirchenzucht geht, ist dort aber an eine Disziplinargewalt zu denken, die einen Bann verhängt bzw. ihn auflöst. Während sich die petrinische Vollmacht des Bindens und Lösens in Mt 16,19 auf die ganze Kirche bezieht, ist hier eine auf die Ortsgemeinde beschränkte Bann- und Lösegewalt im Blick. Das Entscheidende freilich ist die Gegenwart Christi in der sich in seinem Namen versammelnden Gemeinde.[82] Wie das den Regeln der Kirchenzucht vorangestellte Gleichnis vom verlorenen Schaf (Mt 18,12–14) deutlich macht, geht es Matthäus weniger wie im Fall von 1 Kor 5 um die Reinerhaltung der Gemeinde, sondern um eine Seelsorge, eine *correctio fraterna*, die sich gegenüber glaubensschwachen Mitchristen in der Verantwortung sieht.

Von einem solchen auf Heilung und Versöhnung hoffenden Bemühen um sündige und vom Glauben abgefallene Mitchristen ist auch die johanneische Gemeinde geprägt. Nach Joh 20,21–23 tritt der auferstandene Jesus in die Mitte der Jünger, entrichtet den Friedensgruß, sendet sie, spendet ihnen den heiligen Geist und weist sie in ihre Vollmacht ein, Sünden zu erlassen oder festzuhalten.[83] Der tra-

---

meinderegel von Qumran (1QS 5,226–6,1: „… Ferner soll niemand gegen seinen Nächsten eine Sache vor die Vielen bringen, wenn es nicht vorher zur Zurechtweisung vor Zeugen gekommen ist", übers. nach Eduard LOHSE, *Die Texte aus Qumran*, Darmstadt [4]1986, 21) weisen auf eine judenchristliche Provenienz der matthäischen Gemeinderegel.

[82] Gut herausgearbeitet von Günther BORNKAMM, *Die Binde- und Lösegewalt in der Kirche des Matthäus*, in: DERS. – Karl RAHNER (Hg.), Die Zeit Jesu. FS: H. Schlier, Freiburg u. a. 1970, 93–107, 100 f.

[83] Vgl. Martin HASITSCHKA, *Befreiung von Sünde nach dem Johannesevangelium. Eine bibeltheologische Untersuchung* (IThS 27), Innsbruck – Wien 1989, 378–422.

ditionsgeschichtliche Zusammenhang mit dem matthäischen Binde- und Löseworte ist evident, ebenso auch die eigene Akzentuierung. So wird den Jüngern vom Auferstandenen und im Rahmen der von ihm gespendeten Geisttaufe die Vollmacht zur Sündenvergebung zuteil. Auch die Voranstellung des Sündennachlasses – statt „binden" und „lösen" heißt es „Sünden nachlassen" und „festhalten"[84] – weicht von dem matthäischen Logion ab und unterstützt die Heilungsperspektive. Dass der Evangelist konkret an die Predigt, die Taufe oder an eine Sündenvergebung nach der Taufe gedacht hat, ist eher unwahrscheinlich.[85] Das Wort des Auferstandenen will eine grundsätzliche Aussage darüber treffen, dass Sündenvergebung möglich ist und die Gemeinde dazu autorisiert worden ist. Eine Beschränkung auf Amtsträger ist hier nicht ausgesagt, eine Ablehnung einer solchen freilich ebenso wenig. Mit der Aufnahme des Begriffs der „Vergebung", der im vierten Evangelium ansonsten nicht belegt ist, signalisiert Johannes das Bemühen, seine Christusverkündigung in den urchristlichen Gesamtrahmen einzufügen.[86] Mit seinem „Adlerblick" aber dürfte er über die Einzelsünde hinaus das Ganze der Sünde als den Menschen beherrschende lebenswidrige Macht im Blick haben. Es geht bei der Sündenvergebung um eine Neuschöpfung (vgl. den Lebenshauch in Joh 20,22 und Gen 2,7), die eine Teilhabe an der göttlichen, von Christus repräsentierten Lebenswirklichkeit schenkt. Oder kürzer: Es geht Johannes nicht um Moral, sondern um Christusgemeinschaft.

Die grundsätzliche Sicht von „Sünde" als Abwendung von Gott und konkrete Erfahrungen des Glaubensabfalls führen in der johanneischen Gemeindetradition zu der Annahme einer „Sünde zum Tod" in 1 Joh 5,16 f.:

„[16] Wenn jemand seinen Bruder sieht, wie er sündigt – eine Sünde nicht zum Tode –, soll er bitten, und er wird ihm Leben geben, denen, die nicht zum Tode sündigen. Es gibt Sünde zum Tode. Nicht über jene sage ich, dass er

---

[84] Zur umstrittenen Semantik des Verbs κρατεῖν und seiner Tempusformen vgl. Wendelin Eugen SEITZ, *Philologische Bemerkungen zu einer problematischen Bibelübersetzung: Joh 20,22–23*, in: MThZ 51 (2000), 55–61; Hans-Ulrich WEIDEMANN, *Nochmals Joh 20,23. Weitere philologische und exegetische Bemerkungen zu einer problematischen Bibelübersetzung*, in: MThZ 52 (2001), 121–127; Jan LAMBRECHT, *A Note on John 20,23b*, in: EThL 83/1 (2007), 165–168.
[85] Vgl. Rudolf SCHNACKENBURG, *Das Johannesevangelium. Dritter Teil: Kommentar zu Kapitel 13–21* (HThK), Freiburg 1975, 388. Für die Taufe („Neugeburt aus Wasser und Geist" [3,3.5]) als Ort der Sündenvergebung plädiert WEIDEMANN, *Nochmals Joh 20,23*, 127.
[86] Mit Christian DIETZFELBINGER, *Das Evangelium nach Johannes, Teilband 2*, Zürich ²2004, 340.

bitten soll. [17] Jede Ungerechtigkeit ist Sünde, und es gibt Sünde nicht zum Tode."[87]

Hauptintention des Abschnittes ist sicher die Aufforderung zum Fürbittgebet, die sich am Parakleten Jesus Christus, der beim Vater für die Sünder eintritt (1 Joh 2, 1), orientiert. Im Falle einer Sünde nicht zum Tode verheißt die Fürbitte, dass der Herausfall aus der Glaubensgemeinschaft verhindert werden kann. Wie verhält es sich aber mit der Sünde zum Tode, für die eine Fürbitte nicht empfohlen wird? Von einer grundsätzlichen Unvergebbarkeit bestimmter Sünden spricht schon das AT.[88] Für Jesaja geht es über die Einzelsünden hinaus um eine grundsätzliche Verstocktheit und Abwendung von Gott. Jahwe offenbart dem Propheten, dass die fehlende Hinwendung der Jerusalemer Bevölkerung zu ihm, die sich nach der Rettung vor den Belagerern in selbstzufriedener Freude und Festen auslebt, bis zum Tode unentschuldbar sei (Jes 22, 14). Die Tora sieht als Konsequenzen der Gotteslästerung sogar den physischen Tod vor. Zitiert sei nur Num 15, 30 f.:

„[30] Wer aber, sei er einheimisch oder fremd, etwas vorsätzlich tut, der begeht eine Gotteslästerung. Ein solcher Mensch soll aus seinem Volk ausgemerzt werden; [31] denn er hat das Wort des Herrn verachtet und sein Gesetz gebrochen. Ein solcher Mensch muss ausgemerzt werden; er hat schwere Schuld auf sich geladen."

Die johanneische Gemeinde hat keinen physischen Tod der Sünder im Blick, wohl aber den endgültigen Bruch mit der Wahrheit und dem Leben Christi.[89] Es dürfte die deprimierenden Erfahrungen der Gemeinde mit abtrünnigen Mitchristen gewesen sein, welche sie nicht mehr auf die Gnade Gottes und eine Umkehr hoffen lassen. Die kirchliche Rezeption war glücklicherweise zurückhaltend in der Auslegung dieser Sündenparänese.[90] Eine Sünde zum Tode kann nicht dem Urteil einer kirchlichen Instanz, sondern allein Gottes Gnade anheimgestellt werden. Aus diesem Grunde hat sich die Kirche auch nicht das harte Urteil des Hebräerbriefes zu eigen gemacht,

---

[87] Übers. nach Hans-Josef KLAUCK, *Der erste Johannesbrief* (EKK XXIII/1), Neukirchen–Vluyn 1991, 325.

[88] Vgl. OBERFORCHER, Sühneliturgie, 60–63.

[89] Vgl. Georg STRECKER, *Die Johannesbriefe* (KEK), Göttingen 1989, 289 f.: „Der Verfasser gebraucht diesen Ausdruck [sc. ἁμαρτία πρὸς θάνατον] jedoch vergeistigt im Sinne des ‚ewigen Todes', des definitiven Ausschlusses vom eschatologischen Sein. Sind die einzelnen Vergehen nicht exakt festgelegt und ist dem 1 Joh eine starre Kasuistik noch fremd, so ist doch die ‚Todsünde' in den dualistischen und eschatologischen Kontext der Homilie einzuordnen und als das radikale Gegenüber zum höchsten Heilsgut des ewigen Lebens zu verstehen."

[90] Vgl. zur Wirkungsgeschichte KLAUCK, Johannesbrief, 331–333.

der es für unmöglich hält, Menschen, „die einmal erleuchtet worden sind und die die himmlische Gabe geschmeckt haben und des Heiligen Geistes teilhaftig geworden sind, ... dann aber abgefallen sind, erneut zur Umkehr zu bringen" (Hebr 6, 4–6*).[91] Freilich gilt gerade der Hebräerbrief als großer Zeuge des universalen und ewigen Erlösungshandelns Gottes. Den Heilstod Christi am Kreuz deutet er vor dem Hintergrund des alttestamentlichen Sühnekults als hohepriesterliches Opfer, das „die Erlösung von den im ersten Bund begangenen Übertretungen bewirkt, damit die Berufenen das verheißene ewige Erbe erhalten" (Hebr 9, 15). In der Hohepriesterchristologie des Hebräerbriefs findet das Versöhnungshandeln Gottes zu einem kerygmatischen Ausdruck, der die Kult- und Begegnungsgeschichte Israels mit seinem Gott im Christusgeschehen personal inkarniert und universal weitet. Das vom Hebräerbrief formulierte ἐφάπαξ (Hebr 9, 12), das „ein für alle Mal" des Opfertodes Christi, bleibt allerdings merkwürdig ambivalent.[92] Eine Negation des im alttestamentlichen Gesetz verankerten Satzes, dass „ohne Blutvergießen keine Vergebung geschieht" (Hebr 9, 22), birgt vor dem Hintergrund bleibender Gewalt und Ohnmacht die Gefahr einer einseitigen Ethisierung oder Spiritualisierung der Opfervorstellung, wie sie im gottesdienstlichen Lob- und Dankopfer (vgl. Röm 12, 1) oder in der asketischen Mystik vollzogen wird. Die versöhnende und Leben spendende Kraft des Kreuzestodes wird österlich nur dann ganz freigesetzt, wenn sich die um den Altar versammelnde Gemeinde anamnetisch und realsymbolisch die stellvertretende Lebenshingabe Christi vergegenwärtigt. Das Leben des Christen kann zwar kein *sacrificium* mehr sein, wohl aber eine *oblatio*, die im Sinne des johanneischen Wortes 15, 13 für die Freunde sein Leben einsetzt.[93]

Schluss

In beiden Testamenten bildet das Versöhnungshandeln Gottes mit den Menschen ein zentrales, da urmenschliches Thema. Versöhnung ist ein Kernstück biblischer Theologie. Im Alten wie im Neuen Bund gibt es verschiedene Formen und Denkmuster, mit denen die theologische Rede und Praxis von Sühne und Versöhnung begreifbar

---

[91] Zur Stelle vgl. Herbert BRAUN, *An die Hebräer* (HNT 14), Tübingen 1984, 164–173.
[92] Jüngst betont von Walter SPARN, „*Eph' hapax ...*" *Historische und systematische Aspekte des christlichen Opferbegriffs*, in: NZSTh 50 (2008), 216–237.
[93] Vgl. SPARN, „Eph' hapax ...", 231.

und vollziehbar wird. Weitreichende Gemeinsamkeiten sind der Geschichts- und Weg-Charakter der Versöhnung, die Distanz gegenüber einem äußeren Kultbetrieb mit Opfern und vor allem die Einsicht in das Gnadenprimat Gottes, dass es zuerst und zunächst Gott ist, der Versöhnung schenkt.[94] Das Proprium der neutestamentlichen Versöhnungsbotschaft liegt darin, die von Israel erfahrene Zuwendung und Heilszusage Gottes von der Mitte her mit der leibhaftigen Gottesoffenbarung in der Person Jesu Christi zu verbinden. Dass alle Versöhnung von dem inkarnierten Gekreuzigten ausgeht, markiert freilich eine Differenz. Für den Christgläubigen sind Kreuz und Auferstehung Christi endzeitliches Heilsgeschehen, das alle Sündenschuld tilgt und die weitere Wirksamkeit der Sünde bricht. Die von frühjüdischen Apokalyptikern erwartete Zeitenwende ist in Christus Wirklichkeit geworden. Für die Getauften gilt daher, dass sie sich als Glieder des Leibes Christi, als neu geschaffen und mit Gott versöhnt begreifen dürfen. Versöhnung ist mehr Sein als Sollen (vgl. Gal 5,25f.).[95] Es gilt, die Versöhnung, die dem Menschen in Christus geschenkt wurde, in ihm auszuleben und zu entfalten. Wie dies Welt und Menschen zu vermitteln ist, will zu allen Zeiten neu bedacht sein.

---

[94] Vgl. FISCHER – BACKHAUS, Sühne, 121–125.
[95] Mit FISCHER – BACKHAUS, Sühne, 110.

„Mit der Erfahrung des Heils beschenken"

Über Schuld und Schuldgefühle

Franz Reiser

1. Einleitung

„Versöhnt leben", das wird schwerlich möglich sein, wenn Unversöhntes nicht angegangen und bewältigt wird oder werden kann. Unerlöste Schuld und drückende Schuldgefühle können den Menschen sehr belasten, sowohl in seinem seelischen inneren Zustand als auch leibseelisch in seinem körperlichen Befinden. Grundsätzlich sind natürlich tatsächlich vorliegende Schuld (als objektiver Aspekt) und Schuldgefühle (als subjektiver Aspekt) zu unterscheiden und bedürfen gesonderter Reflexion. Im konkreten Fall können diese beiden Seiten zueinander passen – oder auch weit auseinanderliegen. Schuldgefühle können der schuldhaften Realität angemessen sein – oder aber zu viel oder zu wenig, unrealistisch, übertrieben und unflexibel sein. Dieser Artikel möchte einige Gesichtspunkte beleuchten, die in christlichem Kontext vom seelischen Erleben her besonders relevant erscheinen.

Was ignoriert wird oder auf irgendeine Weise ins Unbewusste verschoben wird, das bleibt nicht unwirksam. Verleugnete oder verdrängte Schuld kann sich bemerkbar machen in einem Schatten oder einer Art „Schwere", die sich auf das Leben legt. Auch eine unterschwellige Aggressivität und Antipathie anderen gegenüber können sich daraus ergeben. Oder ein vages Gefühl der Minderwertigkeit, des Ungenügens oder der Unterlegenheit. Bis hin zu verschiedensten psychosomatischen Reaktionen – ein Phänomen, das der Bibel nicht unbekannt ist. Psalm 32 spricht eindrücklich davon:

„Wohl dem Menschen, dem der Herr die Schuld nicht zur Last legt und dessen Herz keine Falschheit kennt. Solang ich es verschwieg, waren meine Glieder matt, den ganzen Tag musste ich stöhnen. Denn deine Hand lag schwer auf mir bei Tag und bei Nacht; meine Lebenskraft war verdorrt wie durch die Glut des Sommers." (Ps 32,2–4)

Seele und Leib leiden unter Schuldgefühlen, die noch nicht ans Licht kommen, die dumpf und unklar im Menschen gären. Der Psalm fährt fort: „Da bekannte ich dir meine Sünde und verbarg nicht länger meine Schuld vor dir. Ich sagte: Ich will dem Herrn meine Frevel bekennen. Und du hast mir die Schuld vergeben." (Ps 32, 5)

Staunendes, dankbares Aufatmen wird hier spürbar, wenn die Schuld wirklich ans Licht, in Gottes Licht kommt und nicht verdrängt, sondern überwunden wird. Eine Erfahrung des Heils!

1.1 Schuldgefühl und Gewissen, Schuld und Verantwortung

Erkunden wir zunächst das Themenfeld mit ein paar Schritten in verschiedene Richtungen.

Wenn jemand sagt, er habe ein schlechtes Gewissen, dann dürfte das meistens eine Mischung aus Schuldgefühlen und mehr oder weniger rationalen Gedanken sein.

Wie zeigen sich Schuldgefühle? Sie folgen in der Regel bei allem, was unser „innerer Gerichtshof" verurteilt. Deshalb wohnt ihnen auch oft eine Selbstbestrafungstendenz inne. Zum Beispiel durch nagende Gedanken an die Tat, durch Unwohlsein und Niedergeschlagenheit, durch Selbstvorwürfe („Wie konnte ich nur?"), bis hin zu tiefgehendem Selbsthass. Schuldgefühle sind erkennbar an Gewissensbissen, Grübeln, Unruhe, einem schlechten Gefühl. Manchmal sind sie aber auch verdeckt unter Aggression, Angst oder diversen Abwehrmanövern. Nicht immer also sind sie direkt als solche spürbar.

Was wir „Gewissen" nennen, ist der Inbegriff der Verantwortungsfähigkeit einer Person. Es kann beschrieben werden als ein Wahrnehmungsorgan, das die Grundalternative von Gut und Böse, richtig und falsch beurteilt. Das Gewissen des Einzelnen ist jedoch nicht vom Himmel gefallen, sondern stellt eine komplexe kognitiv-affektive Struktur dar, die ein Ausdruck der konkreten Person in ihrer jeweiligen psychosozialen und geistigen Entwicklung ist.[1] Sowohl die kognitiven wie die emotionalen Anteile bedürfen einer angemessenen Reifung, welche aber nicht ohne Weiteres als gegeben angesehen werden darf. Dennoch hat auch das (noch teilweise) unreife oder irrende Gewissen seine Würde.

Wenn nun schon die Qualität des Maßstabs „Gewissen" nicht völlig tadellos ist, dann erst recht nicht unser Verhalten, das sich daran

---

[1] Hier wäre auch an das Modell des sogenannten „Über-Ich" zu denken, das man als Kind entwickelt durch die Verinnerlichung von (verbalen wie auch nonverbalen) Verhaltenserwartungen von Autoritäten. Unter seinem Druck verhält sich das Kind eher „liebenswert". Auch im reifen Erwachsenen bleibt eine „Über-Ich"-Komponente, die in manchen Bereichen hilft, Entscheidungen schnell und mit psychischer Ökonomie zu treffen. Aber insgesamt soll das „Über-Ich"-hafte möglichst in ein reifes Gewissen integriert werden.

messen muss. „Nobody is perfect" – das gilt auch hier (aber nicht als Entschuldigung!). „Vergib uns unsere Schuld" ist nicht umsonst eine der Grundbitten im Vaterunser.

Hier könnte sich jedoch gleich ein Zweifel melden: Wieweit sind wir wirklich frei und damit verantwortlich für das, was wir tun, angesichts so vieler Vorbedingungen und Verstrickungen, die uns binden? Ständig entdecken die Wissenschaften neue Aspekte, die unser Seelenleben prägen und mitbestimmen. Aktuell zeigt etwa die Hirnforschung immer detaillierter, wie unser Gehirn funktioniert. Daraus kann sich als Schreckgespenst ein „Verdacht der Selbsttäuschung" nähren, wie Klaus Demmer es nennt[2], ob nämlich empfundene Schuld wirklich solche sei oder letztlich ein grandioser Irrtum, man eigentlich gar nichts dafür könne ... (bis hin zu manchen Neurowissenschaftlern, die derzeit – aus allerdings epistemologisch zweifelhaften Gründen – dem Menschen die Willensfreiheit überhaupt absprechen). Tatsächlich ist natürlich unsere Freiheit nicht absolut, sie ist an Bedingungen gebunden (u. a. auch an ein funktionierendes Gehirn) und in vielerlei Hinsicht begrenzt (und damit ist auch konkrete Verantwortung immer begrenzt). Dadurch ist sie aber nicht weniger echt, ist insgesamt keine Täuschung. Vielmehr gibt das jeweilige Bedingungsfeld der vorhandenen Freiheit ihre konkrete Gestalt. Auch psychologische (z. B. unbewusste) Faktoren können die Freiheit zwar einschränken, heben sie aber (von Ausnahmen abgesehen) nicht auf. Immer ist der Mensch gerufen, dass er Stellung nehme zum Gegebenen: „Was fange ich mit all dem an?" Und er ist eingeladen, zunehmend bewusster zu leben und damit immer freier und verantwortlicher zu werden.

1.2 Ein Gefühl mit Geschichte

Gefühle haben eine individuelle, persönliche Geschichte. Unsere Gefühle sind immer mitgeprägt von all den Erfahrungen, die wir von klein auf im Laufe unseres Lebens gemacht haben. Auch durch das, was mitschwingt an früheren Erfahrungen, was innerlich Resonanz hat, bekommen aktuelle Gefühle ihre spezielle Farbe und ihr jeweiliges Gewicht. Und weil Gefühle so schnell und quasi automatisch entstehen, kann unser Bewusstsein normalerweise nur bruchstückhaft wahrnehmen, welche Anteile in ihnen stecken. Das gilt natürlich ganz genauso für unsere Schuldgefühle. Und das ist eine Geschichte von Kind auf ...

---

[2] Klaus DEMMER, *Das vergessene Sakrament. Umkehr und Buße in der Kirche*, Paderborn, 2005, 17.

Kinder sind für Schuldgefühle eine leichte Beute. Sei es, weil Strafe oder Liebesentzug solche vermitteln. Sei es, weil Kinder oft nicht realistisch abschätzen können, was ihr Verhalten bewirkt oder auch nicht. Auch zufälliges Zusammentreffen kann als Schuld erlebt werden: Zum Beispiel ist ein Kind wütend auf seine Mutter, kurz danach wird sie krank ... Leicht denkt das Kind, es sei „böse" und daran schuldig. Auch für Konflikte der Eltern fühlen sich Kinder oft schuldig, und nicht nur, wenn es direkt um die Kinder geht. Ganz zu schweigen von den tiefen Schuldgefühlen, die Menschen häufig entwickeln, wenn sie Opfer von Misshandlung oder Missbrauch werden. Bei all diesen für ein Kind so schwierigen und schlimmen Situationen ist die Kontrollillusion (also dass man selber verantwortlich und „schuldig" sei) leichter zu ertragen als das völlig hilflose Ausgeliefertsein oder als die Angst vor dem Verlust von wichtigen Bezugspersonen.

Lorenz Wachinger spricht von einer bei Erwachsenen oft anzutreffenden „Animosität gegen die Rede von Schuld'" und beschreibt als eine der Ursachen: „Das Reden davon greift unwillkürlich in die Geschichte meiner Erfahrungen seit der Kinderzeit ein; daraus stammt im Reden darüber das Gefühl von Bedrückung, Angst, Einsamkeit, Beschämung, von Zorn über Manipuliertwerden und Sich-dagegen-wehren-Wollen, kurz: der Widerstand gegen die Zumutung des Schuldigseins und die Abwehr, der Protest gegen Beschuldigtwerden und die Hilflosigkeit gegenüber den übermächtigen, alleswissenden Erwachsenen. Man braucht sich nur zu erinnern, wie oft ein Kind genötigt wird, um Verzeihung zu bitten, auch wo es weiß, dass es nicht schuld war oder nichts dafür konnte. Aus diesen Erfahrungen bleibt bei vielen Menschen eine gewisse Empfindlichkeit: die alten Verletzungen des Selbstwertgefühls tun den Erwachsenen noch weh." [3]

Auch unser Schuldgefühl hat eine Geschichte, die zur Heilsgeschichte werden soll.

1.3 „Dem Herrn den Weg bereiten" (Lk 1, 76)

Jeden Morgen betet und singt die Kirche im Benedictus: „Und du, Kind, wirst Prophet des Höchsten heißen; denn du wirst dem Herrn vorangehen und ihm den Weg bereiten. Du wirst sein Volk mit der Erfahrung des Heils beschenken in der Vergebung der Sünden." (Lk 1, 76 f.)

---

[3] Lorenz WACHINGER, *Schuldig-geworden-sein, Schuldgefühle: Abwehr, Trauerarbeit und Versöhnung aus psychotherapeutischer Sicht,* in: Heiliger Dienst 59 (2005), 35.

Was zunächst im Blick auf Johannes den Täufer gesagt ist, dürfte wohl auch eine Grundaufgabe der Kirche bezeichnen und besingen. Es ist gut, jeden Tag daran erinnert zu werden.

2. Adäquate und inadäquate Schuldgefühle

2.1 Lebensfreundlich oder lebensfeindlich, lebensdienlich oder lebenshinderlich?

Schuldgefühle insgesamt hatten oder haben oft eine „schlechte Presse" und wurden und werden gerade aus psychologischer Sicht verdächtigt, nur schlecht und schädlich, ja geradezu lebensfeindlich und -hinderlich zu sein. Die wirkliche Befreiung bestehe nicht in der Vergebung und Versöhnung, sondern im Auflösen der Schuldgefühle an sich ... Aber wie immer: Man soll das Kind nicht mit dem Bade ausschütten! Gute Unterscheidungen tun not.

Der Psychoanalytiker Albert Görres formulierte als ziemlich „unpopuläre These": „Schuldgefühle sind im seelischen Haushalt für die seelische Gesundheit, für Frieden und Freude, für das Gelingen des Lebens notwendig, unerläßlich."[4] Gefühle geben „lebenswichtige Signale für das leibliche, seelische und geistige Leben". Auch das Schuldgefühl kann und soll lebensdienlich sein, als ein Signal, das warnt und mahnt, wenn ein wichtiger Wert gefährdet oder verletzt ist. Albert Görres: „Wer also so cool ist, daß er keine Schuldgefühle mehr erlebt, wo sie hingehören, der sollte mit allen Kräften versuchen, sie wieder zu finden."[5] Und schließlich ganz pointiert: „Wer kein Schuldgefühl kennt, ist noch kein Mensch. Wer keine Reue kennt, der wird nicht lang ein Mensch bleiben."[6]

Albert Görres räumt natürlich ein: „Allerdings sind Gefühlssignale in noch höherem Maße als Sinnesempfindungen und Denkprozesse irrtumsanfällig, so daß wir uns nicht einfach auf sie verlassen können."[7]

Wie können diese Gefühle trotz ihrer als unangenehm empfundenen Qualität lebensfreundlich und lebensdienlich sein oder werden? Dazu nun einige möglicherweise hilfreiche Unterscheidungen.

---

[4] Albert Görres, *Schuld und Schuldgefühle*, in: Internat. kath. Zeitschrift „Communio" 13 (1984), 433.
[5] Ebd., 434.
[6] Ebd., 442.
[7] Görres, (wie Anm. 4).

2.2 Ichzentriert oder werteorientiert?

Eine wichtige Unterscheidung betrifft den Bezugspunkt von Schuldgefühlen: Ob dieser außerhalb der Person liegt, in objektiven Werten, die einen anziehen und zu größerer Hingabe hin öffnen, oder ob der Bezugspunkt innerhalb der Person liegt, eher in der Sorge um sich selbst, im Bedürfnis nach dem eigenen In-Ordnung-Sein, was einen tendenziell in sich verschließen kann und damit lebenshinderlich wird. Lebensdienliche Schuldgefühle sind eher werteorientiert als rein ichzentriert.

2.3 Rein „gesetzlich" oder personorientiert?

Lebensfreundliche Schuldgefühle bleiben nicht bei den abstrakten Normen und Gesetzen hängen, sondern empfinden deren Verletzung im Blick auf die betroffenen Personen. Wenn das für alle christliche Ethik grundlegende Liebesgebot verletzt ist, dann geht es vor allem um die Personen, die man verletzt hat oder denen man Liebe schuldig geblieben ist.[8] Dazu der Psychologe und Pastoraltheologe Heribert Wahl: Aus der Sicht des Evangeliums ist Sünde „nicht mehr identisch mit Normverletzung. Jesu Verinnerlichung zielt auf Personalisierung' der Schulderfahrung, in der wir unser Verhältnis zum Gesetz immer neu kritisch auf unser Leben vor Gott und mit den Menschen rückbeziehen müssen"[9].

Eher lebenshinderlich ist die Orientierung an einem reinen Regelkatalog. Lebensfreundlich ist eher die Orientierung am Weg und Beispiel Jesu, er als personales und unübertreffliches Vorbild für vertrauendes Leben und richtiges Verhalten.

2.4 Innerlich frei oder innerpsychisch verengt?

Schuldgefühle können gesund und der tatsächlichen Schuld angemessen sein oder aber zu wenig oder zu viel, zu leicht oder zu schwer sein, bis hin zu einem neurotischen Schuld- und Strafbedürfnis. Gefühle und Gedanken haben oft eine innerpsychische Funktion und Dynamik: Selbstvorwürfe können einer als permanent verdient empfundenen Selbstbestrafung dienen, oder Schuldgefühle der Abwehr von Gefühlen wie Wut, Angst, Schmerz oder Scham. Die zwanghaf-

---

[8] Weiter gefasst: Hinsichtlich Sünden gegen personale oder nichtpersonale Geschöpfe (Umwelt, Pflanzen, Tiere …) wäre auch an die Person des Schöpfers zu denken.
[9] Heribert WAHL, Schuld und Schuldgefühle. Psycho-theologische Aspekte, in: Diakonia 37 (2006), 114.

ten, skrupulösen, masochistischen oder depressiven Ausformungen dieser Phänomene sind oft erschreckend. Aber: Die Unterscheidung „gesund oder krank" ist nicht dichotom (zweipolig), sondern verläuft über ein Kontinuum, deshalb ist sie bisweilen schwierig und nur mit Vorsicht und der nötigen Fachkunde zu treffen.

Udo Rauchfleisch bringt die Differenzierung zwischen „neurotischen" und „normalen" Schuldgefühlen auf eine kurze Formel: „Gesunde Schuldgefühle liegen dort vor, wo der Mensch fähig ist, sich mit den tatsächlichen Quellen seiner Verfehlungen auseinanderzusetzen. ‚Neurotische' Schuldgefühle hingegen müssen wir dort vermuten, wo die vom Klienten angegebenen (und von ihm auch so erlebten) Ursachen nicht die ‚eigentlichen' sind, sondern unbewußt dazu dienen, die konflikthaften Hintergründe zu verschleiern."[10]

Kompetente Seelsorge kann hier viel helfen! Bei Bedarf sollte sie aber auch behutsam auf psychotherapeutisch kompetente Unterstützung verweisen, und gegebenenfalls auch mit Psychotherapeuten kooperieren. Seelsorge und psychotherapeutische Hilfe schließen sich gegenseitig nicht aus.

2.5 Wer oder was ist verletzt?

Was hat menschliche Schuld mit Gott zu tun?[11]

Entscheidend für ein christliches Schuldempfinden ist die Entdeckung, – menschlich gesprochen – Gott wehgetan zu haben. Schuld (oder hier auch Sünde) ist eine Beziehungsangelegenheit, hat mit IHM zu tun. Wenn ich einem seiner Geschöpfe schade, die er so maßlos liebt, tut das auch ihm weh.

Das bedeutet auch: Wenn ich tue, was meiner persönlichen Berufung, Gottes wunderbarem Projekt mit mir, entgegensteht, so ist das eine Verletzung und Undankbarkeit gegenüber seiner Güte, es enttäuscht und verneint ihn als Schöpfer und in seinem Wort. Der absolut erhabene Gott steigt ja zu mir herab, schenkt mir eine persönliche Berufung, ein persönliches Wort, das völlig einmalig ist. Diese Liebe zu erkennen ist Voraussetzung dafür, ein echtes Bewusstsein von Sünde zu entwickeln, den Schmerz, seinen guten Willen verletzt zu haben. Sünde zeigt sich hier als Zielverfehlung: Sie widersetzt sich dem Ziel meiner Entwicklung zu einem zutiefst erfüllten Leben hin,

[10] Udo RAUCHFLEISCH, *Pastoralpsychologische Überlegungen zur Bewältigung von Schuld,* in: Isidor BAUMGARTNER (Hg.), Handbuch der Pastoralpsychologie, Regensburg 1990, 364.
[11] Vgl. dazu Amadeo CENCINI, *Vivere riconciliati. Aspetti psicologici,* Bologna 1985 u. ö., 31–35.

zu dem, was / wen Gott aus mir machen möchte: einen liebenden, dienenden, sich hingebenden Menschen.

Solche Einsicht wird schmerzhaft sein. Möglich ist sie erst angesichts eines Gottes, der kein Buchhalter ist, sondern den Sünder bedingungslos liebt. Und Vergebung schenkt.

2.6 Das göttliche Gegenüber: Gottesbilder und Gottesbeziehung

Was ist das für ein Gott, der von unseren Sünden betroffen ist? Jeder hat eine persönliche Vorstellung, Bilder und Begriffe davon, wer und wie Gott ist. Und jeder hat so etwas wie eine „gefühlte Gottesbeziehung", ein Gefühl davon, wie Gott zu mir steht: Wie sieht er mich? Was denkt er über mich? Da fließt vieles von den eigenen grundlegenden Beziehungserfahrungen mit ein. In eine bildhafte Form gebracht, wird das oft auch als „Gottesbild" bezeichnet. Allzu leicht und automatisch werden dabei (auch von frommen und gescheiten Leuten!) negative Erfahrungen auf IHN übertragen. „Dämonische" oder „diabolische" Gottesbilder können daraus werden, die die Beziehung zu Gott beeinträchtigen und stören.

Im Kontext unseres Themas bemerkt Heribert Wahl kritisch zum kirchlichen Sprachgebrauch: „Wenn Sünde theologisch als schwere Beleidigung Gottes' gilt, setzt man sie undifferenziert mit Aggression gleich. Damit übertragen wir leidvolle Kindererfahrungen, dass Eltern beleidigt reagierten und verletzt zurückschlugen, diabolisch' auf das Bild eines Gottes, dessen Liebe so zerbrechlich ist, dass er sich beleidigt zurückzieht bzw. den Sünder unnachsichtig für seine böse Aggression bestrafen muss. Angst vor Liebesverlust und Strafangst werden zum wichtigsten Mittel auch religiöser Erziehung; Selbstanklage gerät zum zentralen Drehpunkt, so dass man auf erschreckende Aussagen stößt: Der Christ ist das Wesen, das sich anklagt' (Mounier)."[12]

Verkehrte Gottesbilder zu identifizieren und zu überwinden, und zu helfen, dass Menschen mit dem Gott Jesu Christi in Beziehung kommen, wie er wirklich ist – darin hat Pastoral und Liturgie eine elementar wichtige Aufgabe.

---

[12] WAHL (wie Anm. 9), 113.

3. Eine wichtige Unterscheidung:
„sich schämen" – „sich schuldig fühlen"[13]

„Du, Herr, bist im Recht; uns aber steht bis heute die Schamröte im Gesicht, den Leuten von Juda, den Einwohnern Jerusalems und allen Israeliten, seien sie nah oder fern in all den Ländern, wohin du sie verstoßen hast; denn sie haben dir die Treue gebrochen. Ja, Herr, uns steht die Schamröte im Gesicht, unseren Königen, Oberen und Vätern; denn wir haben uns gegen dich versündigt." (Dan 9, 7 f.)

„Mein Gott, ich schäme mich und wage nicht, die Augen zu dir, mein Gott, zu erheben. Denn unsere Vergehen sind uns über den Kopf gewachsen; unsere Schuld reicht bis zum Himmel." (Esra 9, 6; vgl. Lk 18, 13)

In der Emotionsforschung werden neben den Basisemotionen (Freude, Trauer, Angst, Wut, Überraschung, Ekel) die sogenannten „selbstbewussten Emotionen" unterschieden, die eine Bewertung des Ich als gut bzw. schlecht empfinden: Scham- und Schuldgefühl gehören dazu und Stolz (hier in moralisch ganz neutralem Sinne als positives Selbstwertgefühl!) auf der anderen Seite. Diese Bewertung der eigenen Person kann explizit oder implizit verlaufen, kann ganz bewusst geschehen, oder sich dem „Radar" des Bewusstseins entziehen. Emotionen – auch Scham- und Schuldgefühl – beinhalten immer einen Prozess der Wahrnehmung und Bewertung einer Situation, haben eine innerseelische und soziale Signalwirkung und sie verändern die Handlungsbereitschaft der Person.

Sich-Schämen und Sich-schuldig-Fühlen sind benachbarte Emotionen, sie erscheinen oft auch vermischt, so dass teilweise sogar ihre Unterscheidung bestritten wird und sie in einen Topf geworfen werden. Aus therapeutischer Erfahrung und durch zahlreiche empirische Studien konnte aber gezeigt werden, dass es sich um zu unterscheidende Gefühle handelt, die auch unterschiedliche Folgen haben.

3.1 Unterschiedlicher Fokus:
die ganze Person oder einzelne Handlungen

Die amerikanische Psychologin June Tangney hat sich seit den 90er-Jahren einen Namen gemacht mit Studien zu diesem Feld. Sie greift zurück auf eine Grundunterscheidung, die Helen B. Lewis beschrieben hat und die inzwischen in der Forschung zur beherrschenden

---

[13] Wichtige Anregungen zu diesem Thema verdanke ich Herrn Dipl. Psych. Panis Panagiotopoulos, Freiburg.

Konzeptualisierung geworden ist.[14] Der entscheidende Faktor ist, wie sehr die ganze Person oder nur ein Teil von ihr im Fokus der negativen Bewertung ist.

Wie ist das, wenn man sich schämt? Vielleicht ist es hilfreich, sich einen Moment eine ganz peinliche oder schambesetzte Situation vorzustellen (Wenn ein Fußballer vor aller Augen den entscheidenden Elfmeter verschießt, schämt er sich in Grund und Boden ... Typische Schamträume sind z. B., dass man unzureichend bekleidet, etwa ohne Hosen, auf der Straße steht ...).

Wenn man sich schämt, ist das ein sehr schmerzhaftes Gefühl des Versagthabens, was das ganze Ich, die eigene Person herabsetzt als völlig unzulänglich, als ungenügend, als unfähig. Damit verbindet sich eine gefühlte Perspektive der Außenwahrnehmung, eine negative Fremdbewertung: Man fühlt sich abwertenden oder verabscheuenden Blicken ausgesetzt. Gefühle des Kleinseins und der Hilflosigkeit, von Wertlosigkeit und Ausgeliefertsein können dazugehören. Man kann sich wie entblößt, nackt und sehr verletzlich fühlen. Es entsteht ein Bedürfnis, sich zu verstecken und zu verschwinden. Der Kontakt zum anderen wird gestört, man kann den anderen nicht mehr anschauen, sondern starrt typischerweise auf den Boden, nur noch hoffend, dass der sich auftue, um einen zu verschlingen. Scham betrifft mich gefühlsmäßig insgesamt, „was ich bin": „Schlecht!"

Wer sich schämt, ist so mit sich selbst beschäftigt, dass wenig Aufmerksamkeit für den andern oder gar Einfühlung möglich ist. Außerdem kann Scham leicht in Aggression umschlagen, sei es in Gestalt von Vorwürfen oder auch als gewalttätiges Verhalten. Beide Beobachtungen sind empirisch vielfach belegt, sowohl für aktuelles Schamempfinden wie auch für schamgeneigte Persönlichkeiten.[15]

Im Unterschied dazu ist beim Schuldgefühl eher nur ein Teil der Person, nämlich die eigenen Handlungen im Fokus der negativen Bewertung. Die Selbstvorwürfe beziehen sich mehr darauf, falsch gehandelt zu haben. Das Bewusstsein der Schädigung anderer und das Bedürfnis nach Wiedergutmachung ist hier viel eher vorhanden als beim Schämen. Auch empirisch belegt, korreliert Schuldgefühl mit Empathie für den andern. Angemessene Schuld kann eher konstruktiv werden als Scham. Reue und Spannung motivieren dazu, Verantwortung zu übernehmen. Mehr oder weniger „scham-freie" Schuld hat im wesentlichen keine Korrelation mit negativen psychologi-

[14] Helen B. Lewis, *Shame and Guilt in Neurosis*, New York 1971. Vgl. June Price Tangney – Jeff Stuewig – Debra J. Mashek, *Moral Emotions and Moral Behavior*, in: Annual Review of Psychology 58 (2007), 349 f.
[15] June Price Tangney et al. (wie Anm. 14), 351.

schen Symptomen wie Depression, Angst, negativem Selbstwertgefühl etc.[16]

Ganz kurz und vereinfacht also als Differenzierung: Sich-Schämen fühlt sich an wie: „Was ich *bin*, ist schlecht!" Sich-schuldig-Fühlen bedeutet eher: „Was ich *getan habe*, ist schlecht!"

Unterscheiden bedeutet nicht trennen. Denn Handlungen sind natürlich Ausdruck der Person. Und so verhält es sich hier wie mit den zwei Brennpunkten einer Ellipse. Je nachdem kann der eine oder der andere davon sich emotional mehr im Fokus befinden, mit entsprechenden Auswirkungen. Entweder: „*Ich* habe diese schlimme Sache getan!" oder: „Ich habe *diese schlimme Sache getan!*"

3.2 Lieber Schuld als Scham

Schuldgefühle sind belastend und bedrückend. Aber das Gefühl der Scham ist noch schlimmer! Es ist beinahe vernichtend. Die Aufforderung „Schäm dich!", heißt fast soviel wie *„Sei* nicht so! Verschwinde!"

Gerade hartnäckige und neurotische Schuldgefühle sind oft eine Abwehr von noch schlimmeren Selbstzweifeln und Schamgefühlen: Lieber Schuld als Scham! Man sieht sich als verantwortlich und aktiv, um sich nicht als völlig unzulänglich, hilflos und unfähig erleben zu müssen. Etwas Falsches zu tun ist besser auszuhalten, als sich permanent schämen zu müssen für das, was man „ist". Oft kommt genau daher ein Festhalten an falschen Schuldgefühlen, um noch größeren Schmerz, Verletzung und Wut abzuwehren. Durch die Selbstverurteilung für „schlechte Taten" entsteht auch ein Schein von Kontrolle, denn die Verlustangst („Der andere mag mich nicht mehr, weil ich so schlecht bin!") wäre unerträglich.

„Lieber Schuld als Scham!" Großes Leid verbirgt sich dahinter … Und die Frage nach kompetenter Hilfe.

3.3 Ein Blick auf Genesis 3

Es ist bekannt, dass im Gefolge des Sündenfalls die Menschen sich schämten.[17] In biblischer Sprache: „Sie erkannten, dass sie nackt waren. Sie hefteten Feigenblätter zusammen und machten sich einen Schurz" (Gen 3,7). Es finden sich außer der Körperscham aber auch andere Verhaltensweisen, die schamgeprägt sind: „Als sie Gott, den

---

[16] Ebd., 353.
[17] Vgl. dazu Rebecca THOMAS – Stephen PARKER, *Toward A Theological Understanding of Shame*, in: Journal of Psychology and Christianity 23 (2004), 176–182.

Herrn, im Garten gegen den Tagwind einherschreiten hörten, versteckten sich Adam und seine Frau vor Gott, dem Herrn, unter den Bäumen des Gartens" (Gen 3, 8). Sie wollen aus dem Blickfeld verschwinden! Und auf Nachfrage kommen gleich Vorwürfe: „Die Frau, die du mir beigesellt hast, sie hat mir von dem Baum gegeben" (Gen 3, 12). Auch diese feindselige Aggression ist typisch für Schamgefühl.

Die durch den Sündenfall gestörten Beziehungen zu Gott, zu sich selber und zu den Mitmenschen lassen sich auch deuten als Aspekte von tiefem Schamgefühl. Wie geht Gott damit um?

3.4 Differenzierte Behandlung

Man beachte die Reihenfolge, in der Gott die Situation angeht. Als Erstes überwindet Gott die tiefgreifende Beziehungsstörung, den beschämten Rückzug aus der Gemeinschaft. „Gott, der Herr, rief Adam zu und sprach: Wo bist du?" (Gen 3, 9). Er sucht den Menschen und will ihn ansprechen. Gott überwindet als erstes die Scham des Menschen und nimmt ihn als Gegenüber ernst. Erst im zweiten Schritt spricht Gott die Schuld an: „Hast du von dem Baum gegessen, von dem zu essen ich dir verboten habe?" (Gen 3, 11) Und dann wird die Frage der Verantwortung verhandelt.

Ähnliches zeigt sich auch in neutestamentlichen Beispielen: Jesu Begegnung mit Zachäus, der barmherzige Vater in Lk 15, 11–32 – an erster Stelle steht das Zugehen auf den sich schämenden isolierten Menschen, das (Wieder-)Herstellen einer wertschätzenden Beziehung. Erst in zweiter Linie geht es um das Verhalten, um Schuld und Verantwortung.

Es ist hohe seelsorgliche oder therapeutische Kunst, mit tief beschämten Menschen im Gespräch den Kontakt zu halten oder wiederherzustellen. Aber erst dann ist ein konstruktives Weiterkommen möglich.

Der weise Jesus Sirach sagt: „Beschäm keinen, der sich von der Sünde bekehrt hat; denk daran, dass wir alle schuldig sind." (Sir 8, 5) Sirach unterscheidet: „Hört, Söhne, die Lehre von der Scham, lernt, was Scham ist nach meinem Urteil. Nicht jede Scham ziemt sich, nicht jedes Schamempfinden ist empfehlenswert." (Sir 41, 16) Und er zählt dann einiges auf, wofür man sich zu Recht schämen muss, und einiges, für das man sich nicht schämen soll.

Man kann also nicht sagen, dass jedwede Scham nur schlecht oder schädlich wäre. Das wird vom Gegenteil her deutlich: Wenn jemand z. B. „in schamloser Weise" andere ausnützt, dann müsste der sich vielleicht erst schämen lernen. Der Prophet Jeremia: „Schämen müssten sie sich, weil sie Gräuel verüben. Doch sie schämen sich nicht; Scham ist ihnen unbekannt. Deshalb müssen sie fallen, wenn die anderen fallen. Sobald ich sie zur Rechenschaft ziehe, werden sie stürzen, spricht der Herr." (Jer 6, 15)

Scham- und Schuldgefühl sind keine „Macken" der Schöpfung, sondern haben – wenn es gut geht und man nicht in ihnen hängen bleibt – eine positive Funktion. Der sich vor Gott schämende Zöllner in Jesu Gleichnis (Lk 18, 9–14) geht „als Gerechter" nach Hause. Und „ein zerbrochenes und zerschlagenes Herz wirst du, Gott, nicht verschmähen" (Ps 51, 19b). Worin besteht die Nützlichkeit des Schamgefühls? Vielleicht könnte man so sagen: In der schmerzhaft einem selbst deutlich werdenden Erfahrung, dass man als Mensch kein Gott ist. Und auch der beste Fußballer und Elfmeterschütze kein „Fußballgott", der über Gedeih und Verderb eines Spiels oder über Gut und Böse zu entscheiden hätte. Gesundes Selbstbewusstsein und gesunde Demut gehören zusammen: die Tugend der humilitas.

4. Überlegungen zu versöhnender Pastoral und Liturgie: „Dem Herrn den Weg bereiten" (Lk 1, 76)

Es sollen nun einige Punkte noch etwas konkreter überdacht werden, wie wir in der Pastoral und Liturgie „dem Herrn den Weg bereiten" und der Versöhntheit von Menschen dienen können.

4.1. Gewissensbildung und Gewissensprüfung

Wie können wir dazu beitragen, dass das Gewissen von Menschen keine grausame, erniedrigende, die eigene Person verdammende Instanz ist, sondern eine unbestechliche und freundlich kritische Instanz, die uns situationsgemäße Werthaltungen aufzeigt? Da und dort wird das persönliche Normsystem selbst zu thematisieren sein, besonders da, wo dieses in einer noch ungeklärten Spannung zu eigenen Impulsen und Wünschen steht und daraus innere Konflikte resultieren. Insbesondere aggressive und sexuelle Impulse und Themen zeigen sich sehr oft als nur schwer integrierbar, zum Teil entziehen sie sich auch dem bewussten Umgang mit ihnen.

In Gesprächen und der Verkündigung wird es wohl immer wieder darum gehen, erkennbare Einseitigkeiten und Verzerrungen des Gewissens aufzuzeigen und durch das Evangelium zu korrigieren. Aus christlicher Sicht soll das Gewissen ja mehr und mehr eine evangeliumsgemäße Denk- und Empfindungsweise annehmen, es soll sich formen lassen vom Wort und Sinn der Heiligen Schrift und vor allem auch an der Person Jesu (vgl. Phil 2, 5).

Eine Gewissensprüfung sollte deshalb auch nicht auf der Ebene von Einzelentscheidungen und -verfehlungen bleiben, sondern die eigene Lebensentscheidung und Berufung als leitendes Anliegen im Blick behalten. [18] Sie hat deshalb nicht nur innere und äußere Aktionen anzuschauen, sondern fragt nach den wirklichen Motivationen, die uns im Konkreten jeweils antreiben, wie nach den Intentionen, die unser Tun anziehen. Also nicht nur: Was, sondern: Warum und für Wen / Was habe ich das oder jenes getan? Da können sich so manche Lieblosigkeiten zeigen, Egoismen und Fehlhaltungen, wo wir insgeheim doch vor allem den eigenen Vorteil suchen. Des Weiteren steht immer wieder eine Überprüfung unserer Wertehierarchie an, die unser geheimer Kompass ist: Die Prioritäten dessen, was wir wertschätzen und suchen. – Solche selbstkritischen Überlegungen bedürfen der Fairness und Gerechtigkeit sich selbst gegenüber. Albert Görres dazu: „Es hat nichts mit Demut zu tun, wenn einer alle Selbstvorwürfe für bare Münze nimmt. Wir schulden uns selbst wie unserem Nächsten einen fairen Prozeß, in dem auch mildernde Umstände zu würdigen sind. Viele Leute meinen, maßlose Selbstbeschuldigung sei ein Zeichen tiefer Reue. Im Gegenteil, sie ist mit ihr nicht vereinbar. Wer sich selbst nicht gerecht beurteilt, verhindert Reue." [19]

Das Ziel von alledem ist, bewusster zu leben, freier und verantwortlicher der eigenen Berufung zu entsprechen. Darin liegt Glück: „Deinen Willen zu tun, mein Gott, macht mir Freude." (Ps 40, 9)

4.2 „Die Wahrheit wird euch frei machen" (Joh 8, 32)

Schuldgefühle sind sehr unangenehm. Meist mindern sie das eigene Selbstwertgefühl: Man fühlt sich weniger wert, fürchtet vielleicht Strafe oder Ablehnung. Der Schmerz der Reue für das Getane kann einen quälen. Sich-schuldig-Fühlen kann auch einen Aspekt von Scham beinhalten, was noch unangenehmer ist: Ein Gefühl der völligen Herabwürdigung und Unzulänglichkeit als Person insgesamt, verbunden mit der Angst vor Missachtung und dem Wunsch zu verschwinden.

Was Wunder, wenn es eine starke Tendenz gibt, Schuldgefühle loszuwerden. Darin ist die menschliche Seele sehr erfinderisch. Teils bewusste und unbewusste Abwehrmechanismen drängen unerwünschte Empfindungen zurück und schützen das Selbstwertgefühl, sie nähren die Illusion, gerecht zu sein. Die Tendenz zur Schuldverleug-

---

[18] Vgl. dazu DEMMER (wie Anm. 3), 50, 54–57.
[19] GÖRRES (wie Anm. 4), 439.

nung oder -verdrängung findet sich allerorten. Zum Beispiel in der Neigung, die Schuld abzuwälzen auf andere, auf die Verhältnisse, auf die Gesellschaft. Oder indem man auf den möglichen eigenen Anteil von vornherein schon gar nicht so genau schaut. Oder das findige Konstruieren von „guten Gründen", warum man etwas getan hat (in der Fachsprache „Rationalisierung" genannt). Oder indem man eigene schlechte Seiten bei jemand anders sieht und sie dort kritisiert oder bekämpft („Projektion", am deutlichsten beim Finden eines „Sündenbocks"). Oder indem man sich in den eigenen (vermeintlichen?) Stärken mit anderen vergleicht, um als Sieger und als „besser" aus dem Vergleich hervorzugehen (Versuchung des Pharisäismus, wie z.B. in Lk 18 von Jesus beschrieben). Oder im gefährlichen Traum von Unfehlbarkeit und Perfektion, wo man genauestens versucht, vor allem nichts falsch zu machen und alle Regeln zu befolgen (Versuchung der Skrupulosität). – Noch vieles könnte man hier nennen. Und es ist wohl eine persönliche Aufgabe, die eigenen Täuschungsmanöver und Wahrnehmungsstörungen nach und nach zu entdecken und zu überwinden. Denn sie mindern die Wahrhaftigkeit. Und sie mindern (oder verhindern) so die Erfahrung der Barmherzigkeit Gottes.

„Die Wahrheit wird euch frei machen": Das ist zunächst und vor allem die Wahrheit des Evangeliums Jesu Christi. Aber dann auch die Wahrheit des eigenen Lebens. Sich ihr zu stellen, und sich damit vor Gott hinzustellen, ist befreiend. Denn daraus wird die befreiende Zuversicht: Man darf „sich selbst bejahen als bejaht", von Gott selbst nämlich, als grundsätzlich gut. Der Mensch darf wissen: Ich bin von Gott angenommen, so wie ich bin. Das heißt jedoch, auch mit den eigenen Entwicklungsmöglichkeiten. Ich bin nicht dazu verdammt, einfach genau so zu bleiben, wie ich jetzt bin. Der Mensch ist lebenslang zum Wachsen berufen, wie der „Baum an Wasserbächen, der zur rechten Zeit seine Frucht bringt" (Ps 1).

Freilich gibt es tief sitzende Probleme und Charakterfehler, die man bei aller Bemühung einfach nicht los wird. Dazu eine bleibend ehrliche und trotzdem gedeihliche Haltung zu finden, ist nicht einfach. Albert Görres ermutigt: „Wir alle haben schwere Fehler, die wir erst mit unserem Tode begraben. Sie sollen kein Hindernis unserer Hoffnung sein."[20]

---

[20] GÖRRES (wie Anm. 4), 432.

4.3 Gespräch, Verkündigung, Feier:
heilsame Begegnungen, heilsame Aktualisierung

Vielleicht ist die erste Bemerkung eine Binsenweisheit: Wir müssen bedenken, dass wir verschiedene Generationen vor uns haben, die komplett unterschiedlich geprägt sind, was Schuld, Sünde, Gewissen, Beichte usw. angeht. Die persönliche und kirchliche Geschichte hat Spuren hinterlassen, auf die wir jeweils in geeigneter Weise eingehen müssen (im Gespräch, aber auch in der gottesdienstlichen oder sonstigen Verkündigung!).

In einem beratenden Gespräch (auch einem Beichtgespräch) ist es wichtig, die Schuldgefühle des Gegenübers immer ernst zu nehmen, selbst wenn sie verzerrt oder übertrieben scheinen.[21] Man wird sie nie einfach „herunterspielen" oder bagatellisieren, nur beschwichtigend zureden oder sie jemand „ausreden" wollen. Das wird erstens nicht dauerhaft helfen, und zweitens wird die darunter leidende Person unter Umständen das Gefühl bekommen, sie werde nicht richtig ernst genommen und nicht wirklich verstanden. Unsere Gefühle (auch Schuldgefühle) sind als subjektives Empfinden immer berechtigt. Auch dann, wenn ihre Einschätzung der objektiven Situation nicht immer ganz richtig sind.

Des Öfteren wird es geraten sein, behutsam nach den wahren Quellen dieser Gefühle zu suchen, die wirklichen seelischen Konfliktherde zu identifizieren, anstatt sich – bildlich gesprochen – nur mit „Nebenkriegsschauplätzen" herumzuschlagen. Und es kann dazu hilfreich sein, ein Gewissensurteil vorsichtig zu hinterfragen.

Für die Gesprächshaltung und -methode gilt dabei alles, was auch sonst für die Begleitung von leidenden Mitmenschen zu beachten ist. Zumal in diesem intimen Bereich von Schuld und Scham Menschen sehr verletzlich sind. Die Angst, ausgefragt oder verurteilt oder verabscheut zu werden, ist oft groß. Deshalb ist auch der angemessene erste Schritt oft der, dass man fragt, ob man zu einer genannten Sache etwas fragen oder sagen darf. Der Psychotherapeut Lorenz Wachinger nennt auch folgenden Punkt: „In jeder Begegnung mit einem sich oder andere Beschuldigenden schwingt ein Anteil von eigener emotionaler Reaktion mit, der leicht übersehen wird; er ist aber wichtig, damit ich nicht auf die / den anderen gaffe wie ein Voyeur, was ihm den Mund verschließen würde, sondern mein eigenes ‚Sünder-sein' mitbedenke."[22]

Insgesamt soll eine verstehenwollende, wertschätzende und soli-

---

[21] Vgl. dazu RAUCHFLEISCH (wie Anm. 10), 361–364.
[22] WACHINGER (wie Anm. 3), 40 f.

darische Haltung spürbar werden, mit der ich einem unter Schuld und Schuldgefühlen leidenden Menschen als Mitmensch begegne. Der andere soll sich nicht alleingelassen fühlen und in solch einem positiven Klima den unvermeidlichen Schmerz und die nötige Trauer zulassen können. Man könnte wohl sagen, dass nicht nur die sakramentale Feier der Versöhnung, sondern alle Liturgie eine heilsame *menschliche* Dimension und eine heilsame *göttliche* Dimension beinhalten kann und soll. Die Aktualisierung der uns in Jesus Christus geschenkten Erlösung ist etwas, das rein menschliche Schuldbewältigung unendlich übersteigt. Wie gut ist es, wenn Liturgie Menschen hilft, ehrlich und ganz vor Gott zu sein, und in der Feier, in Worten und Zeichen, in Kunst und Musik dem wirklichen Gott und seiner Liebe zu begegnen.

4.4 Ein Blick auf Kinder und Jugendliche

An dieser Stelle nur ein paar kurze und unsystematische Gedanken zu diesem Bereich:

Es scheint wichtig, in der Versöhnungspastoral Güte und Klarheit miteinander zu verbinden. Bei Erstkommunionkindern etwa ist zu erleben, dass Kindern eine klare Sprache hilft. Zum Beispiel, dass man im Rahmen einer Hilfe zur Gewissenserforschung nicht (vermeintlich „pastoral einfühlsam") sagt „Was ist nicht so gut gelaufen? Was war nicht so gut?" (da kommt den Kindern allerlei, was schwierig oder traurig war), sondern deutlich auf die moralische Dimension bezogen: „Was war gemein, fies, rücksichtslos? Wo hätte ich jemand helfen oder etwas tun sollen und habe es nicht getan?" etc. Man darf auch bei Kindern noch nicht zu viel Abstraktionsfähigkeit voraussetzen (was bei Jugendlichen anders ist), sondern muss ziemlich konkret die Dinge ansprechen. Möglicherweise gibt es auch heute generell zu wenige konkrete Maßstäbe für richtiges Verhalten – wie es früher wohl eher zu viele gab.

Gleichzeitig ist es wichtig, Kindern und Heranwachsenden eine Erfahrung von menschlicher und göttlicher Güte zu ermöglichen. In der Vorbereitung auf die Erstbeichte etwa ist es gut, die oft vorhandenen Ängste direkt anzusprechen: dass man jetzt die Beichte selber nicht gut hinbekommt, dass man wegen seiner Schuld geschimpft wird, dass der Pfarrer einen später komisch anschaut oder schlecht von einem denkt usw. Da ist es hilfreich, in Wort und Art etwas zu vermitteln von dem Schutzraum, den das Sakrament der Versöhnung mit dem Beichtgeheimnis gewährt, dass Gott uns einlädt, ganz ehrlich vor uns selber und vor ihm zu sein, und dass er ganz liebevoll mit uns umgeht.

4.5 Mit Schuld und Schuldzuweisungen umgehen:
Scherben, Konflikte, Versöhnung

Durch Schuld entstehen Schaden, Verletzung, Enttäuschung. Manches kann und muss man wiedergutmachen oder nachholen. Auch die Beichte ist dafür keine „Ersatzhandlung". Andererseits gibt es natürlich Dinge, die nicht rückgängig zu machen sind. Manche Scherben lassen sich nicht wieder zusammenfügen. Aber selbst irreparabler Schaden soll nicht einfach zu „lebenslänglicher" Verurteilung und gnadenloser Hypothek werden. Gerade auch da sollen wir fördern, dass man diese Scherben abgeben kann und darf, dass wir sie der schöpferischen und heilsamen Gnade Gottes anvertrauen dürfen.

Eigene oder fremde Schuld hinterlässt manchmal bleibende Wunden oder Narben. Versöhnt leben bedeutet, dass man diese akzeptieren und damit leben lernt. Das kann ein langer und schwieriger Prozess sein, der an Schmerz, Trauer und Wut nicht vorbeikommt. Manchmal betrifft solche Versöhnung Menschen, die nicht oder nicht mehr erreichbar sind, die vielleicht schon gar nicht mehr leben. Gerade auch hier erschließt der Glaube Möglichkeiten des Kontaktes und der Versöhnung, die außerhalb vom Raum Gottes schwerer zustande kommen.

Schuld belastet Beziehungen, sie schafft oder verstärkt Konflikte. Reue allein genügt zur Lösung nicht, es braucht auch die Bitte um Verzeihung und die zwischenmenschliche Vergebung. Liturgie und Pastoral können auf vielfache Weise die Versöhnungsbereitschaft fördern (z. B. durch die Erfahrung, selber Vergebung geschenkt zu bekommen). – Sie können und sollen auch dort helfen, wo menschliche Vergebung nicht gewährt wird (weil vielleicht jemand noch nicht so weit ist), oder wo zu Unrecht Schuldzuweisungen im Raum stehen, die ein empfindliches Gewissen belasten und ins Zweifeln bringen können. Schuldzuweisungen sind ja durchaus eine beliebte und effiziente Waffe, mit der man viel Druck ausüben, sich rächen oder jemand an sich binden kann (etwa in der Form: „Du bist schuld, dass es mir so schlecht geht!" Oder „Weil du zu wenig tust, geht's mir nicht besser!"). Seelsorge kann unter Umständen dabei helfen, in solche Verstrickungen Licht zu bringen.

4.6 „Erfahrung des Heils" (Lk 1,77):
Mit dem versöhnten und versöhnlichen Gott in Kontakt kommen

Die Kirche soll dazu beitragen, dass Menschen ahnen, hören und erfahren können, dass Gott bereits mit ihnen versöhnt ist, dass er nicht erst mühsam dazu bewegt werden muss. „Ja, Gott war es, der in Christus die Welt mit sich versöhnt hat, indem er den Menschen ihre Verfehlungen nicht anrechnete und uns das Wort von der Versöhnung (zur Verkündigung) anvertraute." (2 Kor 5,19) Die Schuld ist bereits „bezahlt": „Gott aber hat euch mit Christus zusammen lebendig gemacht und uns alle Sünden vergeben. Er hat den Schuldschein, der gegen uns sprach, durchgestrichen und seine Forderungen, die uns anklagten, aufgehoben. Er hat ihn dadurch getilgt, dass er ihn an das Kreuz geheftet hat." (Kol 2,13b-14)

Darin steckt alles, was wir suchen und brauchen: Die Erfahrung des Heils.

5. Abschließende Gedanken

Sich selbst als vergebungsbedürftig akzeptieren ist eines. Es verletzt den eigenen Stolz. Vergebung annehmen ist ein anderes. Und bedarf auch der Bereitschaft, sich selbst zu vergeben. Dass Schuldgefühle und Schamgefühle dabei eine zentrale Rolle spielen, dürfte deutlich geworden sein. Dass ihre Bewältigung hohe seelsorgliche Kunst verlangt, wohl auch. Wie gut, dass uns Gottes Gnade dabei nicht allein lässt.

Aus dem Bewusstsein, ein von Gott geliebter Sünder zu sein, kann tiefe Dankbarkeit erwachsen und eine Versöhntheit, die ausstrahlt.

Literaturhinweise

Amadeo CENCINI, *Vivere riconciliati. Aspetti psicologici,* Bologna 1985 u. ö.

Klaus DEMMER, *Das vergessene Sakrament. Umkehr und Buße in der Kirche,* Paderborn 2005

Albert GÖRRES, *Schuld und Schuldgefühle,* in: *Internat. kath. Zeitschrift „Communio"* 13 (1984), 430–443

Helen B. LEWIS, *Shame and Guilt in Neurosis,* New York 1971

Aaron B. MURRAY-SWANK – Kelly M. MCCONNELL – Kenneth I. PARGAMENT, *Understanding spiritual confession: A review and theoretical synthesis,* in: Mental Health, Religion & Culture 10 (2007), 275–291.

Udo RAUCHFLEISCH, *Pastoralpsychologische Überlegungen zur Bewältigung von Schuld,* in: Isidor BAUMGARTNER (Hg.), Handbuch der Pastoralpsychologie, Regensburg 1990, 349–365.

June Price TANGNEY – Jeff STUEWIG – Debra J. MASHEK, *Moral Emotions and Moral Behavior,* in: Annual Review of Psychology 58 (2007), 345–72.

Rebecca THOMAS – Stephen PARKER, *Toward A Theological Understanding of Shame,* in: Journal of Psychology and Christianity 23 (2004), 176–182.

Lorenz WACHINGER, *Schuldig-geworden-sein, Schuldgefühle: Abwehr, Trauerarbeit und Versöhnung aus psychotherapeutischer Sicht,* in: Heiliger Dienst 59 (2005), 32–41.

Heribert WAHL, *Schuld und Schuldgefühle. Psycho-theologische Aspekte,* in: Diakonia 37 (2006), 110–115.

Wesen und Auftrag
der sogenannten Bußfeier

Ewald Volgger OT

0. Einleitung

Zur Themenstellung

Die Krise des Sakramentes der Versöhnung für Einzelne, die Gründe dieser Krise und deren Zusammenhänge sowie der Hinweis in „Die Feier der Buße", dass in Hinblick auf eine definitive Ausgabe des Rituale Erfahrungen gesammelt werden sollen, um entsprechende Anpassungen vornehmen zu können, haben mich bewegt, mich diesem Thema verstärkt zuzuwenden. Seit vielen Jahren stehe ich in einer intensiven theologischen und praktischen Auseinandersetzung, die von Pfarrern und verantwortlichen Frauen und Männern in Pfarrgemeinden mitgetragen wird und zu vielen pastoralliturgischen Veranstaltungen geführt hat.

Die Auseinandersetzung geschieht vor allem auf dem Hintergrund der Bußgeschichte, der Theologie, der Psychologie und der Verhaltensforschung, der Pastoraltheologie um Buße und Umkehr und den liturgischen Voraussetzungen für eine sinnvolle Praxis angesichts der Krise des Sakramentes der Versöhnung für Einzelne. Es ist vorauszuschicken, dass das eigentliche Versöhnungssakrament die Initiation bzw. die Taufe ist, die in der Feier der Osternacht ihre Aufgipfelung erfährt. Der sakramentale Weg durch die Vierzig-Tage-Zeit und die entsprechenden Feiern sind auch für den Weg der Umkehr und der Versöhnung von Bedeutung. Weiters ist an die Tatsache zu erinnern, dass sich kein anderer sakramentaler Vollzug der Kirche so verändert hat im Laufe der Geschichte wie das Versöhnungssakrament.

1. Der Impuls auf dem Zweiten Vatikanischen Konzil

Auf dem Zweiten Vatikanischen Konzil wurde mit *Sacrosanctum Concilium* Nr. 72 ein kurzer und prägnanter Wunsch ausgesprochen, der lediglich die Zielrichtung der Erneuerung des Bußsakramentes angab: „Ritus und Formeln des Bußsakramentes sollen so revidiert werden, dass sie Natur und Wirkung des Sakramentes deutlicher ausdrücken."[1] Vorausgegangen war in den Fünfzigerjahren eine theologische Auseinandersetzung um Inhalt und Gestalt des Bußsakramentes.[2] Jungmann, der sich bereits lange vor dem Konzil mit der Bußgeschichte ausführlich beschäftigte,[3] weiß in seinem Kommentar zur Liturgiekonstitution zu bemerken, dass die Buße das einzige Sakrament war, für das im ersten Entwurf der Praeparatoria (August 1961) noch kein Reformvorschlag vorgesehen war. Die beauftragte Kommission war indes der Meinung, dass eine Überprüfung auch hier nicht fehlen dürfe. Auf dem Konzil ist ein Teil der Konzilsväter davon ausgegangen, dass das Bußsakrament keine Veränderung bräuchte, von vielen Vätern wurde allerdings gefordert, dass die Handauflegung nicht dem Verfall preisgegeben werde und dass die Möglichkeit zur Generalabsolution gegeben sein sollte, vor allem für priesterarme Diözesen und bei großem Andrang des Volkes.[4]

2. Die Studiengruppe und die Vorbereitungsarbeiten für den *Ordo paenitentiae* 1973

Angeregt durch die Vorgabe und Wegweisung der Konzilsväter hat eine eigene Studiengruppe seit 1966 die Probleme, die mit dem Bußsakrament zusammenhängen, aufgegriffen und zu bearbeiten begonnen.[5] Die vorausgegangenen Untersuchungen auf dem europäischen, amerikanischen, australischen und afrikanischen Kontinent zeigten

---

[1] Vgl. *Die Konstitution des Zweiten Vatikanischen Konzils über die heilige Liturgie*. Lateinisch-deutscher Text mit einem Kommentar von Emil Joseph LENGELING (Reihe Lebendiger Gottesdienst 5/6), Münster 1964, 153, Nr. 72.
[2] Vgl. dazu Karl RAHNER, *Vergessene Wahrheiten über das Bußsakrament*, in: Schriften zur Theologie II, Einsiedeln 4. Aufl. 1960, 143–183; DERS., *Beichtprobleme*, in: Schriften zur Theologie III, Einsiedeln 1956, 227–245; DERS., *Das Sakrament der Buße als Wiederversöhnung mit der Kirche*, in: Schriften zur Theologie VIII, Einsiedeln 1967, 447–471.
[3] Vgl. Josef Andreas JUNGMANN, *Die lateinischen Bußriten in ihrer geschichtlichen Entwicklung* (Forschungen zur Geschichte des innerkirchlichen Lebens 3/4), Innsbruck 1932.
[4] Vgl. Constitutio de sacra liturgia – Konstitution über die heilige Liturgie. Deutsche Übersetzung herausgegeben im Auftrag der deutschen, österreichischen und schweizerischen Bischöfe von den Liturgischen Kommissionen der Bischofskonferenzen Deutschlands, Österreichs und der Schweiz, verbesserte Fassung. Vorwort von Prälat Dr. Johannes WAGNER, Trier, Einleitung und Kommentar von Univ.-Prof. Dr. Josef Andreas JUNGMANN SJ, Innsbruck, im Auftrag des Liturgischen Instituts in Trier, in: LThK E. 12 (1966), 69.
[5] Vgl. dazu Annibale BUGNINI, *Die Liturgiereform 1948 – 1975. Zeugnis und Testament*. Deutsche Ausgabe herausgegeben von Dr. Johannes WAGNER unter Mitarbeit von François RAAS, Freiburg 1988, 697–716.

eine „fortschreitende Abneigung gegen das Bußsakrament und den Wunsch, es möge ihm Vitalität zurückgegeben werden durch eine weniger mechanische und formale Praxis, indem der soziale und der Gemeinschaftsaspekt der Sünde und der Versöhnung verdeutlicht würden. Man wünschte, dass der Einzelritus ergänzt werde durch die Möglichkeit einer gemeinschaftlichen Feier."[6] Drei Akzentuierungen wurden aus den Unterlagen des Konzils erarbeitet, die für die Neuerarbeitung des Bußritus von Bedeutung waren: 1. Sünde ist immer zugleich eine Beleidigung Gottes und ein Vergehen an der Kirche; 2. die sakramentale Versöhnung geschieht mit Gott und der Kirche; 3. die ganze christliche Gemeinde trägt mit zur Bekehrung der Sünder bei, womit der ekklesiale und soziale Aspekt der Sünde und der Versöhnung wieder deutlicher sichtbar werde. Bezüglich der sakramentalen Formel wurde angeregt, zur älteren „deprekativen Form zurückzukehren, bei der auch ausdrücklicher das Tun Gottes und Christi sichtbar wird"[7]. Es wurde die Möglichkeit ins Auge gefasst, für eine Gruppe einen Wortgottesdienst zu gestalten, der die Pönitenten vorbereitet und am Ende eine gemeinschaftliche Danksagung enthält[8]. Die diesbezüglich und gleichzeitig erschienenen Stellungnahmen und Vorschläge von Bischöfen und Bischofskonferenzen[9] brachten Druck in die Klärung dieser Fragestellung. Die daraufhin von der Gottesdienstkongregation vorgeschlagene Form der Bußfeiern wurde von der Glaubenskongregation zunächst sehr kritisch bewertet. Die Gottesdienstkongregation jedoch bestand auf die Einbindung dieser neuen Form, woraufhin sich auch der Papst dafür aussprach, Vorschläge für die Bußfeiern als Anhang in die *Editio typica* beizufügen. Die Glaubenskongregation stellte dazu am 22. November 1973 fest, dass „deutlich der Unterschied klargestellt werden solle zwischen der Feier des Bußsakramentes und den Buß-

---

[6] BUGNINI, Liturgiereform (wie Anm. 5), 697–698.
[7] Vgl. BUGNINI, Liturgiereform (wie Anm. 5), 700.
[8] Vgl. BUGNINI. Liturgiereform (wie Anm. 5), 702.
[9] Vgl. *Pastoralschreiben* der Schweizer Bischofskonferenz über Buße und Beichte 1970, Olten 1970. Dazu als Beispiel das Vorwort des Präsidenten der Schweizerischen Bischofskonferenz, Bischof Nestor ADAM vom 5. November 1970: „Die bisherige Beichtpraxis der Kirche beschäftigte in letzter Zeit weite Kreise von Klerus und Volk. Aus diesem Grunde erachtete es die Bischofskonferenz als ihre Pflicht, die Gläubigen in dieser so wichtigen Frage aufzuklären; sie beauftragte die Theologische Kommission der Schweiz, dieses Problem eingehend zu studieren. Das Ergebnis dieser gewissenhaften Arbeit liegt nun vor. Die Bischofskonferenz dankt allen Theologen und Mitarbeitern der vorliegenden Schrift bestens. Sie übergibt dieses Pastoralschreiben Klerus und Volk in der Hoffnung, so einem wirklichen Bedürfnis der gegenwärtigen Zeit entsprochen zu haben. Mögen diese Überlegungen allen Menschen guten Willens Licht und Frieden bringen und sie im Sakrament der Buße den authentischen und so greifbaren Ausdruck der göttlichen Liebe erleben lassen."

andachten, die keinen sakramentalen Charakter haben. Sie verlangte, es solle nicht mehr eine eventuelle Spendung des Sakramentes in Verbindung mit der Bußandacht erwähnt werden. Sie schlug vor, in den Bußakten und in den Wechselgebeten einige ganz konkrete Zusätze einzuarbeiten. Obendrein sollten am Ende einer jeden Form ein paar Augenblicke der Stille eingehalten werden, nachdem der Zelebrant die Anwesenden ermahnt hat, sich an die anderen persönlichen Sünden zu erinnern. Nach dieser Pause [sic!] folgen eine letzte Bitte um Gottes Barmherzigkeit und ein Schlussgebet."[10]

Diese Wünsche wurden eingearbeitet, die Glaubenskongregation gab am 10. Dezember 1973 ihr endgültiges „Nihil obstat", das Staatssekretariat teilte am 19. Dezember 1973 dieses Ergebnis dem Heiligen Vater mit und mit Dekret der Gottesdienstkongregation vom 2. Dezember 1973 erfolgte die Veröffentlichung des neuen Bußordo in lateinischer Sprache.

3. Die Feier der Buße 1974

Mit der Veröffentlichung des *Ordo paenitentiae* am ersten Adventsonntag 1973 war die Voraussetzung gegeben für die Übersetzung der *Editio typica* in die liturgischen Volkssprachen. Unter dem Titel „Die Feier der Buße" wurde die von der *Internationalen Arbeitsgemeinschaft der Liturgischen Kommissionen im deutschen Sprachgebiet* (IAG) vorgelegte deutsche Übersetzung mit der Gutheißung der zuständigen Bischofskonferenzen und (Erz-)Bischöfe als „Studienausgabe" und als Manuskriptdruck veröffentlicht, „damit für die definitive Ausgabe und die darin vorzusehenden Anpassungen Erfahrungen gesammelt werden können. Dabei sind namentlich in Bezug auf die sakramentale Generalabsolution die für den jeweiligen Jurisdiktionsbezirk einschlägigen Bestimmungen der Bischofskonferenzen zu beachten."[11]

Hier ist zunächst nochmals deutlich hervorzuheben, dass es sich bei der deutschen Ausgabe um eine Studienausgabe in Manuskriptform handelt mit dem Ziel, den in Nr. 32, 38 und 39 angeführten Punkten bezüglich Generalabsolution und der notwendigen sowie möglichen pastoralen Anpassung an das deutsche Sprachgebiet zu entsprechen. Demnach stellt die aktuelle deutsche Ausgabe ledig-

---

[10] BUGNINI, Liturgierefom (wie Anm. 5), 709–710.
[11] *Die Feier der Buße. Nach dem neuen Rituale Romanum.* Studienausgabe, herausgegeben von den Liturgischen Instituten Salzburg, Trier, Zürich (Pastoralliturgische Reihe in Verbindung mit der Zeitschrift „Gottesdienst"), Freiburg im Breisgau 1974, 4.

lich eine Übersetzung der *Editio typica* dar. Pastorale Erfahrungen
und notwendige Anpassungen sollten später eingearbeitet werden.
Dies ist bis dato noch nicht geschehen.

Die Feier der Buße 1974 enthält
a) das römische Promulgationsdekret
b) die Pastorale Einführung
c) im ersten Kapitel *Die Feier der Versöhnung für Einzelne*
d) im zweiten Kapitel die *Gemeinschaftliche Feier der Versöhnung
mit Bekenntnis und Lossprechung der Einzelnen*
e) im dritten Kapitel die *Gemeinschaftliche Feier der Versöhnung
mit allgemeinem Bekenntnis und Generalabsolution.* Dazu hatte
die deutsche Bischofskonferenz am 16.6.1972 erklärt, es liege
für den Bereich der Bischofskonferenz nicht der notwendige
schwerwiegende Fall vor, so dass „die von den Richtlinien für die
sakramentale Generalabsolution vorausgesetzten Bedingungen
nicht gegeben"[12] sind. Mit derselben Begründung lehnte auch die
österreichische Bischofskonferenz diese Form ab.[13] Damit ist diese
dritte vorgeschlagene Form nicht praktizierbar. Vorausgegangen
waren diesbezügliche Richtlinien über die Generalabsolution
durch die Glaubenskongregation vom Juni 1972.[14] Anders die
Schweizer Bischofskonferenz, die neben dem Hinweis auf die Bedeutung des Einzelsakraments mit sakramentaler Lossprechung
auch darauf hinwies, dass diese dritte Form praktiziert werden
könne, wenn die schwerwiegende Notwendigkeit eintritt, wie sie
sich z. B. in der Vorbereitungszeit auf Weihnachten und Ostern ergibt. Dies zu beurteilen sei Sache des Pfarrers oder eines *rector
ecclesiae.*[15] Diese Positionen liturgischen Rechts bestanden bis ins
heurige Jahr.[16] Bereits im Dezember 2007 hatten die Schweizer Bischöfe in einem Hirtenschreiben „Impulse zur Erneuerung der
Einzelbeichte im Rahmen der Bußpastoral"[17] darauf hingewiesen,
dass gemäß des Apostolischen Schreibens Papst Johannes Paul II.
Misericordia Dei die Normen für die liturgische Bußpraxis zu ak-

---

[12] Vgl. *Erklärung der Deutschen Bischofskonferenz zu den „Seelsorglichen Richtlini-
en" der Römischen Glaubenskongregation vom 16.6.1972 zur „Erteilung der sakramentalen Generalabsolution",* in: Hans Bernhard Meyer – Josef Steiner, Einzelbeichte. Generalabsolution. Bußgottesdienst. Sinn und Praxis der neuen Bußordnung,
Tyrolia, Innsbruck 1975, 101–104.
[13] Vgl. Meyer – Steiner (wie Anm. 12), 104–107.
[14] Vgl. Meyer – Steiner (wie Anm. 12), 92–101.
[15] Vgl. Meyer – Steiner (wie Anm. 12), 108–117.
[16] Vgl. CIC, can. 961 § 1; can. 962 § 1 – 2; *Katechismus der Katholischen Kirche,*
R. Oldenbourg Verlag, München – Libreria Editrice Vaticana 1993, Nr. 1483 – 1484.
[17] http://www.sbk-ces-cvs.ch/ressourcen/download/20071206083250.pdf – Stand
2009–07–07.

tualisieren seien. Am 1. Januar 2009 dekretierte die Schweizer Bischofskonferenz die Revision der Partikularnormen zu can. 961 CIC 1983 und stellte fest, dass „die Bußfeier mit Generalabsolution nicht eine der ordentlichen Formen des Empfangs des Sakramentes der Versöhnung, sondern den Charakter einer Ausnahme [darstellt]", um schließlich deutlich festzuhalten: „Das persönliche und vollständige Bekenntnis und die Absolution bilden den einzigen ordentlichen Weg, auf dem ein Gläubiger, der sich einer schweren Sünde bewusst ist, mit Gott und der Kirche versöhnt wird (can. 960)."[18] Die Generalabsolution darf daher auch in der Schweiz nunmehr lediglich bei drohender Todesgefahr (can. 961 § 1, 1) erteilt werden.

f) Im Anhang I ist eine *Lossprechung von Kirchenstrafen* vorgesehen g) und im Anhang II sind, so wie es gewünscht worden war, die *Modelle für Bußgottesdienste*. Diese Modelle waren von der Kongregation für den Gottesdienst erarbeitet worden und verstehen sich als Hilfe für diejenigen, die Bußgottesdienste ausarbeiten und gestalten.[19]

a) Das Wesen der Bußgottesdienste

Was wird mit den Bußgottesdiensten intendiert? Bußgottesdienste verfolgen das Ziel, „das Volk zu versammeln, um das Wort Gottes zu hören, das zur Umkehr und zur Erneuerung des Lebens ruft und die Erlösung von der Sünde durch den Tod und die Auferstehung Christi verkündet."[20]

Obwohl eigens darauf geachtet werden soll, dass diese Gottesdienste nicht mit der Feier des Einzelsakramentes verwechselt werden, sind sie „sehr nützlich zur Bekehrung und zur Reinigung des Herzens"[21]. Es wird ihnen die vorbereitende Dimension auf die Feier des Sakramentes zugesprochen, „denn sie helfen zur Erweckung vollkommener Reue, durch die die Gläubigen ... Gnade bei Gott erlangen". Sie sind zudem von großem Nutzen dort, wo kein Priester zur sakramentalen Lossprechung zur Verfügung steht. Der Wert der Bußgottesdienste liegt nämlich des Weiteren darin, den Geist der Buße in den christlichen Gemeinden zu fördern; den Gläubigen bei der Vorbereitung des Bekenntnisses zu helfen, das dann jeder später zu

---

[18] http://www.sbk-ces-cvs.ch/ressourcen/download/20090114083404.pdf – Stand 2009–07–07.
[19] Vgl. *Die Feier der Buße* (wie Anm. 11), 91; vgl. auch BUGNINI (wie Anm. 5), 714–715; Rupert BERGER, *Neues Pastoralliturgisches Handlexikon*, Freiburg 1999, 83.
[20] *Die Feier der Buße* (wie Anm. 11), 26: Pastorale Einführung, Nr. 36.
[21] Vgl. *Die Feier der Buße* (wie Anm. 11), 26: Pastorale Einführung, Nr. 37.

gegebener Zeit ablegen kann; die Kinder so zu erziehen, dass ihnen die Bedeutung der Sünde im menschlichen Leben und die Befreiung von der Sünde durch Christus schrittweise bewusst werden, und den Katechumenen auf dem Weg der Bekehrung zu helfen. Bei der Gestaltung der Gottesdienste sollen die Lebensumstände der Mitfeiernden, die Sprechgewohnheiten und die Fassungskraft der Versammelten berücksichtigt werden.[22]

b) Der Aufbau eines Bußgottesdienstes

Für die Gestaltung des Bußgottesdienstes wird vorgeschlagen, sich an den Prinzipien eines Wortgottesdienstes zu orientieren und das Beispiel der *Gemeinschaftlichen Feier der Versöhnung* im Auge zu haben. Nach der Eröffnung mit den klassischen Elementen Gesang, Begrüßung und Gebet folgen die Lesung aus der Heiligen Schrift mit passendem Antwortgesang sowie die Homilie mit deren Anwendung auf das Leben und dem Impuls zu Umkehr und Sündenerkenntnis. Anschließend solle die Versammlung beten und das Vaterunser sprechen. Das Schlussgebet und die Entlassung schließen die Feier.[23] Vorgesehen sind Bußgottesdienste vor allem für die Fastenzeit und die Adventzeit. Geleitet werden können solche Bußgottesdienste auch von Laien.[24]

4. Einige Überlegungen zur Versöhnungspraxis der Kirche

Es ist nun nicht Aufgabe des Liturgiewissenschaftlers, den pastoraltheologischen und moraltheologischen Fragestellungen nachzugehen, warum Christen und Christinnen heute den Zugang zum Einzelsakrament nur mehr vereinzelt wahrnehmen. Aber die Analysen innerhalb dieser Disziplinen sind wichtig. Zusätzlich ist die Beobachtung zu nennen, dass die *Andachtsbeichte*, die nicht aufgrund schwerer Sünde, sondern zur Pflege der persönlichen Spiritualität (Frömmigkeitsübung) den sakramentalen Vollzug sucht, häufiger in

---

[22] Vgl. *Die Feier der Buße* (wie Anm. 11), 91.

[23] Vgl. *Die Feier der Buße* (wie Anm. 11), 26: Pastorale Einführung, Nr. 36; vgl. MEYER – STEINER (wie Anm. 12), 72–74; Franz NIKOLASCH, *Die Feier der Buße. Theologie und Liturgie* (Pastorale Handreichungen 8), Würzburg 1974.

[24] Vgl. *Zum gemeinsamen Dienst berufen*: Die Leitung gottesdienstlicher Feiern – Rahmenordnung für die Zusammenarbeit von Priestern, Diakonen und Laien im Bereich der Liturgie, 8. Januar 1999 (Die deutschen Bischöfe 62), herausgegeben vom Sekretariat der Deutschen Bischofskonferenz, Bonn 1999, Nr. 52; vgl. auch das Dekret zu can. 961 CIC 1983 der Schweizer Bischofskonferenz: http://www.sbk-ces-cvs.ch/ressourcen/download/20090114083404.pdf (Stand 2009–07–07).

Anspruch genommen wird als *die Feier der Versöhnung für Einzelne,* wo schwere Schuld vorliegt und die sakramentale Versöhnung notwendig und verpflichtend ist. Es gibt eine nicht geringe Anzahl von katholischen Christinnen und Christen, die sich in schwerer Schuld verstrickt erfahren und den Versöhnungsweg der Kirche nicht mehr wahrnehmen, weil sie sich für das traditionelle Bußinstitut in Gestalt der Beichte nicht entscheiden können. Das ist nicht nur eine Anfrage an die betroffenen Frauen und Männer, sondern auch an die Kirchenleitung, die sich prüfen lassen muss, ob die für die Versöhnung zur Verfügung stehenden Mittel taugen und ob Bedingungen und Formen geeignet sind, damit Wiedereingliederung *(reconciliatio)* gestaltet werden und gelingen kann.

Hinzu kommt die unsichere Haltung bezüglich Sündenerkenntnis und Sündenbewusstsein. Die Unterscheidung zwischen der lässlichen bzw. leichten Sünde und der schweren bzw. Todsünde ist vielen nicht deutlich genug. Bei ersterer werden die Taufberufung und die Grundorientierung christlichen Lebens nicht aufgegeben; solche Sünden verpflichten nicht auf das Einzelsakrament. Die Todsünde nimmt faktisch und objektiv die Taufentscheidung zurück und beansprucht darum den Weg des Versöhnungssakramentes.[25] Zudem ist zu sagen, dass viele Menschen, die sich der schweren Schuld in ihrem Leben stellen, auch Begleitung brauchen und suchen, die sie in der Kirche oft nicht finden. Die Erfahrungen, die Menschen in verschiedenen therapeutischen und lebensberatenden Einrichtungen machen, stärken bei vielen das Bewusstsein, dass dort eine bessere Hilfe zur Lebens- und Schuldbewältigung zu bekommen sei.

Die Umkehr im christlichen Leben darf nicht losgelöst gesehen werden von der Taufberufung. Nun ist aber gerade die Taufberufung kaum im Bewusstsein, da Katechumenat und Taufentscheidung sowie die Taufe selbst mit der Vergebung sämtlicher Sünden[26] eine immer noch marginale Bedeutung haben aufgrund der Praxis der Kindertaufe. Das ist auch eine Anfrage an die Sozialgestalt der Kirche, in der die Identifikation der Christen und Christinnen mit ihrer Kirche nicht deutlich genug zum Tragen kommt. Aufgrund dieser fehlenden Identifikation mit der Kirche und des Schwundes an Glaubensüberzeugung, dass Sündenvergebung von Gott her ein wesentliches Geschenk im Leben ist, schwindet die Inanspruchnahme des Umkehrsakramentes ständig. Neben Katechumenat und Taufe als Um-

---

[25] Vgl. *Umkehr und Versöhnung im Leben der Kirche.* Orientierungen zur Bußpastoral. 1. Oktober 1997 (Die Deutschen Bischöfe 58), Bonn 1997, 34–37.
[26] Vgl. KKK (wie Anm. 16) Nr. 1263; vgl. dazu Reinhard MESSNER, *Anfragen an die heutige Bußpraxis der Kirche,* in: Heiliger Dienst 52 (1998), 238–240.

kehrsakrament *(paenitentia prima)* ist auch der Rekonziliationsweg *(paenitentia secunda)* neu zu werten, zu gestalten und theologisch zu untermauern.[27] Die Beichte, die sich faktisch zum Rekonziliationssakrament entwickelt hat und als solches vollzogen wird, kann dieser Herausforderung nicht mehr gerecht werden. Es ist für sie sicherlich das Moment der geistlichen Begleitung wieder in Erinnerung zu rufen, aus der sich diese Form des Umkehrvollzuges entwickelt hat. Dazu müssten andernorts weitere Überlegungen angestellt werden.[28]

5. Der Erfolg der Bußgottesdienste

Dagegen erfreut sich die (neue) liturgische Gestalt von Umkehr- und Versöhnungsfeiern im katholischen Raum großer Beliebtheit. Aber zu Recht fragt Meßner, „ob die Beliebtheit dieser neuen Gottesdienste nicht zu einem guten Teil durch ihr falsches Verständnis mitbedingt ist, als seien sie Ersatz des Bußsakramentes, also der Rekonziliation"[29]. Es ist festzuhalten, dass Bußgottesdienste keine Ersatzform sind für das Einzelsakrament, aber auch nicht nur eine Vorbereitung oder Hinführung dazu.[30] Daher nun eine sakramententheologische Reflexion über deren Bedeutung.

6. Der Bußgottesdienst – doch eine Feier mit sakramentalem Charakter?

a) „Sündenvergebende Feier"

Nach den Schweizer Bischöfen 1970[31] werden die verschiedenen Wege und Formen der Sündenvergebung in den neueren kirchenamtlichen Dokumenten ebenfalls neu gesehen und gewertet. Dabei wird die Bußfeier sehr positiv beurteilt. Aufgrund der Unsicherheit, die bei vielen Priestern und Gläubigen entstanden war, betonen die deutschen Bischöfe, dass „der glaubende Mitvollzug dieser Feiern wirksame Vergebung der alltäglichen Sünden schenkt". Sie erweisen sich, so die deutschen Bischöfe weiter, „als wichtige Quelle der Gewis-

---

[27] Reinhard MESSNER, *Zur heutigen Problematik von Buße und Beichte vor dem Hintergrund der Bußgeschichte*, in: Benediktbeurer Hochschulschriften 3, München 1992.
[28] Vgl. MESSNER (wie Anm. 27), 242–243.
[29] Vgl. MESSNER (wie Anm. 27), 242.
[30] Vgl. Anton ZIEGENAUS, *Das Sakrament der Buße*, in: Christus in den Sakramenten der Kirche, herausgegeben von Walter BRANDMÜLLER, Aachen 1998, 158.
[31] Vgl. Pastoralschreiben (wie Anm. 9), 33–35.

senserforschung und der Erneuerung des Christseins. Sie sollen in allen Gemeinden einen festen Platz haben und regelmäßig gefeiert werden."[32] Ähnlich formulieren es auch die Leitlinien der Bußpastoral der Diözese Innsbruck, wenn sie festhalten: „Durch den gottesdienstlichen Zuspruch der Sündenvergebung werden wirksam und gültig Sünden vergeben. Ausgenommen sind die schweren Sünden, die in der Einzelbeichte zu bekennen sind."[33] Hier muss natürlich die Natur der schweren Sünde mit exkommunikativer Dimension im Auge behalten werden. Für diese Situationen braucht es den Weg der Rekonziliation.

b) „Teil" des Versöhnungssakramentes?

Auf dem Hintergrund der sündenvergebenden Dimension der Bußgottesdienste muss nun gefragt werden, ob diese Feiern, die besser Versöhnungsfeiern bzw. Umkehr- und Versöhnungsfeiern zu nennen sind – denn wo Vergebung geschenkt wird, gibt es auch Versöhnung und nicht nur Buße – nicht auch Anteil haben am Charakter des Sakramentes der Versöhnung. Diese Frage ist seit Beginn der neuen Praxis nach dem Zweiten Vatikanischen Konzil aufgebrochen. Wenn es auch kritische und negative Stimmen gab, ist eine positive Beurteilung und Beantwortung dieser Frage nicht mehr verstummt.[34] Vielfach geht es dabei um die Anerkennung als zweites oder anderes Bußsakrament neben der Einzelbeichte. Einige Belege seien genannt.

Franz Nikolasch weist auf das Problem der Voraussetzung des vollständigen aber „geheimen" Einzelbekenntnisses hin und gibt schließlich schon 1974 eine ausführliche Begründung für die Sakramentalität der Bußfeier, wenngleich die Einzelnen ja kein persönliches Bekenntnis im verbalen Sinne ablegen. Er weist auf den Zeichencharakter der Sakramente als Verleiblichung des Heils hin und auf den Aspekt, dass Sakramente immer Lebensvollzüge der Kirche sind. Die Kirche sei die zeichenhafte Weiterführung der Heilsmächtigkeit Christi. Er kommt zum Schluss: „Wenn nun die Kirche als Sakrament des Heils in Weiterführung der Heilsmächtigkeit der Menschheit Christi sich in einem zeichenhaften Vollzug des reuigen Sünders annimmt und ihm mit aller Kraft hilft, sich von seinen Sünden zu lösen und die innere Umkehr zu vollziehen, dann kann man

---

[32] Umkehr und Versöhnung (wie Anm. 25), 44–45.
[33] *Das Geschenk der Versöhnung. Leitlinien zur Bußpastoral in der Diözese Innsbruck*, herausgegeben vom Bischöfl. Ordinariat der Diözese Innsbruck, Innsbruck 1994, 27.
[34] Vgl. z.B.: Paul Josef CORDES, *Einzelbeichte und Bußgottesdienste. Zur Diskussion ihrer Gleichwertigkeit*, in: StdZ 99 (1974), 17–33.

diesem Vorgang – wie immer er nun vor sich geht – nicht eine gewisse Sakramentalität absprechen. Wo die Kirche eines ihrer schuldhaft gewordenen Mitglieder wieder in ihre volle Lebensgemeinschaft aufnimmt und ihm dadurch auch in zeichenhafter Weise die Vergebung der Schuld und Sünde durch Gott zuspricht, dort vollzieht sich Sündenvergebung in zeichenhafter, in sakramentaler Form."[35] Anton Ziegenaus unterstreicht das Argument mit der Sakramentalität des Wortes und dessen performativer Kraft. „Das Wort der Verkündigung erreicht im sakramentalen Wort, bei dem sich die Kirche radikal engagiert, seine höchste Wirkintensität; Rahner spricht hier vom ,exhibitiven Wort'."[36] Baumgartner unterstreicht auf dem Hintergrund vieler Umfrageanalysen den Zusammenhang von Sünde, Umkehr und Gemeinde und damit die ekklesial-soziale Dimension der Schuld und der Versöhnung.[37] Er bestätigt den Wunsch von vielen Mitfeiernden, „diese Feiern mögen als Sakrament qualifiziert werden"[38] und plädiert selbst dafür, dass beide Formen in der Kirche ihren legitimen und bleibenden Platz haben. Alfred Läpple verweist auf die Überlegungen von Otto Hermann Pesch im Jahre 1972[39], der aus dogmatischer Sicht feststellt, dass sich die Kirche bei Bußfeiern noch nicht für die Sakramentalität entschieden hat, um zu folgern: „Wenn aber doch die Kirche entscheiden würde, wäre auch die Bußandacht ein Sakrament."[40] Josef Finkenzeller diskutiert auf dem Hintergrund der wandlungsreichen Geschichte des Bußsakraments die Möglichkeit der Kirche, eine neue Verwirklichungsweise sakramentaler Buße zu schaffen, den Bußgottesdienst. Er argumentiert: „Selbst wenn man nach den Texten des Trienter Konzils das Bekenntnis der schweren Sünden als eine Einrichtung göttlichen Rechtes betrachten muss, so bliebe der Kirche immer noch die Möglichkeit offen, in bestimmten pastoralen Situationen einen Bußgottesdienst für sakramental zu erklären." Er stellt klar, dass „für das Heil des Sünders letzten Endes der heilsschaffende Wille Gottes und die Umkehrbemühung des Sünders entscheidend sind" und schließt mit dem Ge-

[35] NIKOLASCH (wie Anm. 23), 50.
[36] Anton ZIEGENAUS, Umkehr. Versöhnung. Friede. Zu einer theologisch verantworteten Praxis von Bußgottesdienst und Beichte, Freiburg 1975, 263.
[37] Vgl. Konrad BAUMGARTNER (Hg.), Erfahrungen mit dem Bußsakrament, Band 2: Theologische Beiträge zu Einzelfragen, München 1979, 49–54.
[38] Konrad BAUMGARTNER, Aus der Versöhnung leben. Theologische Reflexionen – Impulse für die Praxis, München 1990, 67–70.
[39] Otto Hermann PESCH, Bußandacht und Bußsakrament. Dogmatische Überlegungen zu einem pastoralen Problem, in: Freiburger Zeitschrift für Philosophie und Theologie 19 (1972), 311–330.
[40] Alfred LÄPPLE, Die Beichte – ein hoffnungsloser Fall? Fakten und Denkanstöße, München 1985.

danken: „Der Sinn eines sakramentalen Bußgottesdienstes könnte nur darin bestehen, in einer vielfach gewandelten Situation der Kirche eine angemessene Form der Vergebung der Sünde auszubilden."[41] Kurt Koch, Bischof von Basel, weist 1995 darauf hin, „dass die ganze Kirche aus Sündern besteht und dass sie als sündige Kirche vor Gott steht". Er fordert, unter Aufnahme von Finkenzeller, der Eigenart der Bußfeier Rechnung zu tragen, was nur gelingen könne, „wenn in der gemeinsamen Bußfeier auch die kirchlichen, gemeindlichen und parochialen Sünden beim Namen genannt und bekannt werden, genauer jenes Versagen, das die christliche Gemeinde sich selbst vorzuwerfen hat, und zwar sowohl in innerkirchlicher als auch in gesellschaftlich-politischer Hinsicht."[42] Er macht zudem als wichtigen Aspekt deutlich, dass Bußfeiern sich nicht als bloße Transponierungen des Beichtspiegels für einzelne Christinnen und Christen auf die ganze Gemeinde verstehen sollen. In seiner Sakramententheologie bestätigt Franz-Josef Nocke die kontroverse Diskussion innerhalb der katholischen Theologie, verweist auf die kirchenamtlichen Positionen und argumentiert schließlich mit der Notwendigkeit des vollständigen Bekenntnisses als Voraussetzung dafür, dass der Priester den Akt der Versöhnung und des Zuspruchs der Sündenvergebung von Gott her setzen könne. Dabei stellt er kritisch in Frage, ob der Priester dabei immer von der kritischen Selbsteinschätzung der Beichtenden ausgehen könne. Wäre dem nicht zuzustimmen, dann erkennt Nocke auch die Möglichkeit, dass die Teilnahme an einem Bußgottesdienst die vergleichbare Funktion haben könne. Schließlich verweist er darauf, dass es der Kirche möglich sei, neue Formen sakramentalen Handelns festzulegen.[43] Diese Feststellungen bestätigt Theodor Schneider in seiner dritten Auflage der Sakramententheologie 1998. Er meint: „Nicht nur eine genaue Interpretation von Trient, sondern auch die schon jetzt geltende Praxis zeigt, dass eine gemeinsame Bußfeier mit sakramentaler Lossprechung theologisch (!) möglich wäre. Ob die Entwicklung in dieser Richtung weitergeht, dafür sollten vor allem seelsorglich-pastorale Gründe den Ausschlag geben."[44] Abschließend meint er festhalten zu können:

---

[41] Josef FINKENZELLER, *Der Bußgottesdienst – eine Verwirklichungsweise des Bußsakramentes?*, in: Sakramentenlehre II: Eucharistie bis Ehesakrament, bearbeitet von Günter KOCH (Texte zur Theologie. Dogmatik 9,2), Styria 1991, 155–156.

[42] Kurt KOCH, *Menschliche Schulderfahrung und Sakrament der Buße,* in: Bernhard GROM – Walter KIRCHSCHLÄGER – Kurt KOCH, Das ungeliebte Sakrament. Grundriss einer neuen Bußpraxis, herausgegeben von Joachim MÜLLER, Freiburg in der Schweiz 1995, 129–131.

[43] Vgl. Franz-Josef NOCKE, *Sakramenttheologie. Ein Handbuch*, Düsseldorf 1997, 219–221.

[44] Theodor SCHNEIDER, *Zeichen der Nähe Gottes. Grundriss der Sakramententheolo-*

„Gegen die Möglichkeit einer sakramentalen Aufwertung gemeinsamer Bußfeiern werden von den meisten Dogmatikern keine grundsätzlichen Einwände vorgebracht."[45]

Mit Reinhard Meßner im Handbuch der Liturgiewissenschaft möchte ich am Schluss dieser Reflexion festhalten, dass „es sich bei Bußfeiern um Gottesdienste handelt, in denen Sündenvergebung erfahren werden kann; sie stellen ein wichtiges Element in der täglichen Umkehr und Buße einer christlichen Gemeinde dar, die sich als ganze ihrer Vergebungsbedürftigkeit bewusst wird"[46].

c) Versöhnungsliturgie und sakramentaler Charakter der Liturgie

Zu ergänzen sind diese Argumente mit dem Blick auf das Wesen der Liturgie, die als Ausdruck der feiernden Kirche Anteil nimmt am sakramentalen Charakter derselben. Jede liturgische Feier ist als Sakramentale zu bezeichnen, denn sie ist immer Vergegenwärtigung des Paschamysteriums (vgl. SC 5), dient zur Verherrlichung Gottes und zur Heiligung der Mitfeiernden (vgl. SC 7). Sie ist Ausdruck der im Heiligen Geist versammelten Gemeinschaft (vgl. SC 6), die auf die Gegenwart Christi vertraut, die in der liturgischen Feier auf vielfältige Weise wirkt (vgl. SC 7). In jeder liturgischen Feier nimmt die versammelte Gemeinde vorauskostend Anteil an der himmlischen Liturgie, zu der wir pilgernd unterwegs sind und wo Christus zur Rechten Gottes sitzt (vgl. SC 8). Den Feiernden ist dabei bewusst, dass sich in der Liturgie das Leben der Kirche und das Bemühen um Umkehr nicht erschöpfen (vgl. SC 9), sondern sich im Leben bewahrheiten müssen (vgl. SC 12). In der Liturgie kommt das alltägliche Tun und Leben der Gläubigen zum Höhepunkt und sie ist die Quelle, aus der all ihre Kraft strömt (vgl. SC 10). Die Mitfeiernden seien in jeder liturgischen Feier bemüht, mit recht bereiteter Seele zur heiligen Liturgie hinzuzutreten, dass ihr Herz mit der Stimme zusammenklinge und sie mit der himmlischen Gnade zusammenwirke. So erfüllt sich die Herausforderung, dass alle Gläubigen bewusst, tätig und mit geistlichem Gewinn an der Liturgie teilnehmen (vgl. SC 11).

---

gie, durchgängig überarbeitet und ergänzt zusammen mit Dorothea SATTLER, Mainz, 7. Aufl. 1998, 212.
[45] SCHNEIDER (wie Anm. 44), 214.
[46] Reinhard MESSNER, *Feiern der Umkehr und Versöhnung*. Mit einem Beitrag von Robert OBERFORCHER (Gottesdienst der Kirche. Handbuch der Liturgiewissenschaft 7,2: Sakramentliche Feiern I/2), Regensburg 1992, 226–227.

7. Die liturgische Gestalt der Umkehr- und Versöhnungsfeier und deren Elemente

Dazu sei nun ein Vorschlag einer Umkehr- und Versöhnungsfeier vorgestellt, wie er einerseits auf dem Hintergrund liturgiehistorischer und theologischer Reflexion dem Charakter der Liturgie entspricht, und um andererseits Erfahrungen sammeln zu können, die zur Weiterentwicklung dieser liturgischer Feiern dienlich sein können. Dabei gehe ich davon aus, dass die Umkehr- und Versöhnungsfeier ein Teilbereich im sakramentalen Umkehrgeschehen der Kirche darstellen kann.[47]

Mit dem Vorschlag einer liturgischen Feier, die ich Umkehr- und Versöhungsfeier nenne, da die Buße im Leben erfüllt wird, stelle ich die einzelnen Elemente mit ihrer liturgietheologischen und sakramententheologischen Relevanz vor.

a) Die Eröffnung

Die Eröffnung führt, wie bei jeder Feier, ein in das Geschehen. Sie ermöglicht und bewirkt, dass die versammelten Gläubigen eine Gemeinschaft bilden und auf rechte Weise das Wort Gottes hören werden. Die klassischen Elemente Eröffnung, Begrüßung, Kyrie und Gebet prägen diesen eröffnenden Teil. Die Kyrie-Rufe sind hier verherrlichende Rufe an den Herrn, der die Gemeinde zur Umkehr ruft.

b) Das Wort Gottes

Die Umkehr- und Versöhnungsfeier lebt ganz aus dem Wort Gottes, in dem Christus gegenwärtig ist (vgl. PEML 4). Durch die Kraft des Heiligen Geistes wird so jeder Gottesdienst zu einem je neuen Heilsereignis (vgl. PEML 3). Die Perikopen sind so ausgewählt, dass sie das Umkehr- und Versöhnungsbemühen der Gläubigen fördern und bestärken und zugleich den Weg des eigenen Lebens und das der Gemeinde unter dem Licht des Wortes Gottes zu sehen vermögen. Die Gläubigen werden angehalten, „dem in Christus Mensch gewordenen Wort Gottes selbst nachzufolgen" (PEML 6). Diese unmittelbare und direkte Begegnung mit Christus, dem lebensleitenden Wort, das die Augen auf Gott hin öffnet, das zugleich gewissensbil-

---

[47] Ewald VOLGGER, *Zu Umkehr und Versöhnung unter Berücksichtigung der Buß- und Versöhnungsfeier*, in: Konferenzblatt für Theologie und Seelsorge 111 (2000), 96–117.

dende Kraft enthält, steht im Mittelpunkt der Wortverkündigung. Der Antwortgesang führt dieses Anliegen weiter.[48]

c) Die Homilie und die Gewissenserforschung

Die Gemeinde wird am Tisch des Wortes angeleitet, sich das gehörte Wort zu eigen zu machen, damit im „Heute" daraus Lebensgestaltung im Sinne der heilsstiftenden Erfahrungen der Heiligen Schrift erwachsen kann. Die Gemeinde stellt sich unter die Kraft des Wortes Gottes. Der im Wort sprechende Christus rührt das Gewissen der Menschen an, um so das Bemühen zu stiften, dem Willen Gottes in der Lebensverwirklichung zu entsprechen. Die aus den biblischen Texten zu lesende theologale Ethik wird christliches Leben aus der Taufe für die Gemeinde Gottes und in der Welt prägen. Ich denke, dass es in Aufwertung des Wortes Gottes auch zusehends wichtiger wird, von den Gewissensspiegeln wegzukommen und dem lebendigen Wort Gottes seine Kraft zurückzugeben. Aus der intimen Gottverbundenheit erwächst die Motivation zum Handeln nach dem Wort Gottes, so lehrt es die Frage des Gesetzeslehrers nach dem, was ewiges Leben gewinnen lässt, und der nach hartnäckigem Fragen nach dem Nächsten das Beispiel vom barmherzigen Samariter erzählt bekommt (vgl. Lk 10,25–37).

Es ist die Taufspiritualität[49], die hier noch weiter auszuformulieren wäre, die das Bemühen um christliches Leben motiviert und die ständige Umkehr, Buße und Versöhnung fördert. Der Priester oder die verantwortlichen Laien gestalten Homilie als Gewissenserforschung so, dass die Vernachlässigung der Gottes- und Menschenliebe bewusst wird und sinnvolle Formen der Buße erkannt werden. Die Gemeinde als konkretes sakramentales Zeichen der Kirche ist geru-

---

[48] Liturgische Formen, wie sie in Neh 9 oder bei Esra beschrieben werden, können als Vorbild verstanden werden. Die Gemeinde Israel hört auf die Tora, um im Spiegel dieses Gotteswortes sich selbst und den Weg vor Gott zu erkennen. Aus dem Hören erwächst das Bekenntnis, aus dem Bekenntnis die Bereitschaft, Leben zu ändern und neue Wege der Gottesbeziehung und des menschlichen Zusammenlebens zu suchen.

[49] Die Erneuerung und Bekräftigung der Taufberufung in der christlichen Gemeinde, die das sacramentum mundi darstellt, ist vorrangiges Ziel dieses Bemühens. Der in der Taufe erneuerte Mensch ist nach dem Ebenbild Gottes geschaffen in wahrer Gerechtigkeit und Heiligkeit (vgl. Eph 4,24). Diese in der Taufe Geheiligten, auf Gott hin Ausgerichteten, sind gerufen, ihn zu erkennen (vgl. Kol 3,9–10). Sie erneuern im Bemühen um Buße und Umkehr die Gewandung Christi, die sie angezogen haben (vgl. Gal 3,27). Sie haben den alten Menschen, der von der Sünde gezeichnet ist, abgelegt (vgl. Kol 3,9) und verlangen wie Neugeborene nach der unverfälschten geistigen Milch (vgl. 1 Petr 2,2). Wer diesen Weg in Treue geht, wird nicht mehr aus dem Buch des Lebens gestrichen und darf vor den Thron Gottes treten mit dem weißen Kleid der Verherrlichung (vgl. Offb 3,4–5; 4,4; 7,9).

fen, die Strahlkraft Christi in dieser Welt nicht zu mindern, sondern zu erhöhen. Allen Christinnen und Christen eignet die Christusrepräsentanz in der Welt. Entsprechende Stille fördert die persönliche Aneignung und Auseinandersetzung.

d) Das gemeinsame Bekenntnis

Im gemeinsamen Bußgebet, es kann dies das allgemeine Schuldbekenntnis sein oder ein entsprechend anderes geeignetes Gebet, bekennen die anwesenden Brüder und Schwestern voreinander ihre Schuld und bitten um Vergebung. So suchen sie gemeinsam die Barmherzigkeit Gottes und bitten um seine Nähe und um den Geist, der die Taufberufung wachsen und gedeihen lässt. Sie bitten um Heilung von den Wunden der Sünde, um die helfende Hand Gottes und um Schonung vor allen Irrwegen. Dabei steht auch vor Augen, dass die Unterscheidung zwischen schwerer und leichter Sünde nicht immer dienlich ist, denn mitunter ist es die leichte Sünde, die in schwere Schulderfahrung hineinführt.

e) Die Vergebungsbitte

Die Erfahrung hat gezeigt, dass viele das Angebot der Umkehr- und Versöhnungsfeiern dankbar angenommen haben, während das Einzelsakrament immer noch im Schwinden begriffen ist. Um dem individuellen Aspekt zu entsprechen, sich einzeln vor die Menschen und vor Gott hinzustellen, sind in dieser vorgeschlagenen Feiergestalt die Anwesenden eingeladen, einzeln vor den Priester hinzutreten (auch vor den Leiter oder die Leiterin) und zu sagen: „Gott vergib mir, wie auch ich vergebe" (vgl. die entsprechende Bitte des Vaterunser). Daraufhin spricht der Vorsteher im Namen der versammelten Gemeinde: „Der barmherzige Gott heile und versöhne dich. Er verzeihe dir deine Sünden und stärke dich durch Christus im Heiligen Geist. Der Friede sei mit dir." Diese deprekative oder optative Formel entspricht den älteren Versöhnungsformeln. Sie bittet um die Gabe der Versöhnung von Gott her in Jesus Christus, die er für alle bereit hält, die ihn darum bitten. Christus ist ein für alle Mal für die Sünden der Menschen gestorben, es gilt, dieses Geschenk anzunehmen. In dieser Formel bleibt das Tun Gottes und Christi sichtbar und vordergründig.

f) Die Handauflegung (für alle einzeln)

Beim Vollzug des Einzelsakramentes ist es nicht gelungen, die Handauflegung im sakramentalen Vollzug hinreichend zu beheimaten.

Viele Priester erkennen die Situation zu zweit im Versöhnungsraum (bzw. im Beichtstuhl/-zimmer) als zu intim und daher nicht angebracht, um bei der Versöhnungsformel die Hände über den Pönitenten auszustrecken, so wie es von der Reform des Sakramentes gewünscht worden ist.[50] Bei der gemeinsamen Feier der Versöhnung kann dieser „klassische Gestus der alten Bußliturgie" (Bugnini) im Schutz der Gemeinschaft neu aufgewertet werden.[51] Dabei schlage ich u. a. auch vor, die Hände in Form der Freundschaftsgeste auf die Schultern aufzulegen und dazu die Versöhnungsformel zu sprechen.[52] Die Handauflegung, in Erinnerung an die Büßersegnung der alten Kirche, kann auch als Erneuerungselement der Firmung und deren Geistvermittlung verstanden werden. Die Handauflegung gehört in die Gemeindeliturgie.[53] Während Priester bzw. Leiter/in die Hände auflegen und die Versöhnungsbitte sprechen, verweilt die Gemeinde im Gebet, auch mit Gesang oder meditativen Elementen.

g) Der Friedensgruß und / oder ein Tauferinnerungselement

Nach der Handauflegung und der Bitte um Versöhnung für alle je einzeln folgt der Friedensgruß, der die Gemeinde als in Christus Vereinte und Versöhnte erscheinen lässt. Hier kann anstelle des Friedensgrußes oder auch zusätzlich ein Tauferinnerungselement folgen: die Besprengung mit dem Wasser, während ein Tauflied gesungen werden kann, oder die Erneuerung des Taufgelübdes oder auch das Sprechen bzw. Singen des Symbolums, des Glaubensbekenntnisses, das ja auch ein Tauferinnerungselement ist, da es den Taufglauben artikuliert. Eine sinnvolle Zeichenhandlung wäre auch das Verbrennen von Weihrauch, wie es im altkirchlichen Abendgebet als Reinigung und zugleich Verweis auf die sündentilgende Hingabe des Herrn am Kreuz vorgesehen war und in manchen ostkirchlichen Traditionen weiterlebt im täglichen Vespergottesdienst; so wird deut

---

[50] Vgl. Bugnini (wie Anm. 5), 713.

[51] Zu den verschiedenen Situationen des Handauflegens vgl. Messner (wie 46), 91, 93, 95, 97, 107, 120, 144 (Mönchsvater zur Gewissheit der Sündenvergebung), 145 (Handauflegung durch die Äbtissin zur Karolingerzeit), 183 (Konzil von Trient), 184.

[52] Die Form der Handauflegung durch das Ausstrecken der Hände über das Haupt des Gläubigen (vgl. Die Feier der Buße [wie Anm. 13], 20, kann missverständlich sein. Manche Menschen empfinden es im privaten „Raum" als Bruch der Intimsphäre. Im gemeinschaftlichen Vollzug ist die Kopfbedeckung und die Haarmode bzw. die Gestaltung der Haartracht zu bedenken. Auch hygienische Gründe können ins Feld geführt werden. Erfahrungsgemäß ist die von mir so bezeichnete Freundschaftsgeste, von vorne beide Hände auf die Schulter aufzulegen, ohne Problematik. Die Zeichenhaftigkeit dieses Gestus reicht von der Stärkung bis zur barmherzigen Zuwendung, die alle den Sinn des sakramentalen Geschehens ausdrücken und unterstreichen.

[53] Vgl. Messner (wie Anm. 46), 95.

lich, dass die Gläubigen wieder Wohlgeruch Christi sein können. Ein musikalisches Element der Freude über die Versöhnung kann hier folgen (vgl. Motiv der Freude im Gleichnis vom zweifach barmherzigen Vater).

h) Vorsatz und Bitten / Fürbitten

Die Gemeinde wird eingeladen, kurz nochmals in Stille sich der Vorsätze, d. h. der Genugtuung bewusst zu werden, die sich die Einzelnen in Stille vorgenommen haben. Nun bittet die Gemeinde, dass Versöhnung im Leben gelinge und dass alle Menschen zu Umkehr und Versöhnung finden bzw. in Frieden und Eintracht leben mögen. Abgeschlossen wird das Fürbittgebet mit dem Vaterunser und dem Schlussgebet.

i) Segen und Entlassung

Schließlich folgen der Segen und die Entlassung. Vorher kann noch ein Danklied gesungen werden.

8. Die pastorale Relevanz der Umkehr- und Versöhnungsgottesdienste

Diese Art von Gottesdiensten eignet sich besonders für die Gruppe und für die Gemeinde, die sich als Gemeinschaft vor Gott stellt und um Versöhnung bittet. In der immer noch zunehmenden Krise des Einzelsakramentes ist sie eine Möglichkeit, die liturgische Gestalt der Umkehrwilligkeit und der Versöhnungsbedürftigkeit hochzuhalten und zugleich zum Ausdruck zu bringen, dass es eine gestufte Sündenerfahrung und entsprechende Formen der Sündenvergebung gibt. Bußfeiern sollen nicht zu häufig sein, damit auch ihre Relevanz und Kraft erhalten bleibt. Sie kommt aber auch jenen Menschen entgegen, die sich in der persönlichen Artikulation ihrer selbst schwer tun.

Als pastorales Mittel eingesetzt, können sie helfen, die Gewissensbildung durch das Wort Gottes zu gestalten, das Leben im Licht des Wortes Gottes zu sehen und zu prüfen, auf das Einzelsakrament hinzuführen, die Bedeutung der gemeinsamen Umkehr und Versöhnung zu fördern, die gemeinsame Erkenntnis der sündhaften Strukturen in Gesellschaft und Kirche zu erkennen und zu bekämpfen, Einzelne zu schützen vor der persönlichen Unfähigkeit, sich zu artikulieren, und durch eine kluge Art der ethischen und moraltheologischen Vermittlung das Sündenbewusstsein vor dem lebendigen Gott zu eröffnen.

9. Abschließende Überlegungen

Abschließend kann es dienlich sein, eine Perspektive aufzuzeigen, die eine Unterscheidung zwischen drei Dimensionen des einen Umkehrsakramentes deutlich macht.

a) Die herkömmliche Beichte könnte als Instrument der geistlichen und persönlichen Begleitung zur Förderung und Vertiefung der Taufberufung verstanden werden.

b) Die Umkehr- und Versöhnungsfeier kann als der gemeinschaftliche sakramentale Vollzug der ständigen Umkehrbereitschaft und der Versöhnung beim Zurückbleiben hinter der Taufberufung der jeweiligen kirchlichen Gemeinschaft vor Ort erkannt werden; da Gemeinde aber nie eine anonyme Größe ist im Sinne eines Kollektivs, ist die Einzelzusage der Versöhnung innerhalb der Gemeinschaft über die Formen z. B. in der Eucharistiefeier oder in der Tagzeitenliturgie hinaus sinnvoll.

c) Die dritte und eigentliche Form des Wiedereingliederungssakramentes, die Rekonziliation, bekäme damit bei aufgegebener Taufberufung aufgrund von schwerer Schuld oder nach schleichender Ausgliederung, die zu einem faktischen Zurücklegen der Taufberufung geführt hat, ihre Bedeutung zurück. Die betroffenen Gläubigen müssten von der Kirche entsprechend ernst genommen und begleitet werden, da schwere Schuld Verständnis und Begleitung braucht. Die Buße braucht Zeit zur Umkehr, begleitet durch das Gebet der Gemeinde und durch die persönliche Leben fördernde und Glauben stärkende Betreuung durch kompetente Priester und Beauftragte (Psychologen und Psychologinnen, Psychotherapeuten und -therapeutinnen, Lebensberaterinnen und Berater u. Ä.). Hier könnte das Sakrament der Vierzig-Tage-Zeit[54] vor Ostern, mit dem Bußritus am Aschermittwoch und der alles versöhnenden Feier der Osternacht neu entdeckt werden.[55]

Wer im Glauben Versöhnung erfährt, darf im Bemühen menschlichen Lebens den barmherzigen und gütigen Gott erfahren, der uns in Jesus Christus mit sich versöhnt hat und zu dem wir unterwegs sind. Wenn Sterbende die Augen schließen, um sie für immer vor dem ewigen Geheimnis der Barmherzigkeit Gottes zu öffnen und sich so die Taufwirklichkeit an ihnen vollendet, dann werden sie

---

[54] Ewald VOLGGER, *Das Sakrament der Vierzig Tage. Zur Liturgie der Fastenzeit, in: Den Frieden tun in der Gemeinde. Aschermittwoch bis Osternacht*, herausgegeben von Hubert RITT, Gottes Volk 3/1990, 129–142.

[55] Vgl. Klemens RICHTER, *Ostern als Fest der Versöhnung, in: Versöhnung in der jüdischen und christlichen Liturgie*, herausgegeben von Hanspeter HEINZ – Klaus KIENZLER – Peter J. PETUCHOWSKI (QD 124), Freiburg 1990, 56–87.

Gott schauen, der zum ewigen Fest der Versöhnung einlädt. Mit Augustinus gesprochen: „Dann werden wir stille sein und schauen, schauen und lieben, lieben und loben" (Vom Gottesstaat XXII, 30). Auch Umkehr- und Versöhnungsfeiern wollen dies vorausverkostend vermitteln.

Versöhnt in Gemeinschaft leben

Impulse aus der Liturgiegeschichte für neue Formen gemeinschaftlicher Versöhnung

Klaus Peter Dannecker

1. Einleitung

Am 1. Fastensonntag, dem 12. März 2000, sprach Papst Johannes Paul II. im Rahmen der Feierlichkeiten zum Heiligen Jahr ein viel beachtetes „Mea culpa", ein Schuldbekenntnis, in dem er für die Sünden der Christen der vergangenen Jahrhunderte um Vergebung bat. Nach langen Überlegungen auf verschiedensten Ebenen gestand der Papst die Schuld der Kirche in verschiedenen Bereichen ein, wie z. B. Intoleranz und mangelnden Respekt vor dem Gewissen anderer und zu wenig Hilfe gegenüber den Verfolgten des Naziregimes. Das Echo auf dieses Schuldbekenntnis war geteilt: Den einen ging es nicht weit genug; sie warfen dem Papst vor, er würde sich hinter allgemeinen Formulierungen verstecken. Den anderen ging es viel zu weit, weil sie damit die Heiligkeit der Kirche in Frage gestellt sahen.[1]

Für unseren Zusammenhang und die Fragestellung unserer Überlegungen ist dieses und sind weitere Bekenntnisse des Papstes oder die Bekenntnisse zu sexuellem Missbrauch in jüngster Zeit in verschiedener Hinsicht wichtig: Schuld und Sünde werden durch den öffentlichen Umgang zu einer Sache der ganzen (kirchlichen) Gemeinschaft. Damit wird deutlich: Auch wenn Schuld und Sünde immer auf einzelne Menschen zurückgehen, haben sie Auswirkungen über die betroffenen Personen hinaus. In gravierenden Fällen betreffen sie die ganze Menschheit. Deshalb ist auch ein Weg der Versöhnung in einem großen Rahmen nötig.

2. Die Gemeinschaft der Versöhnten

Die Überlegungen zu den liturgiegeschichtlichen Impulsen möchte ich mit einer vielleicht zunächst einmal überraschend klingenden Feststellung beginnen: Das erste Sakrament der Versöhnung ist die

---

[1] Vgl. u. a. ACCATTOLI, Vergebung; SCHREURS, Schuldbekenntnis und Öffentlichkeit; GROPPE, Mea culpa.

146

Taufe, die Eingliederung des Menschen in das Volk Gottes. Diese Aussage gründet auf die Versöhnungslehre des hl. Paulus. Im Römerbrief (Röm 1, 18) schreibt Paulus, dass die gesamte Menschheit dem Zorn Gottes verfallen ist wegen ihrer Gottlosigkeit. Der Gottlose ist der Feind Gottes (Röm 5, 10) und diese Feindschaft gegen Gott ist vom Menschen her unaufhebbar (Röm 7, 8). Der zentrale Text für die Versöhnung Gottes mit den Menschen ist 2 Kor 5, 14–21:

„Denn die Liebe Christi drängt uns, da wir erkannt haben: Einer ist für alle gestorben, also sind alle gestorben. Er ist aber für alle gestorben, damit die Lebenden nicht mehr für sich leben, sondern für den, der für sie starb und auferweckt wurde. Also schätzen wir von jetzt an niemand mehr nur nach menschlichen Maßstäben ein; auch wenn wir früher Christus nach menschlichen Maßstäben eingeschätzt haben, jetzt schätzen wir ihn nicht mehr so ein. Wenn also jemand in Christus ist, dann ist er eine neue Schöpfung: Das Alte ist vergangen, Neues ist geworden. Aber das alles kommt von Gott, der uns durch Christus mit sich versöhnt und uns den Dienst der Versöhnung aufgetragen hat. Ja, Gott war es, der in Christus die Welt mit sich versöhnt hat, indem er den Menschen ihre Verfehlungen nicht anrechnete und uns das Wort von der Versöhnung (zur Verkündigung) anvertraute. Wir sind also Gesandte an Christi statt, und Gott ist es, der durch uns mahnt. Wir bitten an Christi statt: Lasst euch mit Gott versöhnen! Er hat den, der keine Sünde kannte, für uns zur Sünde gemacht, damit wir in ihm Gerechtigkeit Gottes würden."

Gott hat von sich aus den in Feindschaft gegen ihn verschlossenen Menschen mit sich selbst versöhnt und ihm die nur als Neuschöpfung zu begreifende Vergebung der Sünden gewährt. Diese Versöhnung gilt neben der christlichen Gemeinde dem ganzen Kosmos, also auch der gesamten Menschheit. In Christus hat Gott eine Versöhnungstat vollbracht, indem er den sündenlosen Jesus mit den Sündern identifiziert und ihnen durch sein Sterben und Auferstehen den Zugang zu sich selbst eröffnet hat. Mit dieser Versöhnungstat hat Gott das Versöhnungswort aufgerichtet, das Evangelium. Die Jünger verkünden dieses Evangelium und in der Verkündigung dieses Wortes geschieht der Dienst der Versöhnung, den die Jünger – die Botschafter Christi – in Gottes Auftrag und somit in einzigartiger Vollmacht wahrnehmen. Und in der Verkündigung dieses Wortes bewirkt Gott die Versöhnung (Jes 55, 10.11). Die Versöhnung wird darin ganz eindeutig als Werk Gottes markiert, setzt aber die Bereitschaft des Menschen voraus, sich mit Gott versöhnen zu lassen. Der Ruf „Lasst euch mit Gott versöhnen" (2 Kor 5, 20) ist ein göttlicher und somit ein schöpferischer Imperativ dem Menschen gegenüber, der diesen dazu befreit, nicht länger unter der Macht der Sünde und damit als Gottes Feind, sondern unter der Herrschaft Jesu im Stand des Friedens und der Erlösung zu leben.[2]

2.1 Taufe als erste Versöhnung

Diese hier kurz skizzierte Paulinische Theologie zur grundlegenden Versöhnung zwischen Gott und Mensch findet ihre Ritualisierung in den Initiationssakramenten. Petrus fordert seine Zuhörer am Ende der Pfingstpredigt auf: „Kehrt um und jeder von euch lasse sich auf den Namen Jesu Christi taufen zur Vergebung seiner Sünden. Dann werdet ihr die Gaben des Heiligen Geistes empfangen" (Apg 2, 38). Daraufhin wird berichtet, dass ihnen an jenem Tag etwa 3000 hinzugefügt wurden (Apg 2, 41).

Daraus lässt sich zweierlei entnehmen:
1. Die Taufe ist das reinigende Wasserbad, durch welche die Kirche geheiligt und von Sünde gereinigt wird und deshalb ohne Makel und Runzeln ist (Eph 5, 26 f.). Sie bewirkt die Abwaschung von der Sünde (1 Kor 6, 11: „Ihr seid reingewaschen von der Sünde, seid geheiligt, seid gerecht geworden im Namen Jesu Christi, des Herrn, und im Geist unseres Gottes"). Die sündenvergebende Wirkung stellt in allen Kirchen die Grundlage jeder christlichen Interpretation der Taufe dar. Ausdruck ist das Bekenntnis zur „einen Taufe zur Vergebung der Sünden" im Großen Glaubensbekenntnis.[3]
2. Im Unterschied zur Johannestaufe geschieht die christliche Taufe der Umkehr zur Vergebung der Sünden auf den Namen oder im Namen Jesu Christi (Apg 2, 38; 10, 48). Damit kommt zum Ausdruck, dass der Getaufte Christus als seinem Herrn übereignet ist und dass die Umkehr das Werk Gottes selbst in Jesus Christus ist. Weil der Täufling mit der Taufe in den Tod und die Auferstehung Christi hineingezogen wird, wird er befreit von der Macht der Sünde. Diese Befreiung durch den Heiligen Geist wird realisiert in der Eingliederung in den Leib Christi, die Kirche. „Durch den einen Geist wurden wir in der Taufe alle in einen einzigen Leib aufgenommen" (1 Kor 12, 13a). Damit wird deutlich, dass die Taufe als Zeichen der Umkehr und der Neuschöpfung aus dem Heiligen Geist einen gemeinschaftlichen Aspekt hat.

Das neue Leben aus der Taufe ist für den Christen neben der Gabe auch eine Aufgabe. Er lebt in dieser Welt, ist aber nicht von dieser Welt. Deshalb muss das, was in dem einen Taufakt ein für alle Mal

---

[2] Vgl. auch Röm 5, 1 und 6, 1; vgl. Hofius, Versöhnung im NT, 18 f.
[3] „Confiteor unum baptisma in remissionem peccatorum." DS 150.

geschehen ist, im Leben der christlichen Gemeinde und im Leben des einzelnen Christen täglich neu realisiert werden. Täglich müssen die Getauften die Umkehr, die immer neue Hinkehr zu ihrem Herrn, einlösen. Täglich sind sie auf sein vergebendes Wort angewiesen. Die eine und unwiederholbare Taufbuße wird gelebt in der täglichen Buße.[4]

2.2 Und wenn jemand nach der Versöhnung mit Gott wieder sündigt?

Um die gemeinschaftliche Dimension von Schuld, Buße und Versöhnung zu erfassen, tut ein Blick in die neutestamentlichen Schriften gut, der uns erschließen kann, wie die Christen miteinander umgegangen sind, wenn nach der grundlegenden Versöhnung des Einzelnen ein Rückfall in die unversöhnte Lebensweise erfolgt sein sollte.

Die Christen haben sich als Gemeinschaft der Heiligen verstanden und wurden in den Paulinischen Briefen auch so angeredet.[5] Diese Gemeinschaft fühlte sich einem Mitglied gegenüber, das gesündigt hatte, zur gemeinschaftlichen Verantwortung verpflichtet. Das Leben der Jüngergemeinde und der gegenseitige Umgang miteinander stehen unter dem Anspruch der gegenseitigen brennenden Liebe, die Paulus im Hohen Lied der Liebe (1 Kor 13) beschreibt. Diese Liebe verbindet alle, die umgekehrt sind und durch die Taufe in den Leib Christi, die Kirche, eingegliedert sind.

Deshalb ist es Aufgabe jedes Einzelnen zu verhindern, dass der oder die andere sündigt. Ein Mitglied, das sündigt, verletzt den ganzen Leib Christi. Diese hohe gegenseitige Verantwortung wird in der sogenannten „Gemeinderegel" (Mt 18, 15–18) beschrieben:[6]

„Wenn dein Bruder sündigt, dann geh zu ihm und weise ihn unter vier Augen zurecht. Hört er auf dich, so hast du deinen Bruder zurückgewonnen. Hört er aber nicht auf dich, dann nimm einen oder zwei Männer mit, denn jede Sache muss durch die Aussage von zwei oder drei Zeugen entschieden werden. Hört er auch auf sie nicht, dann sag es der Gemeinde. Hört er aber auf die Gemeinde nicht, dann sei er für dich wie ein Heide oder ein Zöllner. Amen, ich sage euch: Alles, was ihr auf Erden binden werdet, das wird auch im Himmel gebunden sein und alles, was ihr auf Erden lösen werdet, das wird auch im Himmel gelöst sein."

Zum ersten Mal ist hier einerseits beschrieben, dass es Sünden gegeben hat, die als schwerwiegend und störend für die ganze Gemeinschaft, für den ganzen Leib Christi, erfahren wurden. Deshalb wird

[4] Vgl. MESSNER, Feier der Umkehr und Versöhnung, 49 f.
[5] Vgl. Röm 1, 7; 1 Kor 1, 2; 2 Kor 1, 1 u. a.
[6] Vgl. dazu auch Lev 19, 17.

hier zweitens beschrieben, wie in einem solchen Fall vorzugehen ist. Freilich ist das noch keine ausgeprägte Form der Buße.

Paulus erwähnt in seinen Schriften ähnliche Vorgehensweisen. In außerordentlichen Fällen kennt Paulus die beständige oder zeitweilige Exkommunikation des Sünders mit heilendem Ziel, zum Schutz der Gemeinschaft (vgl. Gal 5,19–21; 1 Kor 5 oder 2 Kor 2,5–11). Bei weniger schweren Sünden rät er, den Sünder zu ermahnen, um ihn zu korrigieren und wieder auf den rechten Weg zurückzuführen (Gal 6,1).

Diese knappen Anmerkungen mögen genügen, um zu verdeutlichen, dass sich die Christen erstens mit der Taufe als grundsätzlich versöhnt mit Gott verstanden haben und zweitens, dass sie sich gegenseitig verantwortlich gewusst und gefühlt haben, wenn ein Mitglied der Jüngergemeinde gesündigt und die Gebote des Herrn verletzt hat.[7]

3. Die kanonische gemeinschaftliche Buße (2.–6. Jh.)

„Im 4. und 5. Jahrhundert finden sich im Westen noch einige Vertreter der altkirchlichen Konzeption der Buße und des Bußverfahrens als eines betenden und helfenden Dienstes der Gemeinde am sündigen Mitchristen, wovon die ganze Kirche existenziell betroffen ist und wofür deshalb die ganze Gemeinde Verantwortung trägt.“[8]

Ambrosius betrachtete das Bußverfahren als kirchliche Fürbitte. Die Kirche hat von Christus den Auftrag erhalten, Sünden zu vergeben und sie führt diesen Dienst aus, indem sie den Vater um Nachlass für den Sünder bittet. Sie vergibt nicht in ihrem eigenen Namen, sondern im Namen des Vaters und des Sohnes und des Heiligen Geistes. Die Kirche bittet zwar um Vergebung. Allein Gott selbst gewährt sie.[9] Wer seine Sünden bekennt, hat nach Ambrosius Christus selbst zum Anwalt, wenn die Kirche für ihn betet.[10] In der Auslegung von Lk 15 deutet Ambrosius die drei Gleichnisse vom Verlorenen (Sohn, Schaf, Drachme): Der Vater, der den verlorenen Sohn wieder aufnimmt, ist Gott selbst. Der Hirt, der das verlorene Schaf sucht, ist Christus, und die Frau, die sich über die verlorene und wiedergefun-

---

[7] Vgl. MESSNER, Feier der Umkehr und Versöhnung, 54 ff.
[8] MESSNER, Feier der Umkehr und Versöhnung, 99.
[9] Vgl. De Spir. sancto 3,137: CSEL 79,208; MESSNER, Feier der Umkehr und Versöhnung, 99.
[10] Vgl. Expos. Ev. Lc 7,225: CChr SL 14,292; vgl. 5,92: ebd. 164f.; De paen. 2,10,92: CSEL 73,199.

dene Drachme freut, ist die Kirche. Die drei wirken im Bußverfahren zusammen: Christus trägt den Sünder auf der Schulter, wie der gute Hirte, weil er dessen Sünde zu seiner eigenen gemacht hat und sie (als Last) trägt. Die Kirche geht ihm nach, indem sie für ihn Fürbitte einlegt. Der Vater nimmt ihn auf und bekleidet ihn, indem er ihm die Wieder-(!)Versöhnung gewährt.[11] Der Büßer muss umkehren, ein neuer Mensch werden und Christus nachfolgen. Das kann er, weil ihm das die heilende und helfende Sorge der Kirche ermöglicht.[12] Augustinus argumentiert in ähnlicher Richtung wie Ambrosius. In seinen Schriften wird deutlich, dass Exkommunikation und Buße nicht verwechselt werden dürfen: Die Exkommunikation dient der Strafe, die Buße der Heilung: „aut excommunicando punitur ... aut paenitendo sanatur"[13]. Todsünder sind zu exkommunizieren, bis sie durch das Bußverfahren geheilt werden.[14] Die Sündenvergebung als Heilung des kranken Gliedes am Leib Christi geschieht durch die ganze Kirche, durch das Gebet der „ecclesia sine macula et ruga". Nach der Auslegung von Augustinus hat die ganze Gemeinde die Macht, zu binden und zu lösen, weil die Apostel bei der Beauftragung durch den Herrn (Joh 20,21–23) „personam gerebant Ecclesiae"[15], also die ganze Kirche, darstellten.[16] Das Lösen und das Binden wird als Vorgang verstanden, der die ganze Kirche betrifft. Es ist Aufgabe der Gemeinde, die bei Gott ihre Fürbitte einlegt.[17] Die Sünde des Einzelnen betrifft die ganze Kirche, deshalb muss auch die ganze Kirche für diesen Einzelnen eintreten und ihn wieder zur Versöhnung führen. Das Binden und Lösen steht also im engsten Zusammenhang mit der pax cum ecclesia: Der Friede mit der Kirche vergibt die Sünden, die Trennung von der Kirche bindet den Sünder.[18] Sünden vergeben heißt konkret, die Gemeinschaft mit der Kirche gewähren. Das geschieht in der Taufe durch die „Einverleibung", die Aufnahme in die Kirche als Glied des Leibes Christi, in der Buße durch die Rekonziliation, die Wiederversöhnung. Die Ver-

[11] Vgl. Expos. Ev. Lc 7,208: CCHR.SL 14,286.
[12] Vgl. De paen. 2,96: CSEL 73,201; MESSNER, Feier der Umkehr und Versöhnung, 99f.
[13] De bapt. 7,53,101: CSEL 51,373.
[14] Vgl. De fide et op. 19,34: CSEL 41,79.
[15] De bapt. 3,18,23: CSEL 51, 214–216.
[16] Augustinus legt das parallel zur Übergabe der Schlüsselgewalt an Petrus aus (Mt 16,18f.), der die Kirche darstellt.
[17] Vgl. Serm. Guelf. 16,2: PLS 2,580f.; vgl. Serm. 295, 2,2: PL 38,1349; Serm. 214,11: ebd. 1071f.
[18] Vgl. De bapt. 3,18,23: CSEL 51,214f.

söhnung des Sünders mit Gott wird durch seine Versöhnung mit der Kirche bezeichnet (und dadurch bewirkt).[19]

Wie nun muss man sich den Vorgang der Wiederversöhnung rituell beziehungsweise liturgisch vorstellen?

Eine Vorstellung von der gottesdienstlichen Gestalt des Bußverfahrens in der römischen Kirche um 400 lässt sich aus einigen Notizen bei Hieronymus und Sozomenos gewinnen. Hieronymus beschreibt in der Epistola 77, 4 f.: Die Buße der vornehmen Römerin Fabiola, die sich von ihrem ehebrecherischen Mann getrennt hat und eine zweite Ehe eingegangen ist. Nach dem Tod des zweiten Mannes geht sie in sich und unterwirft sich der öffentlichen Buße. Es scheint sich um eine Art Schnellverfahren zu handeln. Fabiola kommt, offenbar am Gründonnerstag, zur Kirche, betritt sie aber nicht, da sie exkommuniziert ist. Sie gibt sich durch ihr Aussehen – sie trägt ein Bußgewand und keine Kopfbedeckung – als Büßerin zu erkennen. Mit diesem Verhalten gibt sie zwar kein öffentliches Bekenntnis ab, weil dies wohl überhaupt nicht nötig war, da der Fall stadtbekannt gewesen sein dürfte. Sie wird vom Bischof, der sie aus der Kirche ausgestoßen hatte, wieder in die Kirche hineingeführt. Fabiola steht am Büßerplatz in der Kirche und empfängt unter dem Gebet der Gemeinde durch die bischöfliche Handauflegung die Rekonziliation, also die Wiederversöhnung. Die Intensität ihrer Buße ersetzte wohl eine längere Bußzeit.

Was die Rekonziliation bedeutet, die in Rom nach dem Zeugnis von Papst Innozenz I. in seinem 416 geschriebenen Brief an Decentius am Gründonnerstag stattfindet, erläutert Hieronymus in seinen Dialogen mit Luzifer. Durch die Handauflegung des Bischofs wird der Heilige Geist auf den Poenitenten herabgerufen. So wird er unter dem Gebet aller Gläubigen wieder zum Altar zugelassen, das heißt mit der Kirche wiederversöhnt. Durch die Tränen aller Glieder wird das eine Glied wieder geheilt, denn der Vater, also Gott, kann nicht versagen, worum ihn die Mutter, also die Kirche, für ihre Kinder bittet.[20]

Neben diesem besonderen Fall haben wir noch weitere Nachrichten über den rituellen und liturgischen Vollzug der Buße. So gab es regelmäßig in der Quadragesima eine Büßersegnung. Die Büßersegnung hat entweder vor der Kommunion oder ganz am Schluss der Messe stattgefunden. Wie dieser Ritus in Rom um die Mitte des 5. Jahrhunderts ausgesehen hat, lässt eine Nachricht in der Kirchen-

---

[19] Vgl. Messner Feier der Umkehr und Versöhnung, 100.
[20] Vgl. Dial. c. Lucif. 5: PL 23,159; Jungmann, Bußriten, 5 f.; Messner, Feier der Umkehr und Versöhnung, 101.

geschichte des Sozomenos ahnen. Dort heißt es: „Dort gibt es einen besonderen, für alle sichtbaren Platz für die Büßer. Da stehen sie beschämt und voller Trauer. Dann, bei Vollendung des Gottesdienstes, in welchem sie an dem, was nur den Eingeweihten zusteht, nicht teilnehmen durften [= Kommunionempfang], werfen sie sich mit Seufzen und Stöhnen zur Erde nieder. Der Bischof kommt ihnen weinend entgegen und wirft sich ebenfalls zu Boden unter Klagerufen und die ganze versammelte Gemeinde zerfließt in Tränen. Darauf erhebt sich zuerst der Bischof und lässt auch die Daliegenden aufstehen. Nachdem er dann geziemenderweise ein Gebet über die reuigen Sünder gesprochen hat, entlässt er sie."[21]

Prosper von Aquitanien bezeugt Mitte des 5. Jahrhunderts eine Fürbitte für die Büßer. Das kanonische Bußverfahren ist fürbittender Dienst der Kirche für ihre schwachen und kranken Glieder.[22]

Das gelasianische Sakramentar[23] aus dem 6. Jahrhundert, ein Vorgängerbuch der späteren Messbücher, beschreibt verschiedentlich den öffentlichen Bußvorgang. Am Aschermittwoch („caput quadragesimae") wird der Büßer zur Buße zugelassen, mit dem Bußgewand bekleidet, und es wird für ihn gebetet. Bis zum Gründonnerstag wird er dann in einem Nebenraum der Kirche interniert. An dieser Vorgehensweise wird die veränderte Auffassung des Bußverfahrens erkennbar: Die Buße wird nun als Strafe verstanden, obwohl die liturgischen Texte noch ganz in der altkirchlichen Tradition eines fürbittenden Dienstes der Gemeinde für ihre erkrankten Glieder stehen.[24] Bei der Rekonziliation am Gründonnerstag bittet zunächst der Diakon darum, die Büßer wieder aufzunehmen. Darauf werden die Pönitenten vom Bischof (sive alio sacerdote!) vermahnt, nicht rückfällig zu werden; schließlich werden sie rekonziliiert, indem der Bischof für sie betet.[25]

Aus diesen Beobachtungen kann man zusammenfassend über die kanonische öffentliche Buße sagen:
Die kanonische Buße erfolgte unter direkter Aufsicht des Bischofs. Er nahm den Sünder in die Schar der Büßer auf, gewöhnlich zu Beginn der Quadragesima am Aschermittwoch.
Er sprach ihnen vor Ostern am Gründonnerstag die Wiederversöhnung zu.

---

[21] Übersetzung nach JUNGMANN, Bußriten, 5. Vgl. MESSNER, Feier der Umkehr und Versöhnung, 101 f.
[22] Vgl. MESSNER, Feier der Umkehr und Versöhnung, 102.
[23] Hier wird die Ausgabe von Mohlberg ³1981 (zitiert GeV) verwendet.
[24] Vgl. GeV 80–83.
[25] Vgl. GeV 352–359. Vgl. zur Entwicklung JUNGMANN, Bußriten, 38–44.

Der Bußvorgang war öffentlich, nicht aber das Bekenntnis der Sünden.[26]

Die Gemeinde hatte ihren Anteil am Bußvorgang: Sie betete, sie weinte, sie seufzte und litt mit und für die Sünder. Die Büßer bildeten einen eigenen Stand in der Kirche. Die Büßer unterlagen einschneidenden Einschränkungen: Exkommunikation (d. h. auch: Sie konnten nicht heiraten), Verlust der Bürgerrechte.[27]

Dieses öffentliche oder kanonische Bußsystem löste verschiedene Entwicklungen aus, die letztlich auch zu seiner Aufgabe führten.

Das kanonische Bußverfahren blieb für junge Sünder und für alle in bestimmten sozialen und familiären Situationen unzugänglich, wenn sie nicht den rigorosen Auflagen Folge leisten wollten oder konnten. Deshalb sparten viele die Buße bis zum Lebensende auf und sie wurde zu einer Übung auf dem Sterbebett.[28]

Bis Ende des 5. Jahrhunderts ist die Fürbitte der ganzen Gemeinde für die Büßer wichtiges und konstitutives Element des Bußvorganges, weshalb man auch von öffentlicher Buße spricht. Ab dem 5. Jahrhundert setzt sich ein typisch westliches Denken durch: Entscheidend für den kirchlichen Akt ist allein das Tun des Klerus. Die Teilnahme der Versammlung beziehungsweise der Gemeinde ist aus diesem Blickwinkel zwar eine gute Sache, aber nicht konstitutiv. Auf diesem Hintergrund wurde die Versöhnungsliturgie zu einer Klerusliturgie. Für die Buße und Wiederversöhnung heißt das: Die Wiederversöhnung (jetzt: Nachlass der Sünden) geschieht allein gültig durch die Gebete des Priesters.[29]

Der Verfall der öffentlichen Buße hängt eng zusammen mit dem Selbstverständnis der Kirche. Die Kirche entwickelt sich zur Volkskirche und versteht sich nicht mehr als Gemeinschaft der Heiligen. Viele der alten Gepflogenheiten verlieren ihren ursprünglichen Charakter und nehmen neue Formen an.

Hatte sich in der Alten Kirche der Getaufte dadurch, dass er Glied der heiligen Kirche war, schon erlöst gewusst und als mit Gott Versöhnter gelebt, so galt es nun, durch einen den Geboten (Gottes beziehungsweise der Kirche) entsprechenden Lebenswandel sich auf die Erlösung im Jenseits vorzubereiten. Das Verständnis der kanonischen Buße verschob sich dementsprechend von der Wiederver-

---

[26] Vgl. Leo der Große, Ep 168: PL 54, 1210–1211.
[27] Vgl. zu dieser Zusammenstellung Augé, Liturgia, 171.
[28] Vgl. Augé, Liturgia, 172.
[29] Vgl. Messner, Feier der Umkehr und Versöhnung, 115–116.

söhnung dessen, der durch eine besonders schwere Sünde aus dem Heil herausgefallen war, auf die Vergebung der Sünden des einzelnen Christen, der mit Hilfe der Kirche und ihrer Heilsvermittlung der Erlösung erst entgegenging.[30]

4. Ablösung durch die Beichte (ab 6. Jh.)

Im Frühmittelalter wurde das kanonische Bußverfahren von der aus der monastischen Praxis stammenden Beichte abgelöst. Die beiden Bußsysteme blieben noch das ganze Mittelalter hindurch parallel bestehen, wobei das kanonische Bußverfahren bis auf wenige Orte rasch verschwand. Kurz seien die Faktoren, die für unseren Zusammenhang wichtig zu sein scheinen, genannt:

4.1 Das veränderte Gemeindebewusstsein

Die Alte Kirche baute ihre Ekklesiologie, ihr Leben auf die Gemeinde auf. Dieses Gemeindebewusstsein schwand mit der Entwicklung zur Volkskirche und der Ausbreitung der Kirche. Das antike Städtewesen im Mittelmeerraum als Nährgrund der frühen Kirche verschwand und machte vor allem im Norden großen Landgemeinden Platz, die über weite Gebiete zerstreut waren. An mehrfache tägliche Versammlungen zum (Tagzeiten-)Gebet und ein intensiveres gemeinsames Glaubensleben war nicht mehr zu denken.[31]

4.2 Veränderte Spiritualität

Vor allem bei der Ausbreitung der Kirche nördlich der Alpen spielte das Mönchtum mit seiner Spiritualität eine entscheidende Rolle. Das verband sich mit einer Leistungsfrömmigkeit: Man musste sich das Heil verdienen, der christliche Glaube wurde als ein System von Morallehren begriffen. Entsprechend wurde die (Mönchs-)Beichte als Hilfe angesehen.

Die Kirche wurde nicht so sehr als die eschatologische Gemeinschaft der Heiligen verstanden, sondern als die Vermittlerin des Heiles durch die Sakramente, aber auch durch heilige Gegenstände und Personen.[32]

---

[30] Vgl. MESSNER, Feier der Umkehr und Versöhnung, 117.
[31] Vgl. TAFT, Liturgy of the Hours, 297–306.
[32] Vgl. TAFT, Liturgy of the Hours, 299 f.; MESSNER, Feier der Umkehr und Versöhnung, 161 f.

Als Konsequenz daraus ergab sich eine neue Sicht der Taufe: Die Taufe wurde nicht wie in der Alten Kirche als Endpunkt eines Bekehrungsprozesses und als Ende eines Weges zur Umkehr und Versöhnung verstanden, sondern als dessen Anfang. Das mittelalterliche Missionsziel war weithin nicht die persönliche Entscheidung für den Glauben, sondern die Entscheidung für die Taufe als den Akt, der den Heiden zum Christen macht. Die Kirche konnte diesem Christen dann durch ihre Gnaden das Heil vermitteln. Der Katechumenat wurde durch eine kirchliche Nacharbeit ersetzt, die den getauften Heiden durch Katechese, Sakramentenspendung und Seelsorgsmittel eigentlich erst zum Christen zu machen hatte. Die Taufe als erste Buße war nicht mehr erfahrbar, so dass auch das Verständnis der zweiten Buße als Wiedereingliederung in die Kirche sich wandeln musste.[33]

Wie sieht nun der Ritus für das neue Bußsystem aus?

Der Ritus wurde privat vollzogen: Der Sünder geht zu einem Priester (oder auch Mönch oder Diakon) und bekennt seine Sünden, ohne einen öffentlichen Akt oder Aufnahme in den Büßerstand. Der Priester legt dem Sünder ein Bußwerk auf, genau entsprechend der Festlegung in einem Bußbuch (deshalb Tarifbeichte). Dieses Bußwerk konnte verändert werden: Ein lang andauerndes, aber relativ leichtes Bußwerk konnte durch ein hartes, kürzeres ersetzt werden. Der Priester entließ daraufhin den Pönitenten, der nach Vollendung des Bußwerkes zu ihm zurückkehrte und die Wiederversöhnung erhielt. Die erste und wichtigste Eigenschaft des neuen Bußverfahrens war seine Wiederholbarkeit. Diese Art von Bußwesen brachte nicht die Verpflichtungen, die Einschränkungen und die Verbote der alten Buße mit, die ja auch noch nach der Wiederversöhnung anhielten.[34]

Bis vor wenigen Jahrzehnten oder Jahren wurde weithin fast monopolisch die Einzelbeichte als Weg zur Versöhnung mit Gott verstanden. Die Feier der Beichte (in ihrer alten und neuen Form) hat den ekklesialen Zusammenhang der Versöhnung zwar nicht vergessen, aber in der Form ihrer Feier auch nicht zum Ausdruck gebracht.[35]

---

[33] Vgl. MESSNER, Feier der Umkehr und Versöhnung, 163.
[34] Vgl. AUGÉ, Liturgia, 172f.
[35] Die Absolutionsformel der sakramentalen Beichte in ihrer heutigen Form nimmt die ekklesiologische Bedeutung auf: „[...] Durch den Dienst der Kirche schenke er dir Verzeihung und Frieden. [...]" Die Feier der Buße, Studienausgabe 1974, 32f., bzw. „[...] per ministerium Ecclésiae indulgentiam tibi tríbuat et pacem. [...]" Ordo paeni-

5. Formen der Versöhnung

5.1 Klösterliche Formen der gemeinschaftlichen Versöhnung

In der Regel, die der Hl. Benedikt für seine Gemeinschaft verfasst hat, kommt an vielen verschiedenen Stellen zur Sprache, wie mit Verfehlungen unterschiedlichster Art umgegangen werden soll.[36] In dieser Ordnung ist noch ganz deutlich die oben schon allgemein festgestellte Verantwortung der ganzen Gemeinschaft für ein Glied, das sich verfehlt, zu spüren. Nicht nur ein Mitglied der Gemeinschaft hat ein Problem, sondern alle sind davon betroffen und tragen mit an diesem Problem.

Im Laufe der Zeit haben die verschiedenen klösterlichen Gemeinschaften Wege entwickelt, mit Schuld und Versagen umzugehen. Leider ist es schwer, dazu neuere Literatur oder Informationen zu finden. Ich habe deshalb eine mir bekannte Zisterzienserin gebeten, mir über die „Culpa" oder das „Schuldkapitel" zu berichten. Diese Zisterzienserin berichtet aus der Abtei Mariastern in Gwiggen bei Bregenz:

„Ursprünglich ist die Culpa, das Schuldkapitel, eingebunden in die tägliche Kapitelsversammlung mit Verlesen eines Kapitels der Benediktsregel und einer Auslegung des Abtes dazu. Viele Gemeinschaften haben die Culpa nach dem Konzil ganz aufgegeben (von manchen inzwischen bereut), bei uns wurde sie immer beibehalten. Die traditionellen Termine für die Culpa waren Advent, Fastenzeit und die Tage vor unseren Ordenshochfesten (15. und 20. August).

Konvent und Noviziat versammeln sich getrennt zum Schuldkapitel (zu meiner Noviziatszeit monatlich vor dem Retraitesonntag, jetzt dürfte das anders sein). Ich erinnere mich, dass wir alle knieten, die Novizenmeisterin ein Einleitungsgebet sprach und dann eine nach der anderen kanonisch ihr „Sprüchlein" aufsagte. Es gab ein festes Schema, zu welchen Observanzen man sich zu äußern hatte: Stillschweigen, Officium, Pünktlichkeit, das klösterliche Leben (darunter fällt alles, was den Alltag betrifft: zerbrochene Dinge, Umgang mit Licht und Strom, Schäden, die man irgendwie verursacht hat) und die schwesterliche Liebe. Das hörte sich ungefähr so an:

„Es ist meine Schuld, dass ich das große und kleine Stillschweigen gebrochen habe durch unnötiges Reden bei der Arbeit und an ver-

---

tentiae, 27. Die Kirchenrechtler verstehen die zur gültigen (nicht nur erlaubten!) Feier der sakramentalen Versöhnung notwendige Beichtvollmacht als Zeichen des ekklesialen Bezugs der Beichte, so Markus Walser in einem Vortrag am 17.06.2009 an der Theologischen Fakultät Trier.

[36] Vgl. u. a. Regula Benedicti 23; 24; 25; 26; 27; 28; 44; 45; 46.

botenen Orten, dass ich das Officium nicht gut vorbereitet habe und Fehler gemacht habe beim Singen und Beten (und Orgelspielen), dass ich öfters zu spät zum Choreinzug und zum Tischgebet gekommen bin, dass ich zwei Teller zerbrochen habe, ‚Wasser und Speisen verschüttet habe' (eine Standardformulierung bei den älteren Mitschwestern; ich habe das nie gesagt, weil es mir so komisch vorkam …), dass ich einen Kratzer ins Auto gemacht habe, … dass ich die schwesterliche Liebe verletzt habe durch … Ich bitte um Gottes Willen um Verzeihung und um eine Buße. Ich will mich mit der Hilfe und Gnade Gottes bessern."

Im Konvent standen je zwei Schwestern in der Mitte des Refektoriums (der originale Ort wäre natürlich der Kapitelsaal) und legten ihr Bekenntnis ab. Später wurde das aufgegeben, jede stand nur mehr an ihrem Platz auf. Nächste Stufe war, dass man zum Schuldbekenntnis auch einen Dank hinzufügen konnte.

Nach der Wahl der neuen Äbtissin 2005 haben wir neu überlegt, wie wir das Schuldkapitel halten wollen. Einerseits war der Wunsch nach einer anderen Gestaltung da, andererseits auch nach größerer Häufigkeit.

Jetzt nennen wir das Kind „Rückblick" in der Form: Wir sitzen in einem Stuhlkreis, eine Schwester hat eine Mitte gestaltet und den Rückblick vorbereitet, d. h. auch unter ein Thema gestellt. Zu diesem Thema (z. B. Wachsamkeit, Stille, Gegenwart Gottes) gibt es eine kurze Hinführung und die Möglichkeit, etwas dazu zu sagen (in irgendeiner Form, die mit der Vorbereitung zusammenhängt). Danach sind wir eingeladen, Dank und Vergebungsbitte auszusprechen – für ein oder zwei Vergehen, die gerade einem selber wichtig erscheinen. (Das ist manchmal sehr interessant oder auch amüsant – die Originalität jeder Schwester kommt da sehr zum Ausdruck). Jede kann, aber keine muss etwas sagen, die Reihenfolge ist ebenso frei. Abschließend lädt die Mutter Äbtissin zu einer Buße ein (d. h. sie gibt an, was zu tun oder zu beten ist).

Es tut schon gut, vor allen etwas einzugestehen, wodurch alle zu Schaden gekommen sind – und es tut gut, so ein Bekenntnis von den anderen zu hören. Dass es dabei nicht um Dinge geht, die in die Beichte gehören, ist klar. Insgesamt, besonders in der neuen Form, eine gute gemeinschaftliche Übung, die, wie einmal eine Mitschwester formulierte „wieder reine Luft schafft".[37]

Ein Zeugnis, wie heute eine Gemeinschaft mit Schuld und Versagen gemeinschaftlich und offen umgeht.

---

[37] Schriftliche Mitteilung von Sr. M. Gratia Pfaffenbichler OCist vom 16.07.2009.

5.2 Versöhnende Elemente in der Liturgie

Man kann gewiss nicht sagen, dass die Liturgie Schuld und Sünde nicht anspricht. Auf ein Beispiel möchte ich eingehen: das Schuldbekenntnis in der Messe. Das „Confiteor" ist eine der im Messbuch angebotenen Möglichkeiten, den Bußakt der Messe zu begehen.[38] Seine Verwendung ist meinem Eindruck nach regional sehr unterschiedlich. In gedruckten Vorschlägen zur Liturgiegestaltung überwiegt die Form C des Messbuches mit der Kyrie–Litanei, die zwei eigentlich selbstständige Teile verknüpft. Gerade diese Form misslingt in ihrer praktischen Umsetzung häufig.

Das Schuldbekenntnis in der Messe ist ein Ort, an dem sich deutlich die Situation des Menschen widerspiegelt: Er ist von Gott geliebter Sünder. Da ist niemand besser als der oder die andere. Nehmen wir das ernst? Ja, es ist unbequem, immer wieder daran erinnert zu werden. Vielleicht steht das Schuldbekenntnis deshalb nicht in so hohem Ansehen. Aber nehmen wir auch andere Aspekte des Schuldbekenntnisses ernst? Dort heißt es nämlich auch: „Darum bitte ich die selige Jungfrau Maria, alle Engel und Heiligen und euch, Brüder und Schwestern für mich zu beten bei Gott, unserm Herrn."[39] In dieser Bitte wird sehr schön zum Ausdruck gebracht, dass wir als Sünder auch gegenseitig füreinander Verantwortung tragen. Und das gilt für die Kirche des Himmels und der Erde. Nur: Wie setzen wir diese Verantwortung um, und wie erfüllen wir die Bitte der Schwestern und Brüder um das Gebet?[40] Oder noch einmal anders formuliert: Wie kann der formalisierte und ritualisierte Bußakt am Beginn der Messe zu einer Erfahrung der Versöhnung mit Gott und Mensch werden, weil man sich gegenseitig trägt und stützt?[41]

6. Überlegungen aus dem Dargestellten

Der Blick in die Liturgiegeschichte hat verschiedene Formen der gemeinschaftlichen Versöhnung in der Liturgie gezeigt. Allerdings sind manche Formen außer Übung gekommen, bei anderen hat sich die Wahrnehmung verschoben.

Das Grundereignis der Sündenvergebung und der Versöhnung mit

---

[38] Zu einer Übersicht vgl. EMMINGHAUS, Messe, 177 ff.
[39] MB ² 1988, 326.
[40] Vgl. dazu auch die kritischen Anmerkungen von Robert SPAEMANN, Alte Messe, hier 86.
[41] Zum Verhältnis von Eucharistie und Sündenvergebung vgl. TYMISTER, Eucharistie und Versöhnung.

Gott ist für jeden Christen die Taufe. Die im Akt der Taufe realisierte Abwendung vom Bösen und Zuwendung zum Herrn und Schöpfer des Lebens, die darin vollzogene Versöhnung mit Gott bleibt eine lebenslange und täglich neue Aufgabe für jeden Christen. Die Versöhnung mit Gott muss immer wieder aktualisiert werden. Das geschieht z. B. in der Mitfeier der Eucharistie, wo der Christ Anteil hat an Christi Blut (und Leib), das Christus zur Vergebung der Sünden vergossen hat. Das geschieht im Hören auf Gottes Wort, im gemeinsamen Bedenken dieses Wortes und seiner Bedeutung für das Leben, im persönlichen wie gemeinschaftlichen Gebet, im gemeinsamen Bekenntnis der Sünden, im Gebet um Verzeihung und Frieden, in der geistlichen Begleitung und in der Beichte und in immer neuen Akten der Versöhnung mit den Mitmenschen in der Hingabe des Lebens in der Nachfolge Christi, in der Nächstenliebe und im Einsatz für Gerechtigkeit und Frieden in der ganzen Welt. Diese erste Versöhnung und ihre tägliche Umsetzung hat also zutiefst etwas mit der Gemeinschaft der Kirche zu tun.

Es gibt aber auch den Fall, dass sich ein mit Gott durch die Taufe versöhnter Mensch durch eine sehr schwere Sünde selber aus der Gemeinschaft der Kirche, aus der Gemeinschaft der Heiligen, aus dem Leib Christi abgetrennt und ausgesondert hat. Dann gibt es in der sakramentalen Buße die Möglichkeit, die Versöhnung mit Gott wiederzuerlangen. Der Blick in die Geschichte zeigt, dass sich aus einem zunächst gemeinschaftlichen und öffentlichen Vorgang immer mehr ein privater und nichtöffentlicher Weg herausgebildet hat.

Die Menschen brauchen Versöhnung, sehnen sich nach einem versöhnten Leben.[42] Gleichzeitig steht neben dem Wunsch der Menschen das Angebot Gottes. Welche Wege kann die Kirche den Menschen anbieten? Und wie kann sie damit zu einer versöhnten Gesellschaft beitragen, die zwar einerseits eine immer stärkere Individualisierung aufweist, andererseits auch ständig neue Formen der Vergemeinschaftung entwickelt – oft ohne wirklich Gemeinschaft zu sein?

Werfen wir einen Blick auf die verschiedenen Formen der Versöhnung.

---

[42] Vgl. dazu die Anmerkungen bei WAHL, Unschuldswahn und Schuldkultur.

6.1 Die Beichte

Zweifellos ist dieses Sakrament in einer Krise. Auch wenn sie in gewissen Bewegungen eine erfreuliche Wiederbelebung erfährt,[43] ist im deutschen Sprachraum die Beichthäufigkeit in den Pfarreien in den letzten vier Jahrzehnten dramatisch zurückgegangen. Bis weit über die Hälfte des 20. Jahrhunderts hinweg sind die sakramentale Beichte und die häufige Kommunion Markenzeichen des gelebten Katholizismus gewesen. Darüber darf man nicht vergessen, dass viele Beichten schematisch und routinehaft abgelaufen sind. Man durchlief einen Ritus, wollte die Absolution, setzte sich allerdings oft nicht existenziell und ernsthaft mit sich und seinem Leben auseinander. Sicher hatte die hohe Beichtfrequenz auch ihre guten Seiten: Die Menschen sind ins Gespräch mit dem Seelsorger gekommen. Bei diesen Gesprächen war dann manchmal der Schritt zu einer größeren Tiefe möglich. Und: Man wusste, wo man einen kompetenten Gesprächspartner bei Lebensfragen fand.

Früher wie heute muss Umkehr und Buße gelebt werden. Gottes rettendes Wort muss verkündet und im Glauben angenommen werden, damit Versöhnung und Frieden erfahren werden können. Die seit vielen Jahrhunderten bewährte, durch Überlastung kraftlos gewordene Einzelbeichte bedarf in der Zukunft einer neuen Belebung. Aber gerade nicht durch den ohnehin vergeblichen Versuch der Wiederherstellung des alten Systems, vielmehr, indem der Einzelbeichte als einem Element im Rahmen einer vielfältigen Bußpraxis die angemessene Funktion als Instrument der Seelenführung zugeordnet wird.

6.2 Sakramentale und nichtsakramentale Formen der Versöhnung

Wenn die Vergebung der Sünden in einer Vielfalt von gottesdienstlichen Vollzügen erfahren werden kann, stellt sich die Frage nach der Unterscheidung einer sakramentalen und nichtsakramentalen Form der Versöhnung. Ich erinnere mich noch gut an meine Vikarszeit und den Versuch meines Pfarrers, den Erstkommunionkindern den Unterschied zwischen der nichtsakramentalen Bußfeier und der sakramentalen Beichte beizubringen. Er sagte etwa sinngemäß: „Man muss für sich selber erspüren und wissen, was einem gerade weiterhilft. Ob es jetzt die Aussprache, die Versöhnung in der sakramentalen Beichte ist, oder ob ein gemeinschaftlicher Bußgottesdienst

---

[43] Hier könnte der Weltjugendtag oder „Nightfever" beispielhaft angeführt werden als Veranstaltungen, bei denen die sakramentale Versöhnung angeboten und gefeiert wird.

angemessen ist." So gut dies gemeint und vielleicht auch theologisch begründet und richtig war: Für Erstkommunionkinder ist eine solche Unterscheidung eine hoffnungslose Überforderung. Die Situation drückt aber unsere Realität aus. Viele Menschen suchen Versöhnung, wissen aber nicht, wie sie zu einem versöhnten Leben gelangen können.[44]

6.3 Problematik der heutigen Form der Beichte und neue Wege

Ein Großteil der Problematik des scholastisch-tridentinischen Bußsystems liegt in der Überforderung der Beichte, die zweierlei leisten muss: einerseits Seelenführung und geistliche Begleitung, wo sie eigentlich beheimatet ist, und andererseits Rekonziliation der Büßer, die sich durch ihre Sünde von der Gemeinde getrennt haben. Dabei geht es um deren Wiederversöhnung mit der Kirche, die allerdings die Beichte nicht zum Ausdruck und damit zur Erfahrung bringen kann. Wie diese Problematik entstanden ist, haben wir in der Geschichte gesehen. Die alte kanonische Kirchenbuße, die einen Bezug zur Gemeinde und zur Kirche hergestellt hat, geriet in die Krise. Die monastische Praxis der Beichte konnte die gemeinschaftliche und ekklesiale Dimension der Versöhnung nicht aufgreifen. Dennoch hat die Beichte über viele Jahrhunderte hinweg und bis heute immer noch eine wichtige und leider unterbewertete Funktion als Instrument der geistlichen Begleitung.

Um die notwendige Entflechtung von geistlicher Begleitung und Rekonziliation mit der Kirche zu erreichen, gilt es, die zwei Grundsituationen des getauften Sünders vor Gott klar zu unterscheiden. Da ist erstens die Situation des gerechtfertigten Sünders, der auch als solcher täglich Umkehr und Buße zu realisieren hat und täglich des verzeihenden Wortes Gottes bedarf. Dann haben wir die Situation dessen, der aus der Rechtfertigungsgnade und damit aus der Heilserfahrung der Gemeinschaft der Kirche herausgefallen ist und einer neuerlichen Aufnahme bedarf.[45]

6.4 Der Umgang mit Schuld und Sünde

Die kasuistischen Bestimmungen unterscheiden verschiedene Arten von Sünde nach ihrer Schwere. Doch wie unterscheidet man tägliche, lässliche oder leichte Sünde von schwerer Sünde oder gar Todsünde? Viele Menschen haben kein oder nur ein sehr schwach aus-

---

[44] Vgl. MESSNER, Feier der Umkehr und Versöhnung, 232.
[45] Vgl. MESSNER, Feier der Umkehr und Versöhnung, 233 f.

geprägtes Bewusstsein für Schuld und Sünde, geschweige denn eine Gabe zur Unterscheidung verschiedener Sündengrade. Einer generellen Verharmlosung der Sünde im Leben des gerechtfertigten Christen wehrt die Heilige Schrift, die von „Sünde zum Tode" (vgl. 1 Joh 5, 16) spricht oder von Sünde, die vom Reich Gottes ausschließt (vgl. 1 Kor 6, 9 f. und Gal 5, 19–21). Die Gratwanderung zwischen Verharmlosung und Überbetonung ist schwer zu gehen. Gerade hier könnte eine Enttabuisierung helfen. Wird die Problematik von Schuld und Sünde im Leben einer Gemeinde auf gute Weise thematisiert, kann daraus ein befreiender Umgang entstehen, der letztlich hilft, sich selber im Licht Gottes zu sehen und die eigene Versöhnungsbedürftigkeit einzuordnen. Neulich sagte mir eine junge Erwachsene, dass sie es als sehr befreiend und ermutigend für eigene Schritte erfahren habe, als andere von ihren Beichterfahrungen berichtet haben. Wir reden einfach auch in unseren Gemeinden und in unserer Kirche zu wenig miteinander über unsere Versöhnungsbedürftigkeit und unsere Erfahrungen mit der Feier der Versöhnung.

Eine über die traditionelle Kasuistik hinausführende Einteilung der Schwere der Sünde wäre eine der wichtigsten Voraussetzungen der wirklich erneuerten Bußpraxis, welche zwischen täglicher Buße und zweiter Buße differenziert. Neuere Überlegungen versuchen hinter den Einzelakten der aktuellen Sünde die Grundhaltung zu erschließen, die hinter dem Guten wie dem Schwierigen steht. Es geht dabei darum, die unumstößliche Eingliederung in den Leib Christi zu sehen, auf deren Hintergrund die einzelnen sündhaften Akte zu betrachten sind. Die Lebensentscheidung für ein Leben mit Gott wird dadurch grundsätzlich nicht berührt. Diese neueren Ansätze versuchen dann, aus den einzelnen sündhaften Akten ebenfalls gewisse Wurzeln herzuleiten, die es mit dem Sakrament der Beichte zu heilen gilt. Trotzdem bleibt es eine höchst schwierige Aufgabe, im Einzelfall festzustellen, ob sich ein Christ von der Heilsgemeinde abgesondert hat und einer Wiederversöhnung bedarf oder ob diese grundsätzliche Eingliederung in die Heilsgemeinschaft nur beschädigt ist und einer Heilung bedarf.[46]

6.5 Erneuerung des altchristlichen Bußsystems in den USA

Gestalt und Interpretation des Bußverfahrens standen im Laufe der Geschichte immer in Wechselwirkung mit der Erfahrung und dem Verständnis von Kirche. Heute nimmt die Bedeutung der Ortsgemeinde in diesem Zusammenhang offensichtlich zu, in der theo-

---

[46] Vgl. Pesch, Frei sein aus Gnade, 166–170.

logischen Reflexion, aber auch im Leben mancher Gemeinde. Sowohl für die Taufe als auch für die Buße hat man im 20. Jahrhundert im Rahmen einer durch den neutestamentlichen Leib-Christi-Gedanken bestimmten Ekklesiologie das Gespür für die (Wieder-)Eingliederung in die Kirche als den Modus der Versöhnung mit Gott wiederentdeckt. Im Falle der Taufe hat diese Entwicklung bereits zu einer gottesdienstlichen Gestalt geführt, welche die Eingliederung als Prozess von Umkehr und Buße, der in der Feier der Aufnahme besiegelt wird, ernst nimmt. Die Feier der Eingliederung Erwachsener in die Kirche hält entsprechende liturgische Ordnungen bereit.[47]

In den USA, wo die Rezeption der Erwachseneninitiation wesentlich weiter fortgeschritten ist als im deutschen Sprachgebiet, experimentiert man mit einem von der altkirchlichen Buße und dem Ordo für die Erwachseneninitiation angeregten gestuften Bußverfahren, bei dem Christen, welche sich der Kirche entfremdet haben, analog der Katechumenatsgruppe in eine Büßergruppe aufgenommen und so in einen Prozess der Umkehr, der durch liturgische Feiern der Gemeinde vor allem in den 40 Tagen der Quadragesima strukturiert ist, zur vollen Wiedereingliederung in die Kirche geführt werden. Diese Rekonziliation wird an Ostern von der ganzen Gemeinde gefeiert. Ziel und Gestalt dieses Verfahrens differenzieren je nach der Art der Entfremdung der Teilnehmer.[48]

Bei Menschen, die zwar getauft sind, aber niemals im vollen Sinn am Leben der christlichen Gemeinde teilgenommen haben, handelt es sich um einen postbaptismalen Katechumenat, der Glaubenserweckung und Vertiefung gewährleisten soll und in einer bewussten Tauferneuerung in der Osternacht und der Teilnahme an der österlichen Eucharistie kulminiert. Ein eigentliches Bußverfahren stellt hingegen die Versöhnung der wahrhaft Entfremdeten dar, die sich schuldhaft von der Gemeinschaft der Kirche getrennt haben. Die zugrunde liegende Struktur des Umkehrprozesses ist die gleiche wie im vorigen Fall: Hören des Evangeliums, Betroffenheit und Beginn einer Umkehr, Antwort auf das Evangelium im Bekenntnis des Glaubens und der Sünde, das Setzen neuer Beziehungen zu Gott und den Menschen, Feier des versöhnten Lebens.

Ein durch Sünde Entfremdeter, der vom Wort Gottes ins Herz getroffen, zur Umkehr und Buße gekommen ist, wird als „returning member" in eine Büßergruppe aufgenommen, wobei er in einer got-

---

[47] Vgl. die Wiederbelebung des Erwachsenenkatechumenats und die auch bei der Kindertaufe wieder deutlicher gesehene ekklesiale Dimension dieser Feier. Vgl. dazu verschiedene Titel im Sammelband BALL – WERNER, Wege zum Christwerden.
[48] Vgl. FAVAZZA, The Order of Penitents, 253–271.

tesdienstlichen Feier ein Schuld- und Glaubensbekenntnis ablegt.
Daraufhin beginnt ein von der Fürbitte der Gemeinde begleiteter
und getragener, nicht von vornherein auf eine bestimmte Zeit zu be-
schränkender Prozess der Buße, der an Ostern oder kurz vor Ostern
mit der Feier der Versöhnung abgeschlossen wird. Dem Rekonzilian-
ten werden die Hände aufgelegt und er darf wieder voll an der Eucharistie teilnehmen, nachdem er während der Zeit im Büßerstand
von der Kommunion ausgeschlossen und deshalb nach dem Wortgottesdienst entlassen worden war. Ein derartiger differenzierter Ver-
söhnungsvorgang ermöglicht – im Unterschied zur traditionellen
Form des Bußsakramentes – der ganzen Gemeinde, am Wiederver-
söhnungsprozess Anteil zu haben.[49]

6.6 Small Christian Communities – Kleine Christliche Gemeinschaften

In unserem Zusammenhang soll auf die „Small Christian Communities" hingewiesen werden. Eine ganze Reihe von Überlegungen, u. a.
auch in der Literatur, beschäftigt sich mit Vorstellungen zur Zukunft
der Kirche. Dabei taucht immer wieder und unter unterschiedlichen
Namen die Vorstellung von der Kirche als Netzwerk kleiner christlicher Gemeinschaften auf. Christen treffen sich in kleinen Gruppen
von acht bis zwölf Personen, um miteinander zu beten und das Wort
Gottes in seiner Bedeutung für das eigene Leben zu teilen. Die Erfahrungen damit sind sehr ermutigend. Eine intensive Auseinandersetzung mit dem versöhnenden Wort Gottes scheint in diesen Gemeinschaften erfahrbar zu sein. Und sie bieten auch einen geschützten
Rahmen, in dem eine gemeinschaftliche Auseinandersetzung mit
Schuld und Sünde der Einzelnen stattfinden kann. In einer solchen
Gruppe könnte die nichtsakramentale Feier der Versöhnung ihren
Ort finden, wie z. B. das Schuldkapitel in den Klöstern. Und aus die-
sen Gruppen stammt auch die Erfahrung, dass man sich das Wort
Gottes, auch seine versöhnende Wirkung, nicht selber sagen kann.[50]

6.7 Erste Schritte

In manchen Gemeinden oder in Klöstern gibt es Ansätze zu einer
Erneuerung der Bußpraxis. Ein Beispiel dafür ist der Versöhnungstag
im Kloster Siessen.[51] Bei diesen neuen Ansätzen zur Feier der Versöh-

---

[49] Zum Ansatz in den USA vgl. Lopresti, Penance.
[50] Vgl. Vellguth, Kleine Christliche Gemeinschaften; Lee, Small Christian Communities.
[51] Vgl. die Ausführungen von Sr. Karin Berger in diesem Band.

nung steht mehr oder weniger der Vorschlag aus dem zweiten Kapitel des Ritualefaszikels „Die Feier der Buße" Pate, in dem eine „Gemeinschaftliche Feier der Versöhnung mit Bekenntnis und Lossprechung der Einzelnen" erfolgt.[52] Dabei wird in einer Versammlung zunächst ein Wortgottesdienst gefeiert. Nach der Homilie erfolgt eine Gewissenserforschung und ein allgemeines Sündenbekenntnis verbunden mit Fürbitten. Daran anschließend sind das Bekenntnis und die Lossprechung je einzeln vorgesehen. Abgeschlossen wird die Feier mit einem Lobreis der Barmherzigkeit Gottes, Dankgebet, Segen und Entlassung. Diese Form versucht, dem ekklesialen Charakter der Feier der Versöhnung gerecht zu werden. Sie kann dann gelingen, wenn die Versammlung anderweitig schon vorbereitet ist und die Gläubigen keine weitere Hilfe und Anleitung brauchen. Aus praktischen Erfahrungen zeigt es sich als schwierig bis unmöglich, die Versammlung nach dem Bekenntnis und der Lossprechung der Einzelnen noch aufrecht zu erhalten und den theologisch wichtigen Teil, den Lobpreis der Versöhnten, gemeinsam zu feiern.

Ein weiterer und vielleicht nicht ganz unrealistischer Schritt, um über das scholastisch-tridentinische Bußsystem hinauszukommen, wäre eine gestufte Feier der Versöhnung.

Das könnte so aussehen: Auf das geheime Sündenbekenntnis vor dem Priester folgt eine Phase von Umkehr und Buße, in der die Pönitenten das Bußwerk vollbringen. Während dieser Zeit sind die Pönitenten von der Kommunion ausgeschlossen und erfahren die fürbittende Unterstützung der Gemeinde. Dazu könnte eine eigene Fürbitte für die Pönitenten in der sonntäglichen Gemeindemesse vorgetragen werden, analog zur Fürbitte für die Katechumenen.

Die Feier der Wiederversöhnung muss die Eingliederung in die Kirche tatsächlich erfahrbar machen. Deshalb muss sie in der Gemeindemesse stattfinden. Die ganze Gemeinde bittet um Versöhnung und Wiederaufnahme. Die Rekonziliation der Pönitenten findet individuell unter Handauflegung statt. Der Höhepunkt der Feier ist der Empfang der Eucharistie, Zeichen der erneuerten Versöhnung und Gotteskindschaft.[53]

7. Schlussbemerkung

Die Sünde des Einzelnen hat Auswirkungen auf die ganze (kirchliche) Gemeinschaft. Der Umgang der Kirche mit den Ereignissen

---

[52] Vgl. Die Feier der Buße, Studienausgabe 1974, 35–47.
[53] Vgl. MESSNER, Feier der Umkehr und Versöhnung, 238.

beim Holocaust und bei sexuellem Missbrauch in kirchlichen Einrichtungen macht die Richtigkeit dieser Aussage deutlich. Deshalb müssen wir pastoral und liturgisch Möglichkeiten entwickeln, damit umzugehen: Als Gemeinschaft der Erlösten müssen wir lernen, Gliedern beizustehen, die durch eigenes Versagen die Kraft der Erlösung ganz oder teilweise verloren haben. Dazu ist es erforderlich, das Selbstverständnis der Kirche als Gemeinschaft der durch die Taufe von Gott Erlösten und zu seinem Leib Berufenen zu erneuern. Diese Erlösung bedarf der täglichen Erneuerung durch Umkehr und Buße, die ihre zeitgemäßen und ansprechenden Formen in der Liturgie braucht. Die kirchliche Tradition bietet dafür vielfältige Anregungen für sakramentale und nichtsakramentale Formen. In Treue zu dieser Tradition gilt es, stimmige Formen zu entwickeln, die dem Wunsch Christi nach der Versöhnung mit Gott (2 Kor 5,20) und der Sehnsucht der Menschen nach Versöhnung entsprechen.

Literatur

Luigi ACCATTOLI, *Wenn der Papst um Vergebung bittet. Alle „mea culpa" Johannes Pauls II. an der Wende zum dritten Jahrtausend.* Innsbruck, Wien 1999. Zitiert: ACCATTOLI, Vergebung.

Matias AUGÉ, *Liturgia. Storia, celebrazione, teologia, spiritualità.* 5. Aufl. Cinisello Balsamo (MI) 2003. Zitiert: AUGÉ, Liturgia.

Matthias BALL – Ernst WERNER, Hg. *Wege zum Christwerden. Der Erwachsenenkatechumenat in Europa.* Ostfildern 1994. Zitiert: BALL – WERNER, Wege zum Christwerden.

Johannes H. EMMINGHAUS, *Die Messe. Wesen – Gestalt – Vollzug.* 5. Aufl. Klosterneuburg 1992. Zitiert: EMMINGHAUS, Messe.

Joseph A. FAVAZZA, *The Order of Penitents. Historical Roots and Pastoral Future.* Collegeville, Minnesota 1988. Zitiert: FAVAZZA, The Order of Penitents.

Lothar GROPPE, *Das große ‚Mea culpa' der Kirche*: Katholische Bildung 101 (2000), 361–363. Zitiert: GROPPE, Mea culpa.

Otfried HOFIUS, *Versöhnung II. Neues Testament*: MÜLLER, Gerhard u. a., Hg. TRE. Berlin – New York 2003, 18–22. Zitiert: HOFIUS, Versöhnung im NT.

Josef Andreas JUNGMANN, *Die lateinischen Bußriten in ihrer geschichtlichen Entwicklung.* (FGIL 3/4). Innsbruck 1932. Zitiert: JUNGMANN, Bußriten.

Bernard J. LEE [u. a.], *The Catholic experience of small Christian communities.* New York 2000. Zitiert: LEE, Small Christian Communities.

Liturgische Institute Salzburg, Trier, Zürich, Hg. *Die Feier der Buße. Nach dem neuen Rituale Romanum.* Studienausgabe. Freiburg im Breisgau [u. a.] 1974. Zitiert: Die Feier der Buße, Studienausgabe 1974.

James LOPRESTI, *Penance: A Reform Proposal for the Rite.* Washington, D.C. 1987. Zitiert: LOPRESTI, Penance.

[Messbuch <1975>]. *Die Feier der Heiligen Messe. Messbuch für die Bistümer des deutschen Sprachgebietes.* Authentische Ausgabe für den liturgischen Gebrauch. Kleinausgabe. 2. Aufl. Freiburg im Breisgau 1988. Zitiert: MB ²1988.

Reinhard MESSNER, *Feier der Umkehr und Versöhnung*: MEYER, Hans Bernhard u. a., Hg. Sakramentliche Feiern I/2. Regensburg 1992, 9–240. Zitiert: MESSNER, Feier der Umkehr und Versöhnung.

Leo Cunibert MOHLBERG, Hg., *Liber Sacramentorum Romanae Aeclesiae Ordinis Anni Circuli.* Rerum Ecclesiasticarum Documenta, Series Maior, Fontes IV. 3. Aufl. Roma 1981. Zitiert: GeV.

Ordo paenitentiae. Editio Typica. Aufl. (Rituale Romanum ex Decreto Sacrosancti Oecumenici Concilii Vaticani II instauratum Auctoritate Pauli PP. VI promulgatum. Vaticanis 1974. Zitiert: Ordo paenitentiae.

Otto Hermann PESCH, *Frei sein aus Gnade. Theologische Anthropologie.* Freiburg i. Br. [u. a.] 1983. Zitiert: PESCH, Frei sein aus Gnade.

Nico SCHREURS, *Schuldbekenntnis und Öffentlichkeit. Warum es so schwierig ist, die Wirkung des ‚mea culpa' Johannes Pauls II. vom 12. März 2000 einer breiteren Öffentlichkeit zu erklären*: Antonianum 77 (2002), 151–161. Zitiert: SCHREURS, Schuldbekenntnis und Öffentlichkeit.

Robert SPAEMANN, *Bemerkungen eines Laien, der die alte Messe liebt*: Albert GERHARDS, Hg., Ein Ritus – Zwei Formen. Die Richtlinie Papst Benedikts XVI. zur Liturgie. Freiburg i. Br. [u. a.] 2008, 75–102. Zitiert: SPAEMANN, Alte Messe.

Robert TAFT S. J., *The Liturgy of the Hours in East and West. The Origins of the Divine Office and Its Meaning for Today.* Second Revised Edition. Aufl. Collegeville, Minnesota 1993. Zitiert: TAFT, Liturgy of the Hours.

Markus TYMISTER, „... UT AD SACRAMENTUM RECONCILIATIONIS ADMISSUM UNA NOBISCUM SANCTO NOMINI TUO GRATIAS AGERE MEREATUR (GEV 363). Zur Verhältnisbestimmung von Eucharistie und sakramentaler Buße / Rekonziliation": Ecclesia Orans 24 (2007), 173–201. Zitiert: TYMISTER, Eucharistie und Versöhnung.

Klaus VELLGUTH, *Eine neue Art, Kirche zu sein. Entstehung und Verbreitung der Kleinen Christlichen Gemeinschaften und des Bibel-Teilens in Afrika und Asien.* Freiburg i. Br. [u. a.] 2005. Zitiert: VELLGUTH, Kleine Christliche Gemeinschaften.

Heribert WAHL, *Zwischen Unschuldswahn und Schuldkultur. Sozial- und tiefenpsychologische Anmerkungen zu einem spätmodernen Dilemma*: Liturgisches Jahrbuch 59 (2009), 79–95. Zitiert: WAHL, Unschuldswahn und Schuldkultur.

Ein neuer pfarrlicher Weg
der Umkehr, Buße und Versöhnung

Hubert Lenz

1. Situation

In meiner Kaplanszeit in der ersten Hälfte der Neunziger Jahren war ich in noch fleißig als Beichtvater tätig: Jeden Samstag kamen einige Leute zur Beichte; vor den Heiligen Tagen waren es mehrere (aber es reichten damals schon drei Stunden – drei Priester, je eine Stunde); die Schüler gingen bis zur 4. Hauptschule auch noch fleißig beichten, zumindest zweimal jährlich – danach wurden sie nie mehr gesehen. Vereinzelt hatte ich Beichtgespräche – hauptsächlich mit Jugendlichen; ganz wenig hatte ich auch geistliche Begleitung – regelmäßige Gespräche, bei denen meist eine Beichte dabei war. In der Pfarre war ich zusammen mit dem Liturgiekreis für die Bußgottesdienste vor Weihnachten und Ostern zuständig (Ich schrieb meine Diplomarbeit über die „Zielsetzungen des Bußgottesdienstes").

Vor elf Jahren wurde ich Pfarrer von Nenzing, einer Pfarrei mit etwa 4000 Katholiken. Da erlebte ich die Situation ein wenig anders. Ich habe anfangs einmal monatlich Beichtgelegenheiten angeboten. Gekommen ist niemand, also habe ich sie nach drei Monaten wieder abgeschafft und nur noch vor Weihnachten und Ostern Beichtgelegenheit angeboten, jeweils eine Stunde bei mir und eine Stunde bei einer Aushilfe. Ebenso habe ich eingeladen, entweder zu den Patres in die Städte zu gehen oder zu den Nachbarpfarrern. Jedenfalls konnte ich in der einen Stunde Beichtgelegenheit neben der Vesper auch noch in einem spirituellen Buch lesen.

Die Pfarre ist sonst sehr lebendig, vor allem was auch die Liturgie anlangt, aber die Beichte war praktisch tot. Vor Weihnachten und Ostern hatten wir einen Bußgottesdienst, der zwar gut besucht war, aber es waren nicht einmal soviel Leute wie am Sonntag. Und es kamen immer weniger. Einmal musste ich darüber predigen, dass bei unserem Bußgottesdienst (ohne Generalabsolution) gleichviel Sünden vergeben werden wie beim Bußgottesdienst in der Nachbargemeinde (dort mit Generalabsolution).

Und der Pfarrer mit seinem Seelsorgeherz überlegte und überlegte ... Ich predige und lud zur Beichte ein; es nützte nichts. Und ich dachte mir, das kann es einfach nicht sein: so viel Unversöhntes in der Welt und auch im Leben meiner Pfarrangehörigen und wir als

Kirche hätten eine heilsame Möglichkeit der Versöhnung. Irgendwie muss ich als Pfarrer das Thema der Schuld, der Umkehr, der Buße und der Versöhnung thematisieren und vielleicht zeitgemäßere Formen finden.

2. Kritik an bisherigen Formen = Kriterien für einen neuen Weg

Ich möchte jetzt keine Analyse machen, warum die Menschen nicht mehr beichten gehen – das wurde an anderer Stelle schon oft gemacht – ich möchte eher ein paar Kritikpunkte an der Beichte und an der bisherigen Beichtpraxis anmerken, ebenso an den bisherigen Bußgottesdiensten. Diese Kritikpunkte wurden für mich dann zu Kriterien für eine neue Form, für einen neuen Weg.

2.1 Die Beichte nur als Überweisung zur Kommunion und nicht als Sakrament der Versöhnung

Für viele Menschen im 20. Jahrhundert war die Beichte nur die Vorbereitung, die Voraussetzung – man könnte fast sagen – die Überweisung zur heiligen Kommunion. Vor der Kommunion musste man beichten gehen. Weil man zumindest zu den Hochfesten zur heiligen Kommunion gehen möchte, musste man vor den Hochfesten zur Beichte (am besten am Karfreitag oder Karsamstag bzw. am 24. Dezember oder am 25. Dezember morgens in der Früh). Um würdig zur heiligen Kommunion gehen zu können, musste man rein und sündenfrei werden. Aber um Versöhnung ging es meist nicht. Das Sakrament der Versöhnung hatte praktisch keinen eigenständigen Wert. Das beginnt ja schon ganz am Anfang, sonst könnte man nicht so darauf beharren, dass die Erstbeichte unbedingt vor der Erstkommunion sein muss.

2.2 Die Beichte für die Vergebung von jeglicher Schuld, ganz egal ob schwerer oder leichter Schuld

Ein ganz großes Problem bei der Beichte scheint mir die Tatsache zu sein, dass mit dieser Form jegliche Schuld vergeben wird, ganz egal welche „Schwere". Ob schwere Schuld, die die Beziehung zu Gott und zu den Menschen gravierend belastet, oder leichte Schuld, es gibt beim Sakrament der Versöhnung nur die Beichte. Umso wohltuender war es, bei Reinhard Meßner im „Gottesdienst der Kirche"[1]

---

[1] Reinhard MEßNER, *„Paenitentia Quotidiana" und „Paenitentia Secunda"*, in: Got-

nachzulesen, dass sich von allem Anfang an zwei Stränge in der Kirche entwickelten, nämlich die „Paenitentia secunda" – die zweite Buße –, aus der sich über Umwege die Beichte entwickelte, aber auch die „Paenitentia quotidiana" – die tägliche Buße –, verschiedenste Riten, die der Vergebung alltäglicher Schuld dienten und dienen. Leider ist die „paenitentia quotidiana" in Vergessenheit geraten. Auch wenn sie vielleicht nicht ganz in das scholastische Sakramentenschema passen und keine Sakramente sind, aber sakramental (im Sinne der Sakramentalien) sind diese verschiedenen Riten sicher.

Nebenbei bemerkt, eine Sonderrolle spielt hier sicher die Eucharistie. Es wurde leider ganz vergessen (in der Praxis jedenfalls), dass die Eucharistie sündenvergebend ist. Das Paradoxe daran ist ja: Brauche ich die Beichte, um zur Kommunion zu dürfen oder soll ich zur Kommunion gehen, um Sündenvergebung zu erlangen. Das ist wie die Frage: Was war zuerst? das Ei oder das Huhn. Gerade an der Frage der Eucharistie wird deutlich, dass die Beichte vor allem der Vergebung der schweren Schuld dient und dass es zur Vergebung leichter Schuld andere Formen und Riten geben muss.

2.3 Die Beichte dauert ein / zwei Minuten, beinhaltet aber Umkehr, Buße und Versöhnung; Umkehr, Buße und Versöhnung brauchen Zeit

Ein Problem bei der Beichte ist die Form, vor allem die Länge. Ein Beichtgespräch ist sicher der Idealfall. Da hat man dann auch Zeit, über das eine oder andere zu sprechen. Bei der normalen Beichte hat sich die richtige Reihenfolge umgedreht: In der Alten Kirche gab es noch die Reihenfolge: Bekenntnis – Umkehr – Buße – Versöhnung. Seit dem Hochmittelalter ist die Reihenfolge: Bekenntnis – Lossprechung – Buße. Und das alles ist ritualisiert, und ob Umkehr, Buße und Versöhnung wirklich stattfinden, ist ja fraglich. Der Wegcharakter, den es in der Alten Kirche noch gegeben hat, fehlt. Für mich wurde die Praxis der Alten Kirche zum Ansatzpunkt eines neuen Bußweges: die Bußzeit, die Zeit zwischen Bekenntnis und Wiederversöhnung, in der ja Umkehr, Buße und Versöhnung stattfinden sollten. Umkehr, Buße und Versöhnung brauchen Zeit. Natürlich kann das auch im Zusammenhang mit der Beichte erfolgen, aber: Wer nimmt sich die Zeit? Wer macht sich die Mühe?

tesdienst der Kirche. Handbuch der Liturgiewissenschaft 7/2: Sakramentliche Feiern I/2, Regensburg 1992, 70–186.

2.4 Die Beichte ist Privatliturgie –
Der Gemeinschaftscharakter kommt zu kurz

Ein Problem ist auch die „Feier" der Beichte. Die nachkonziliare Liturgiereform hat zwar versucht, eine Feier daraus zu machen: mit Verkündigung des Wortes Gottes und mit Handauflegung als Zeichen. Aber wer macht das schon? Das Sakrament der Versöhnung ist ja auch Versöhnung mit der Kirche. Die Kirche wird durch den Priester repräsentiert; das ist theologisch alles richtig. Aber das Zeichen ist sehr dürftig. Das Erleben von Gemeinschaft kommt eher beim Bußgottesdienst zum Tragen.

2.5 Das Problem mit dem Bußgottesdienst

Auch die bisherige Praxis des Bußgottesdienstes wirft für mich so manche Fragen auf:

Bußgottesdienst als Beichtersatz

Auch wenn manche das abstreiten wollen, von der geschichtlichen Entwicklung her ist der Bußgottesdienst für viele zum Beichtersatz geworden: Bußgottesdienste wurden dort eingeführt, wo früher die Beichte war: vor Weihnachten, vor Ostern, vor Allerheiligen; um ganz genau zu sein, müsste man sagen: wo man früher beichtete, um zur Kommunion gehen zu können / dürfen.

Vergebungsbitte / Generalabsolution? Gilt der Bußgottesdienst?

Immer wieder kommt die Frage: Gilt der Bußgottesdienst? Weil es ja Beichtersatz ist, kommt die Frage nach der Generalabsolution (vor allem in der Schweiz, aber auch bei uns in Österreich – wie es in Deutschland ist, weiß ich nicht).

Nur eine Stunde – keine Chance, alle Besinnungsfragen durchzudenken

Manchmal kommt der Vorwurf, man macht es sich zu leicht mit dem Bußgottesdienst. Die Beichte ist ja noch einfacher, sie geht in ein bis zwei Minuten. Der Bußgottesdienst dauert immerhin eine Stunde. Aber mit der Mitfeier des Bußgottesdienstes ist es auch nicht getan. Vor allem das große Problem ist, dass man im Bußgottesdienst innerhalb kürzester Zeit mit einer Fülle von Fragen bombardiert wird. Wenn ich über die eine oder andere Frage nachdenken möchte oder sollte, kommt schon die nächste. Ob da viel Umkehr, Buße und Versöhnung stattfindet?

Ich möchte das Bisherige im Hinblick auf einen neuen Weg der Umkehr, Buße und Versöhnung zusammenfassen und auf den Punkt bringen, gleichsam als Kriterien für einen neuen pfarrlichen Weg.
Wirkliche Umkehr, Buße und Versöhnung und nicht nur Überweisung zur Kommunion
Die Frage ist, ob bei der Beichte wirklich Umkehr, Buße und Versöhnung stattfindet oder ob es nur ein Loswerden von Schuld ist, damit ich zur Kommunion gehen kann.
Verschiedene Formen der Sündenvergebung
Es muss verschiedene Formen der Sündenvergebung geben, für die Vergebung von schwerer Schuld, aber auch Formen für die Vergebung von leichter, alltäglicher, „lässlicher" Schuld.
Wegcharakter
Eine neue Form sollte unbedingt einen Wegcharakter haben und nicht nur auf eine kurze liturgische Feier beschränkt sein. Umkehr, Buße und Versöhnung brauchen Zeit. Die 40 Tage vor Ostern können da ein Ansatzpunkt sein.
Gemeinschaftscharakter
Eine neue Form sollte auch den Gemeinschaftscharakter von Umkehr, Buße und Versöhnung erfahren lassen.

3. Ein neuer pfarrlicher Weg der Umkehr, Buße und Versöhnung

Es war kurz vor der Vierzigtagezeit im Jahre 2004. Die verschiedenen oben genannten Kritikpunkte / Kriterien, aber auch das Studieren des Handbuches für Liturgiewissenschaft „Gottesdienst der Kirche"[2], Band 7, 2 Feiern der Umkehr und Versöhnung von Reinhard Meßner haben mich ermutigt, einen neuen Weg zu gehen. Diesen neuen Weg der Umkehr, Buße und Versöhnung sind wir dann in der Vierzigtagezeit 2004 zum ersten Mal gegangen. Diesen Weg möchte ich Ihnen nun vorstellen.

3.1. Einführung des Weges in der Pfarre

In meiner pastoralen Praxis ist mir aufgefallen, dass wir Erneuerungen viel zu wenig ankündigen und erklären. Ich habe deshalb ganz

---

[2] Reinhard MESSNER, *Feiern der Umkehr und Versöhnung*. in: Gottesdienst der Kirche. Handbuch der Liturgiewissenschaft 7/2: Sakramentliche Feiern I/2, Regensburg 1992, 9–240.

174

bewusst versucht, meinen Leuten gut zu erklären, wie dieser neue Weg funktioniert und auch welche Bedeutung dahintersteht. Dazu habe ich im **Pfarrblatt, das noch vor der Vierzigtagezeit 2004 erschienen ist, einen Brief an die Pfarrgemeinde geschrieben,** in dem ich alles erklärt und die Menschen eingeladen habe, mit mir diesen neuen Weg zu gehen (vor der Vierzigtagezeit 2005 habe ich einen zweiten Brief zu diesem Thema geschrieben). Ich habe auch etwa zwei Wochen **vor der Vierzigtagezeit an einem Sonntag darüber gepredigt** – es hat gerade zum Evangelium gepasst. Auch habe ich **am Aschermittwoch und an den Sonntagen in der Vierzigtagezeit** den neuen Weg und natürlich auch das Thema Umkehr, Buße und Versöhnung immer wieder in der Predigt thematisiert.[3]

3.2. Klares Bekenntnis zur Beichte als das eigentliche Sakrament der Versöhnung bzw. Wiederversöhnung

Mir war einerseits wichtig, die Menschen in meiner Pfarre darauf aufmerksam zu machen, dass die Beichtpraxis des 20. Jahrhunderts – das regelmäßige und öftere Beichten aller Sünden gar nicht offizielle Lehre der Kirche ist. Das Konzil von Trient schreibt ja nur vor, dass jeder einmal jährlich seine **schweren** Sünden zu beichten hat. Zur Vergebung der „alltäglichen" Sünden und Fehler ist laut Katechismus der Katholischen Kirche (1457 f.) die Beichte nicht notwendig, wird nur empfohlen.

Andererseits betone ich immer wieder die theologische und psychologische Bedeutung der Beichte. Wer schwere Schuld auf sich geladen hat, der muss sie ausdrücklich bekennen und aussprechen und der braucht eine offiziell amtliche Zusage der Vergebung. Beichten ist bei schwerer Schuld notwendig – „not-wendend".

Schwere Schuld ist etwas, das einen normalen geistig-gesunden Menschen durcheinander bringt, aus der Angel hebt, und darum ist die Beichte schon aus existentiellen Gründen notwendig als „positive Form der Schuldentlastung", wie Bischof Stecher von Innsbruck das einmal genannt hat.

Ich möchte hier auch erwähnen, dass ich mir von diesem neuen Weg erhoffe, dass vielleicht der eine oder die andere wieder zur Beichte geht – so als Frucht der intensiveren Auseinandersetzung mit der eigenen Schuld.

---

[3] Die Briefe an die Pfarrgemeinde im Jahre 2004 und im Jahre 2005 sind im Internet nachlesbar auf der Homepage der Pfarre Nenzing: www.pfarre-nenzing.at unter „Gedanken zur Liturgie".

Ich lade während des Weges auch immer wieder zur Beichte oder zum Beichtgespräch ein.

3.3 Die Vierzigtagezeit als Zeit (als Weg) der Umkehr, Buße und Versöhnung

Die Vierzigtagezeit ist seit jeher eine Bußzeit – eine Zeit der Umkehr, Buße und Versöhnung. Die Büßer wurden ja erst am Gründonnerstag wieder aufgenommen. Es ging in dieser vorösterlichen Bußzeit zuerst einmal um die schweren Sünder, aber allmählich solidarisierten sich die „leichten" Sünder und lebten die Vierzigtagezeit auch als Bußzeit mit „Fasten, Beten und Almosen geben" und mit „Umkehren und Buße tun".

Buße hat nichts mit Strafe zu tun. Buße ist auch keine Dankesleistung für erlangte Vergebung, sondern Umkehren und Buße tun heißt: die falsche Lebenspraxis ändern. Und die Änderung konkreter Lebensorientierung und Lebenspraxis braucht Zeit. **Die Vierzigtagezeit – und sie heißt nicht umsonst auch „die Österliche Bußzeit" – ist eine hervorragende Zeit für Umkehr, Buße und Versöhnung.** Die liturgischen und biblischen Texte sprechen auch dafür. Am Aschermittwoch z. B. heißt es ja bei der Aschenauflegung: „Kehr um und glaub an das Evangelium!"

3.4 Umkehr, Buße und Versöhnung als Weg mit zwei Stationen

Nun ganz konkret zum Weg selber. Es ist ein Weg mit zwei Stationen. Dazu habe ich im Brief an die Pfarrgemeinde folgendes geschrieben:

„Umkehr, Buße und Versöhnung als Weg mit zwei Stationen – Aufteilung in zwei Gottesdienste
Durch den Blick in die Geschichte ermutigt und um dem Wegcharakter gerecht zu werden, soll die Vierzigtagezeit, die Österliche Bußzeit, für einen jährlichen Weg der Umkehr, Buße und Versöhnung genutzt werden. Dabei soll am Anfang – am Aschermittwoch – ein Bußgottesdienst stehen und am Ende – etwa in der Woche vor der Karwoche – ein Versöhnungsgottesdienst, damit wir dann als Versöhnte das Paschageschehen – Jesu Leiden, Tod und Auferstehung – feiern können. Und dazwischen? Dazwischen gilt es, auf verschiedene Art und Weise Buße zu tun.

Bußgottesdienst am Aschermittwoch
Am Beginn der Vierzigtagezeit, am Aschermittwoch, feiern wir den Bußgottesdienst. Nach der Wortverkündigung werden Fragen der

Besinnung und der Aufruf zur Umkehr mit auf den Weg gegeben, zeichenhaft zum Ausdruck gebracht durch das Aschenkreuz.

Am Aschermittwoch sollte keine Eucharistie gefeiert werden, denn jedes der beiden Zeichen (Aschenkreuz als Bußritus und die Eucharistie mit der heiligen Kommunion) entfalten existentiell und auch liturgisch ihre Kraft, wenn sie in ihrer jeweiligen Eigenart ernst genommen werden. Die Eucharistie ist das Mahl der Versöhnten (die Büßer waren früher überhaupt bis zur Wiederversöhnung von der heiligen Kommunion ausgeschlossen). Da vielleicht einige erst nach dem Aschermittwoch von unserem neuen Weg hören bzw. lesen, haben wir die Fragen der Besinnung kopiert. Sie liegen hinten in der Kirche aus."[4] Jetzt, nach mehrjähriger Erfahrung, muss ich sagen: Das Auflegen der Besinnungsfragen ist ganz wichtig, denn man schafft es wirklich nicht, diese Fragen in 10 bis 15 Minuten aufzunehmen. Wir haben inzwischen sogar begonnen, bei der Besinnung anhand eines Themas einfach nur Anregungen zu geben und die konkreten Fragen den Leuten nach dem Bußgottesdienst auf dem Zettel mitzugeben.

Weiter heißt es im Brief an die Pfarrgemeinde:
„Versöhnungsgottesdienst am Mittwoch vor Palmsonntag
Früher wurde die Wiederversöhnung in der Messfeier vom Letzten Abendmahl am Gründonnerstag gefeiert, damit dann alle als Versöhnte das Triduum sacrum – die heiligen drei Tage vom Leiden, vom Tod und von der Auferstehung unseres Herrn – feiern konnten. Da dadurch die Feier vom Letzten Abendmahl am Gründonnerstag mit einer weiteren für das Gemeindeleben ganz zentralen Feier der Versöhnung überfrachtet würde, feiern wir an einem anderen Tag, nämlich am Mittwoch vor Palmsonntag einen eigenen (Wieder-)Versöhnungsgottesdienst.[5] Bei diesem Versöhnungsgottesdienst wird zuerst im Wort Gottes die Botschaft von der Versöhnung durch Gott verkündet. Darauf folgt das gemeinsame Schuldbekenntnis. Dann wird jedem Einzelnen ein Wort der Vergebung zugesagt und als Zeichen der Wiederversöhnung bekreuzigen sich alle – in Erinnerung an die Taufe – mit gesegnetem Wasser.[6]
    Durch diese gemeinsam gefeierte Versöhnung kommt auch ganz klar zum Ausdruck, dass die Versöhnung letztlich keine Privatsache ist, sondern Sache der ganzen Pfarrgemeinde, denn es geht ja auch

---

[4] Hubert LENZ, *Brief an die Pfarrgemeinde* (2004), nachzulesen in: www.pfarrenenzing.at (Gedanken zur Liturgie).
[5] Der Mittwoch ist bei uns in Nenzing der Termin der werktäglichen Abendmesse.
[6] Diese Tauferinnerung ist dann im Konkreten leider ‚ins Wasser gefallen'.

um die Versöhnung mit und in der Kirche, die sich in der Pfarrgemeinde konkretisiert. Die Vorbereitung (Umkehr und Buße) ist Sache des Einzelnen, die Feier der Versöhnung jedoch ist Sache der Kirche.

Zeit zwischen den beiden Feiern: Zeit der Umkehr und Buße
Wichtig ist die Zeit zwischen den beiden Gottesdiensten. Diese Zeit kann und soll genutzt werden als Zeit der Umkehr und Buße. Angeregt durch den Bußgottesdienst am Aschermittwoch soll jede und jeder ihr / sein eigenes Leben und ihre / seine Lebenspraxis überdenken: Wo muss ich mich ändern? Wo muss ich umkehren? Wo versuche ich an mir zu arbeiten? Es ist also Zeit für Seelenarbeit und Zeit für eine Lebensrevision, d. h. für eine „von Herzen versuchte Änderung der Lebenspraxis".

Hilfreich und sinnvoll kann dabei ein Gespräch mit einem vertrauten Menschen sein und – wie gesagt – da es sich nicht um das Sakrament der Buße handelt, muss diese Vertrauensperson nicht unbedingt ein Priester sein. Vielleicht ist es bei dem einen oder anderen auch wirklich Zeit, wieder einmal zu beichten und die Lossprechung zu bekommen. Wir werden heuer die vorösterlichen Beichtgelegenheiten in die Zeit vor dem Versöhnungsgottesdienst vorverlegen. ... Eine ganz wesentliche – vielleicht die schwierigste – Station auf dem Weg der Umkehr, Buße und Versöhnung ist die Versöhnung mit konkreten Mitmenschen. Dabei geht es sowohl um das Vergeben und Verzeihen als auch um das Bitten um Verzeihung. Dieser Weg setzt den Glauben an die Vergebung durch Gott voraus. Darum eignet sich die vierzigtägige Bußzeit in besonderer Weise auch dazu, den Glauben an Gott zu vertiefen und das eigene Leben neu auf Gott hin auszurichten. Die Zeit zwischen beiden Gottesdiensten am Anfang und am Ende der österlichen Bußzeit ist genauso wichtig wie die Gottesdienste selber." (Brief 2004)

Ich habe dann die Pfarrgemeinde darum gebeten und ermutigt, sich auf diesen alten „neuen" Weg einzulassen; „alt" darum, weil er eben einige Elemente aus der Bußgeschichte enthält. Abgeschlossen habe ich den Brief mit der Bemerkung: „Es kommt schlussendlich nicht auf die Form an, sondern darauf, dass wir umkehren, Buße tun und uns mit uns selber, mit den Mitmenschen und vor allem mit Gott versöhnen. Wenn wir uns auf den Weg der Versöhnung machen, dürfen wir darauf vertrauen, dass uns Gott mit seinen offenen Armen entgegenkommt – wie wir es aus dem Gleichnis vom barmherzigen Vater kennen." (Brief 2004)

Erste Erfahrungen

Dieser neue Weg der Umkehr, Buße und Versöhnung war ein voller Erfolg, zumindest stimmungsmäßig. Was sich im Inneren der Menschen alles getan hat, kann ich natürlich nicht beurteilen. Es waren zwei tiefgehende Gottesdienste, und für mich als Pfarrer war es auch eine interessante Erfahrung, das Thema der Umkehr, Buße und Versöhnung durch die ganze Vierzigtagezeit in Verkündigung und Liturgie durchzuziehen.

Im zweiten Jahr (2005) habe ich nochmals einen Brief an die Pfarrgemeinde geschickt und zwar mit ein paar Ergänzungen und auch Weiterentwicklungen.

Ich habe z. B. die Unterscheidung zwischen schwerer und leichter Schuld nochmals thematisiert und das im Zusammenhang mit der Taufe. Ich habe mehr oder weniger das hervorragende Schreiben der deutschen Bischöfe zitiert.[7]

Weiters habe ich geschrieben, dass die unterschiedliche „Schwere" der Schuld auch unterschiedliche Formen der Vergebung braucht.

Um den Gemeinschaftscharakter zu verstärken, habe ich auch zum Gebet füreinander ermutigt – eine alte Tradition der Kirche: das Gebet für die Sünder.

Etwas wieder altes Neues habe ich dann noch versucht, aber dafür scheint die Zeit noch nicht ganz reif zu sein: Ich habe ermutigt, sich einen vertrauten Menschen oder auch einen geistlichen Begleiter bzw. eine geistleiche Begleiterin zu suchen, einen lebens- und glaubenserfahrenen Menschen, mit dem man über das Leben reden kann. Ich habe dann auch einige Priester und auch Laien vorgeschlagen. Aber das wurde ganz wenig genützt.[8]

Noch weitere Ergänzungen:

Mir war wichtig, dass es keine Eintagsfliege wird, und habe mir deshalb vorgenommen, diesen Weg auf jeden Fall fünfmal zu gehen. Das haben wir jetzt gemacht und wir machen weiter.

Ein zweites noch: Wir stellen den Weg der Umkehr, Buße und Versöhnung jedes Jahr unter ein biblisches Thema. Da haben wir auch ganz gute Erfahrungen gemacht: 2004: Der barmherzige Vater / 2005: Die Heilung des Gelähmten / 2006: Die Hochzeit zu Kana / 2007: Die Auferweckung des Lazarus / 2008: Mit dem Gottesvolk

---

[7] *Umkehr und Versöhnung im Leben der Kirche. Orientierungen zur Bußpastoral.* 1. Oktober 1997. Herausgegeben vom Sekretariat der Deutschen Bischofskonferenz (Die deutschen Bischöfe, Nr. 58), Bonn 1997.
[8] Hubert LENZ, *Brief an die Pfarrgemeinde* (2005), nachzulesen in: www.pfarre-nenzing.at (Gedanken zur Liturgie).

40 Jahre in der Wüste / 2009: Folge deinem Herzen (Werke der Barmherzigkeit; war diözesanes Thema).

Für mich als Pfarrer war das / ist das eine Möglichkeit, mit der Pfarre auch konkrete Bibelarbeit zu machen. Meist lade ich einmal in der Vierzigtagezeit zu einem Bildungswerkabend ein, bei dem ich versuche, noch intensiver, als das bei einer Predigt möglich ist, den Menschen die Hintergründe der biblischen Botschaft näherzubringen.

Das biblische Thema hat noch weiteres Kreatives mit sich gebracht: Die Frauen, die mit mir die beiden Gottesdienste vorbereiten, haben begonnen, an einer sichtbaren Stelle in der Kirche (bei uns ein Seitenaltar) das biblische Thema auch zeichenhaft, kreativ darzustellen.

In Anlehnung an die alten Beichtbildchen, haben wir beim Versöhnungsgottesdienst Bildchen verteilt, die wir aus praktischen Gründen selber gemacht haben (Fotos mit Aufkleber). Zuerst habe ich bekannte Bilder dazu verwendet. Es hat sich dann aber ergeben, dass eine Frau aus der Pfarre das Thema gemalt hat. Das habe ich abfotografiert – 200 bis 300 Mal kopiert und Etiketten draufgeklebt.

Eine Frage tauchte im Advent auf: Was sollen wir im Advent als Vorbereitung auf Weihnachten machen? Wir haben uns gesagt, der Weg der Umkehr, Buße und Versöhnung gehört in die Vierzigtagezeit. Im Advent machen wir jetzt einfach jedes Jahr eine Adventbesinnung als Einstimmung auf Weihnachten und ich biete natürlich Beichtgelegenheit an.

4. Liturgische Anmerkungen

Der Bußgottesdienst am Aschermittwochabend

Am Aschermittwoch feiern wir Wortgottesdienst mit Predigt und Besinnung (Gewissenserforschung). Die Bibelstellen nehmen wir normalerweise vom Tag – die passen sehr gut zum Beginn dieses Weges. In der Predigt thematisiere ich „Umkehr, Buße und Versöhnung" und das meist anhand des biblischen Themas, das wir haben. Nach der Predigt kommt die Besinnung / Gewissenserforschung. Ich habe schon gesagt, dass es eine Überforderung der Menschen ist, in diesen 10 bis 15 Minuten das ganze Leben durchzudenken. Darum haben wir begonnen, Themenrichtungen anzumeditieren und die Fragen dann auf einem Zettel mit nach Hause zu geben. Nach der Besinnung / Gewissenserforschung werden die Menschen unter dem Zeichen der Asche auf den Weg der Umkehr, Buße und Versöhnung geschickt, was ja durch den Zuspruch „Kehr um und glaub an das Evangelium" sehr gut zum Ausdruck kommt. Der Wortgottesdienst wird – wie üblich – mit Fürbitten, Vaterunser, Oration und Segen abgeschlossen.

Noch ein Wort zur Besinnung / Gewissenserforschung: Da haben wir dann schon mit Symbolen gearbeitet. 2006, als die Hochzeit zu Kana Thema war, haben wir sechs Tonkrüge aufgestellt und die Leute ermutigt, diese Krüge mit dem Schmutzwasser des Lebens zu füllen. Die sechs Tonkrüge standen dann die ganze Vierzigtagezeit auf dem Seitenaltar. Oder 2008, als wir 40 Jahre mit dem Volk Israel in die Wüste gingen, da wurden folgende Themen angesprochen: Wüste heute – Das goldene Kalb – Zehn Gebote – Wasser, Manna – Kupferne Schlange – Gelobtes Land. Und an jedem Sonntag der Vierzigtagezeit wurde über eines dieser Themen gepredigt. Sie haben interessanterweise meist auch zu den Bibelstellen des Sonntags gepasst. Und einmal habe ich einen biblischen Abend über „das Gottesvolk in der Wüste" gemacht, wo ich natürlich auch Fotos von eigenen Sinaireisen gezeigt habe.

Der Versöhnungsgottesdienst in der Woche vor dem Palmsonntag

Der Versöhnungsgottesdienst war auch ein Wortgottesdienst. Beim Wortgottesteil stand natürlich die Botschaft der Versöhnung im Vordergrund, anhand des biblischen Gesamtthemas. Beim Versöhnungsgottesdienst habe ich keine Predigt mehr gehalten, sondern die Liturgiegruppe, die mit vorbereitet, macht da immer eine Besinnung. Dazu werden meist auch Bilder projiziert.

Bei der Hochzeit zu Kana war die Botschaft: Der Wein in Kana verheißt uns „Leben in Fülle". Die sechs Krüge, die das Unvollkommene und Bruchstückhafte in unserem Leben symbolisieren, verweisen auf den siebten, auf den österlichen Krug, Der siebte Krug ist das Zeichen, dass sich auch unser Wasser in den Wein der Lebensfülle verwandelt. Dann wurde zu den sechs Tonkrügen noch ein siebter großer Tonkrug dazugestellt. Und unsere Künstlerin aus dem Dorf hat dazu ein Bild gemalt.

Dann folgte der Versöhnungsritus:
Stille (mit Glockengeläute bis nach dem Hochgebet)
Schuldbekenntnis
Weihrauch auf der Schale
Versöhnungshochgebet
  (mit Akklamation: Sende deinen Geist aus und alles wird neu)
Auflegen der Hände mit Versöhnungszusage
  Dazu kommen alle – wie beim Kommuniongang – nach vorne und sprechen eine allgemeine Vergebungsbitte: z. B. „Bitte, Gott ver-

zeih mir!" und unter Handauflegung spricht der Priester oder Diakon (oder ggf. ein beauftragter Laie):
„Der barmherzige und gütige Gott verwandle und versöhne dich. Er verzeihe dir deine Sünden und stärke dich durch seinen Heiligen Geist."
Dann reicht der Priester / Diakon (ggf. auch der Laie) die Hand zum Friedensgruß und spricht: **„Der Friede sei mit dir!"**
Beim Zurückgehen bekommen alle ein Bildchen (Foto mit Text). Wir haben uns gefragt, ob wir diese ca. 20 Minuten musikalisch untermalen sollen oder nicht. Wir haben uns für Stille entschieden, und das war gut so. Es ist auch ein Ausdruck von Gemeinschaft, wenn ich warte, bis die andern drangekommen sind.
Friedensgruß als Zeichen der Versöhnung untereinander

Schlussteil:
Lob und Dank – meist in Liedform
Fürbitten
Vaterunser
Segen und Entlassung

Die Stimmung beim Versöhnungsgottesdienst ist immer sehr gut. Es erinnert mich an den Sonntag „Laetare" – an die vorösterliche Freude. Dieser Versöhnungsabend ist übrigens der einzige Abend in der Vierzigtagezeit, wo wir dann auch im kleinen Kreise alkoholisches Fastenbrechen machen.

Liturgische Elemente im Triduum sacrum
Manche Themen eigneten sich sogar, im Triduum sacrum nochmals anzusprechen. Die Hochzeit zu Kana wurde am Gründonnerstag nochmals thematisiert – Der Wein als Hinweis auf die Eucharistie, auf das Blut, das Jesus für uns vergossen hat. In dem Jahr, als die Wüstenwanderung das Thema war, verwendeten wir die Bibelstelle vom Manna in der Wüste als erste Lesung am Gründonnerstag. Am Karfreitag eignete sich als Lesung die Geschichte von der Schlange auf dem Stab (als Zeichen für das Kreuz) und in der Osternacht der Einzug ins Gelobte Land als letzte alttestamentliche Lesung.

5. Ausblick

Die bisherige Bußpraxis ist sehr in Veränderung. Einige Veränderungen sind sogar sehr notwendig, weil viele Menschen dazu tendieren, keine Bußpraxis mehr zu haben. Dabei haben wir mit der christlichen Botschaft der Versöhnung eine wertvolle, den Menschen guttuende Antwort auf Schuld und Sünde. Die Kirche muss unbedingt das Sakrament der Versöhnung wieder neu ordnen, und dabei kann ihr der Blick auf die eigene Geschichte weiterhelfen. Ich konnte in meiner Pfarre, in der konkreten Pastoral nicht mehr warten und mache jedes Jahr in der Vierzigtagezeit einen Weg der Umkehr, Buße und Versöhnung mit einem Bußgottesdienst am Aschermittwoch und einem Versöhnungsgottesdienst kurz vor Palmsonntag. Ich habe mit diesem Weg gute Erfahrungen gemacht.

Ich möchte die Pfarrer ermutigen, mit ihren Pfarrgemeinden auch solche Wege zu gehen, so wie ich auch meine Pfarrgemeinde im ersten Brief ermutigt habe: „Die Erfahrung eigener und fremder Schuld trifft jeden Menschen. Und darum ist es notwendig – d. h. Not wendend –, dass aus dem reichen ‚Schatz' unserer Kirche gute und bewährte Formen des Umgangs mit der Schuld ausgegraben und angeboten werden. Für jeden sind die Aufarbeitung der Schuld, die Bitte um Vergebung und die Erfahrung der Versöhnung höchst aktuell. Als euer Pfarrer bitte und ermutige ich euch, liebe Pfarrgemeinde, euch auf diesen alten ‚neuen' Weg einzulassen! Es kommt schlussendlich nicht auf die Form an, sondern darauf, dass wir umkehren, Buße tun und uns mit uns selber, mit den Mitmenschen und vor allem mit Gott versöhnen. Wenn wir uns auf den Weg der Versöhnung machen, dürfen wir darauf vertrauen, dass uns Gott mit seinen offenen Armen entgegenkommt – wie wir es aus dem Gleichnis vom barmherzigen Vater kennen."[9]

---

[9] Schluss des Briefes an die Pfarrgemeinde (2004), siehe Anm. 3.

Versöhnungstag in Sießen

Das Sakrament der Buße neu erschließen.
Innovative Formen der Bußpastoral

Sr. Karin Berger

Was der Versöhnungstag in Sießen ist, das ist schnell erzählt. An je einem Sonntag im Advent und in der Fastenzeit laden wir Schwestern Menschen zum Empfang des Bußsakramentes ein. Mit einem Einstiegsimpuls beginnen wir um 14.00 Uhr in der Klosterkapelle. Dort ist auch ständig Anbetung – wie an jedem anderen Tag im Jahr auch – zum Teil ist die Anbetung mit Gebet und Lied gestaltet, sonst still. Zehn Priester aus der Umgebung sind bereit zum Beichtgespräch. Es kommen ca. 80 – 100 Personen, meist Erwachsene, zum Teil Jugendliche, Freunde, Familien ... Eigentlich eine schlichte Veranstaltung.

Bei der Vorbereitung war meine Ausgangsfrage, warum so ein Tag bei uns schon viele Jahre möglich ist, während bei der gleichen Veranstaltung in der benachbarten Stadt wahrscheinlich kaum Leute kämen. Wie kommt es nun, dass die Leute gerne zu uns zum Beichten kommen und – was vielleicht noch erstaunlicher ist – dass auch die Priester gerne kommen und sich manchmal sogar beschweren, wenn sie nicht angefragt werden?

Dieser Frage will ich nachgehen und mache deshalb zwei thematische Schleifen, bevor ich etwas ausführlicher den Versöhnungstag vorstelle: Zuerst möchte ich etwas über das Thema Buße im franziskanischen Charisma und im Leben unserer Schwesterngemeinschaft sagen. In einer zweiten Schleife möchte ich die Entwicklung unserer Jugend- und Erwachsenenpastoral im Mutterhaus vorstellen. Beides bildet den Nährboden, aus dem dieser Tag lebt. Dann will ich den Versöhnungstag in seiner momentanen Form ausführlicher vorstellen.

Die Geistliche Rahmen: Das franziskanische Charisma

Wenn Franziskus über sein Leben und das Leben der Brüder sprach, benutzte er meist das Wort „Leben der Buße" – eine Bezeichnung, die uns Heutige nicht unbedingt anzieht. Aber sie enthält eine tiefe Wahrheit, die auch im folgenden Text deutlich wird: Im Kapitel über die „Annahme dieses Lebens" heißt es in der franziskanischen Dritt-ordensregel: „*So sollen sie unter der Führung des Herrn das Leben der Buße beginnen und wissen, dass wir alle uns beständig bekehren müssen.*"

Das franziskanische Leben ist nicht gedacht für Menschen, die, einmal bekehrt, dauerhaft im Stand der Heiligkeit sind. Franziskus weiß tief darum, dass der Mensch immer wieder aus seiner Ausrichtung auf Gott und seiner Orientierung an ihm heraus fällt und ständig der Umkehr bedarf. Dieses Wissen um die Notwendigkeit der Umkehr, und die Bereitschaft zur ständig neuen Umkehr, d. h. zur ständig neuen Hinkehr zu Gott und die Übung des immer neuen Beginnens ist es, was die franziskanische Grundhaltung ausmacht, und vermutlich nicht nur die franziskanische. Wir haben diese Haltung nicht, wir müssen immer wieder neu anfangen.

Das Wachsen dieser Haltung können wir an verschiedenen Stationen im Leben des hl. Franz von Assisi erkennen. Da der hl. Franziskus bereits zu Lebzeiten praktisch als Heiliger verehrt wurde, wissen wir sehr viel aus seinem Leben, wenn auch gefiltert durch die Aussageabsicht der jeweiligen Biographen.

Als Franziskus schon unruhig geworden war, aber noch nicht wusste, wohin sein Weg geht, hatte er eine entscheidende Begegnung mit einem Aussätzigen. Die Aussätzigen lebten damals vor den Toren der Stadt und mussten immer eine Glocke bei sich tragen, um die Gesunden vor sich zu warnen. Franziskus, der das Schöne liebte, ekelte sich ungemein vor diesen Kranken mit ihren entstellenden Wunden und dem Gestank, die diese Wunden verbreiteten. Eines Tages nun stand plötzlich ein Aussätziger vor ihm. Normalerweise hätte Franziskus einen Bogen um ihn gemacht, ihm wahrscheinlich noch ein Almosen zugeworfen. In diesem Moment aber fühlte er sich innerlich gedrängt, ganz anders zu handeln. Er ging auf den Aussätzigen zu und küsste ihn. Danach verschwend der Aussätzige plötzlich.

Franziskus beschreibt in seinem Testament diese Erfahrung als seine grundlegende Umwandlungserfahrung: „*Was mir bis dahin bitter war, wurde mir in Süßigkeit des Leibes und der Seele verwandelt.*" Von da an konnte man ihn öfter bei den Aussätzigen antreffen, denen er nicht nur Almosen brachte, sondern die er auch pflegte.

Die Begegnung mit diesen Aussätzigen ließ ihn den eigenen Aussatz im Herzen deutlich erkennen, und er erfuhr sich darin tief von Gott angenommen. Er wusste sich angenommen in seinem Aussatz und musste sich nicht mehr schützen vor dem Aussätzigen. Diese Grundbekehrung in der Begegnung mit den Aussätzigen fand er so wichtig, dass er später die Novizen zu den Aussätzigen schickte.

In dieser Zeit merkte sein Vater immer mehr, wie sein Sohn sich veränderte. Statt ein tüchtiger Händler zu werden, trieb er sich herum, träumte und tat so unverständliche Dinge, wie sich um Aussätzige zu kümmern. Die Situation eskalierte, als Franziskus vor dem Kreuz im Kirchlein San Damiano eine tiefe Erfahrung machte. Er erfuhr sich angesprochen vom Kreuz mit dem Wort: *„Siehst du nicht, dass mein Haus zerfällt: Baue meine Kirche wieder auf."* Daraufhin verkaufte Franziskus sein Pferd und den Stoffballen, den er nach Foligno bringen sollte, und gab das Geld dem Priester von San Damiano, damit der die Kirche renovierte. Jener fürchtete zu Recht den Zorn des Vaters und nahm das Geld nicht an. Franziskus blieb trotzdem an diesem Ort der Erfahrung. Dieser Vorgang brachte den Vater so in Zorn, dass er den Sohn mit Gewalt heimholte, verprügelte und einsperrte. Später kam es zur Verhandlung vor dem Bischof mit der berühmten Szene, wo Franziskus seine Kleider ablegte und sagte: *„Von jetzt an sage ich nicht mehr Vater Pietro Bernadone, sondern Vater unser im Himmel."* Es kam zum harten, schmerzlichen Bruch mit dem Vater.

Nachdem Franziskus zwei Jahre allein gelebt und seinen Weg gesucht hatte, kamen die ersten Brüder. Die folgende Erzählung spielt in der Anfangszeit der Bruderschaft. Die Bruderschaft hat viel Begeisterung, aber wenig Strukturen. Die Bevölkerung von Assisi steht der neuen Bewegung kritisch gegenüber. Die Brüder wurden vertrieben und kamen nach Poggio Bustone, wo es heute noch eine franziskanische Einsiedelei gibt. Der hl. Bonaventura hat die Geschichte so überliefert: *„Als er eines Tages an einem einsamen Ort seine Jahre in Schmerz überdachte und beweinte, da kam des Heiligen Geistes Freude über ihn und gab ihm die Gewissheit, dass ihm alle Fehler restlos vergeben seien. Danach ward er über sich selbst erhoben und gänzlich von einem wunderbaren Licht umgeben; der Blick seines Geistes weitete sich, und er schaute klar, was mit ihm und seinen Brüdern geschehen werde. Alsdann kehrte er zu seinen Brüdern zurück und sprach zu ihnen: ‚Seid stark, geliebte Brüder, und freuet euch im Herrn! Seid nicht traurig, weil ihr nur wenige seid, noch bedrücke euch meine und eure Einfalt; denn wie er mir in Wahrheit gezeigt hat, lässt der Herr uns zu einer großen Schar wachsen und mit dem Segen seiner Gnade in alle Welt ausbreiten.'"* [1]

Der angebliche Bruder Immerfroh hatte oft in seinem Leben recht dunkle Phasen, in denen er an sich und seiner Bruderschaft zweifelte, Phasen, in denen er nicht mehr weiterwusste. Die Bruderschaft wuchs sehr schnell. Das Ideal des Anfangs ließ sich in der großen

---

[1] Aus Franziskus, *Der Engel des sechsten Siegels*, Kapitel III.

Zahl nicht mehr so leben. Franziskus hat gerungen, wie es weitergehen kann. Er hat seine eigene Unfähigkeit erlebt. Und wie das im Leben so ist, wenn man verunsichert ist, dann kommen auch all die schwierigen Erinnerungen, die Erfahrungen von Schuld und Versagen und bedrängen zusätzlich in dieser Situation. In einer anderen Biographie heißt es, dass er die nutzlos verbrachten Jahre beweinte. Der Schmerz blieb ihm nicht erspart, wie er keinem erspart bleibt, der einigermaßen nüchtern und ehrlich den eigenen Weg anschaut. Der Schmerz über die „nutzlos verbrachten Jahre" traf auf eine schmerzende Wunde im Leben des heiligen Franziskus. Er konnte seinen Weg nur gehen, indem er seinen Vater tief enttäuschte. Und dieser enttäuschte Vater hat hart und unversöhnlich reagiert. Bis ans Ende seines Lebens musste Franziskus aushalten, dass der Vater ihn ablehnte, dass er seinen Weg nicht akzeptierte und dass er ihn sogar, wenn er ihn in der Stadt traf, verfluchte. Einer der Biographen schreibt, dass dies alles Franziskus so sehr zugesetzt hat, dass er in der Zeit, als er noch allein war, einen Bettler mitgenommen hat, wenn er durch die Stadt ging, der ihn immer segnen musste, wenn der Vater ihn verfluchte. Die Erfahrungen mit den eigenen Eltern, vor allem mit dem eigenen Vater, prägen stark unser Gottesbild. Franziskus erlebte nun viel Ablehnung und Bedrängnis mit seiner jungen Gemeinschaft. Sollte das ein Zeichen sein, dass Gott nicht zufrieden mit ihm ist? Trägt Gott ihm vielleicht nach, was früher war? Franziskus war in großer Bedrängnis. Und wie kommt die Lösung? In vollmundigen Versprechen, es besser zu machen? In Bußübungen als Sühne für die Sünde? In kaschierenden Erklärungen, warum es so kommen musste? Nein, wie so oft macht Gott wieder den ersten Schritt. Ganz typisch für die Gotteserfahrung des Franziskus ist, dass er in dieser Situation als Armer vor Gott steht, als einer, der ratlos ist, voller Zweifel und Unsicherheit, als einer, der seine Armut ehrlich vor Gott anschaut und der den Trost empfängt – als Gnade, als Geschenk des Hl. Geistes. Vielleicht ist das Wort Trost nicht angemessen für das, was Franziskus erhalten hat. Er hat die Zusage erhalten, dass ihm alle seine Sünden und Fehler erlassen sind und auch alles, was aus diesen Sünden geworden ist. Die Frucht dieses Geschenkes ist eine tiefe Freude, die sein Leben erhellt, verbunden mit der Zusage, dass sein Orden wachsen und groß sein werde, auch wenn er selber und seine Brüder so einfältig sind.

Die Verkündigung des hl. Franziskus hat die Buße als zentrales Thema. Dabei ist ihm wichtig, dass die Brüder zuerst durch ihr Sein, dann durch ihr Wort verkündigen. So hat er es in der Regel aufgeschrieben für die, die „unter die Sarazenen gehen": *„Die Brüder* *aber, die hinausziehen, können in zweifacher Weise unter ihnen geistlich wandeln. Eine Art besteht darin, dass sie weder Zank noch Streit beginnen, sondern ,um Gottes willen jeder menschlichen Kreatur' untertan sind und bekennen, dass sie Christen sind. Die andere Art ist die, dass sie, wenn sie sehen, dass es dem Herrn gefällt, das Wort Gottes verkünden."*

In seiner Regel hat er eine Beispielpredigt aufgeschrieben. Dazu muss man wissen, dass die wenigsten der Brüder Priester waren und deshalb auch keine theologische Ausbildung hatten. Sie zogen einfach durch die Lande, und wohin sie kamen, blieben sie auf den Plätzen stehen und riefen die Leute zur Umkehr auf. Voraussetzung war allerdings das Einverständnis des Priesters und / oder des Bischofs. Aber nun zur Beispielpredigt des hl. Franz: *„Und diese oder eine ähnliche Mahn- und Lobrede können alle meine Brüder mit Gottes Segen bei allen Leuten halten, wann immer sie es für gut finden: Fürchtet und ehret, lobet und benedeiet, ,saget Dank' (1 Thess 5,18) und betet an den Herrn, den allmächtigen Gott in der Dreifaltigkeit und Einheit, den Vater und den Sohn und den Heiligen Geist, den Schöpfer aller Wesen. Tut Buße (vgl. Mt 3,2), bringt würdige Früchte der Buße (vgl. Lk 3,8), denn wir werden bald sterben. ,Gebt, und es wird euch gegeben werden' (Lk 6,38). ,Vergebt, und es wird euch vergeben werden' (vgl. Lk 6,37). ,ßblockß,Und wenn ihr den Menschen ihre Sünden nicht vergebt' (Mt 6,14), wird der Herr ,euch eure Sünden nicht vergeben' (Mk 11,25). Bekennt alle eure Sünden (vgl. Jak 5,16). Selig, die in Buße sterben, denn sie werden im Himmelreich sein. Wehe jenen, die nicht in Buße sterben, denn sie werden ,Kinder des Teufels' (1 Joh 3,10) sein, dessen Werke sie tun (vgl. Joh 8,41), und sie werden ,in das ewige Feuer' kommen (Mt 18,8,25,41). Nehmt euch in acht und hütet euch vor allem Bösen und harret aus im Guten bis ans Ende."*[2]

Was bedeutet das nun für uns als franziskanische Gemeinschaft heute? Wie prägt das unser Leben und unsere Verkündigung? In der Phase, als das Ordensleben noch „Stand der Vollkommenheit" hieß, hatte es diese Haltung wohl etwas schwer. Da regelte man die Beziehungen und die Zusammenarbeit so klar, dass möglichst wenig Reibungsfläche entstand. Wenn es trotzdem zu Problemen kam, wurde das als Mittel auf dem Weg zur Heiligkeit identifiziert und genutzt, um die eigene Beziehung zu Gott zu vertiefen. Wenn menschliche Beziehungen zu intensiv wurden, standen sie unter dem Verdacht,

---

[2] Nicht bullierte Regel, 21. Kapitel „Von der Lob- und Mahnrede, die alle Brüder halten können".

die Liebe zu Gott zu behindern. Identitätsstiftend und gemeinschaftsbildend war das Wissen um die gemeinsame Berufung und vor allem das gemeinsame Werk. Wir legen heute mehr Wert auf gut gestaltete Beziehungen, haben auch höhere Ansprüche an Beziehungen, vor allem deshalb, weil der Stellenwert der Werke und der Berufstätigkeit deutlich kleiner geworden ist. Dadurch, dass der Wert der Gemeinschaft höher angesetzt wird, ist auch das Leiden an der Gemeinschaft offensichtlicher geworden. Wie versuchen wir nun, diese Leichtigkeit, die Franziskus durch die Haltung der ständigen Umkehr in sein Leben brachte, selber zu leben?

Wenn junge Frauen heute zu uns kommen, kommen sie meist mit einem hohen Idealismus. Sie haben auf ihrem Glaubensweg eine Erfahrung gemacht, die sie als Berufung in unsere Gemeinschaft gedeutet haben, und sie haben sich daraufhin zu einer radikalen Veränderung ihres Lebens entschlossen. Sie wollen das Evangelium leben – mit uns und für Gott und sein Reich. Deshalb haben sie hohe Erwartungen an sich selber, wie sie diese Lebensform leben wollen, und sie haben hohe Erwartungen an die Gemeinschaft, die der Größe ihrer Entscheidung entsprechen und ihnen ihre spirituellen und emotionalen Hoffnungen und Erwartungen erfüllen soll. Parallel dazu – und nicht selten unbewusst – kommen sie mit den Brüchen ihres Lebens und einer tiefen Sehnsucht nach Heil und Heilung. Der Idealismus führt schnell zu einer Enttäuschung und Ernüchterung, weil im gemeinsamen Leben die eigene Wahrheit und die der Gemeinschaft offenbar wird – und die ist nicht ideal, sondern oft genug armselig. Gleichzeitig werden im Zusammenleben alte Verwundungen und Kränkungen aktiviert, was den gemeinsamen Weg deutlich erschwert. Der Weg in die Freiheit führt über das nüchterne Schauen auf die eigene Wahrheit, auf die Mischung aus erlittener und selbst getaner Schuld und auf das, was daraus geworden ist.

Christoph Schlingensief schreibt: *„Das Leben ist nicht schlüssig. Das ist einfach mal ganz klar festzustellen. Da kann der Papst auf'm Vulkan tanzen: Das Leben wird nicht schlüssiger. Das ist ein unschlüssiges Leben hier, das genau aus dieser Unsicherheit seine Kraft bezieht. Und ich will, dass man das wahrnimmt."*[3]

Diese Erfahrung machen auch wir, obwohl wir glauben, dass es im Himmel noch schöner ist als hier. Aber auch wir erfahren immer wieder: Das Leben ist nicht schlüssig, es ist voller Brüche und Unsicherheit. Wie gehen wir damit um? Im Lauf der Zeit kann es gelingen, dass das Vertrauen auf die Gnade Gottes wächst, vor allem durch

---

[3] Christoph Schlingensief, *So schön wie hier kann es im Himmel gar nicht sein! Tagebuch einer Krebserkrankung.*

den häufigen Umgang mit Gottes Wort. Mehr und mehr lernt unsere junge Frau, sich anzuschauen und sich Gott zu zeigen und dabei keinen Purzelbaum des Schönredens zu schlagen, sondern den liebevollen Blick auf das wenig Geliebte in ihr auszuhalten und schätzen zu lernen. So wächst innerer Handlungsspielraum. So wachsen auch die Barmherzigkeit und die Liebe im Blick auf die anderen und die Gemeinschaft. So wird unsere junge Frau heiler und freier, aber nie einfach heil und frei. Sie bleibt im Sinne des hl. Franziskus eine Arme, die um die Brüche in ihr selbst, im Gegenüber, in der Gemeinschaft, in der Kirche und in der Welt weiß, die ehrlich auf diese Brüche schaut und die diese Brüche auch Gott zeigt, in dem Vertrauen, dass er Großes wirken kann – in allem und trotz allem. So wird etwas von der Leichtigkeit des hl. Franziskus und seiner Freude an Gott in ihr Leben und in ihr Schauen und in ihr Verhalten kommen. Und was ganz wichtig ist: Sie wird Lust und Freude bekommen, den Menschen von diesem Gott zu erzählen und sie zu diesem Gott zu führen.

Wenn sie etwas von dieser Leichtfüßigkeit des Lebens der Buße in ihrem Leben durchträgt, wird sie auch noch im Alter etwas von der jugendlichen Frische haben. Ein paar solcher gelungener „Exemplare" haben wir in der Gemeinschaft.

Dieser Weg ist nicht mit dem Noviziat abgeschlossen. Er ist ein Lebensprojekt, das auch scheitern kann. Aber es kann nie so gründlich scheitern, dass Umkehr nicht noch möglich wäre. Dieser Weg braucht Begleitung. Neben den ganz alltäglichen Formen der Begleitung durch das gemeinsame Leben und Tun braucht es auch die geistliche Begleitung, in der ein Raum entsteht, dass das Anschauen und Aussprechen und Vor-Gott-Bringen konkret geübt werden kann. Hinzu kommt das Bußsakrament, das in seinem Ritus die Grundbewegung der Hinkehr zu Gott enthält: Gott mein Leben mit seinen Brüchen zu zeigen und zugesagt zu bekommen, dass sein Blick auf mich ein liebevoller ist und er mir einen neuen Anfang ermöglicht. Mir wird in diesem Zusammenhang auch immer wichtiger, dass diese Klarheit im Vollzug nicht durch allzu viel Gespräch überdeckt und dadurch vielleicht auch verwässert wird.

Eine geistliche Gemeinschaft braucht neben der individuellen Umkehr auch gemeinsame Vollzüge der Umkehr. Das ist und bleibt ein spannender Prozess. Denn Umkehr kann ich selbst vollziehen, aber ich kann sie nicht von jemandem einfordern. Da braucht es Fingerspitzengefühl, damit ein gemeinsamer Vollzug nicht wie ein moralischer Klimmzug wirkt. Wenn es aber gelingt, dass im Raum der Gemeinschaft diese Leichtigkeit aufkommt, die aus dem Offenlegen der Brüche entsteht und dem gemeinsamen vertrauensvollen „Sich-Gott-Zuwenden" mit allem, was wir sind, dann stärkt das die Gemeinschaft sehr. Wir haben z.B. jeden Monat einen Tag der Stille und des Gebetes, der der Erneuerung unseres Lebens dient, eben der ständigen Umkehr. Zum Abschluss dieses Tages treffen wir uns, um zu erzählen von den Erfahrungen, um uns zu versöhnen, wenn es nötig ist, und um uns gemeinsam neu auf den Weg zu machen. Manche unserer Konvente haben jeweils am Ende der Woche eine gemeinsame Feier, in der sie zurückschauen, benennen, was nicht gut war und gemeinsam einen Neubeginn setzen. Auf jeden Fall haben wir in allen Konventen eine solche Feier vor den großen Festen.

Wir sind immer noch an der Frage, warum so ein Projekt wie der Versöhnungstag bei uns Menschen anzieht, aber in der Pfarrgemeinde nebenan vielleicht nicht. In unserer Gesellschaft ist kein Klima für ein leichtfüßiges Leben in Wahrhaftigkeit und Umkehr. Ob es in unseren Gemeinden herrscht, wird darauf ankommen, was die leben, die das Klima prägen. Und ob so ein Projekt wie der Versöhnungstag gelingt, wird davon abhängen, welches Klima zum Thema Umkehr bei der Kirche vor Ort, sei es nun Gemeinde oder Gemeinschaft, herrscht.

Das Thema Umkehr und Versöhnung als Grundmotiv der Jugend- und Erwachsenenpastoral im Kloster Sießen

Unsere Gemeinschaft wurde vor gut 150 Jahren gegründet mit dem Auftrag Erziehung und Bildung der Mädchenjugend. Diesem Auftrag gemäß entstanden zuerst Schulen und Internate, in denen Schwestern tätig waren. Auch an staatlichen Schulen unterrichteten Schwestern, ebenso wirkten sie in Jugendhilfeeinrichtungen und Kindergärten. Im Lauf der Jahre kamen auch andere Bereiche in Deutschland, Brasilien und Südafrika dazu.

In den 70er-Jahren suchte unsere Gemeinschaft eine Antwort auf die veränderte kirchliche und gesellschaftliche Situation. Es war deutlich, dass die bisherige Beschränkung auf die Jugendbildung in der Schule auf Zukunft hin zu eng ist. So entstanden, als eines der ersten Projekte der neuen außerschulischen Jugendarbeit, sogenannte Begegnungstage. Vor den Festen Weihnachten, Ostern und Pfingsten wurden junge Leute eingeladen. Morgens gab es eine Einstimmung auf das kommende Fest oder ein verwandtes Thema in jugendgemäßer Form. Nachmittags wurden verschiedene Gesprächskreise, Einzelgespräche und Beichtgespräche angeboten. Diese Tage hatten lange viel Zulauf. Dazu kamen Jugendexerzitien in den Schulferien, die ebenfalls großen Zulauf hatten bis in die 90er-Jahre hinein.

1976 fand das erste Franziskusfest statt, damals noch zusammen mit der Diözese organisiert. Der unerwartet große Erfolg dieses Festes bewog meine Mitschwestern dazu, jedes Jahr am letzten Sonntag im September ein solches Franziskusfest der Jugend zu organisieren. Die Zahl der Teilnehmer hat sich bei etwa 3000 – 4000 eingependelt.

Nachdem die treuen Teilnehmer am Franziskusfest älter wurden, eine Familie gründeten und mit dem Kinderwagen zum Franziskusfest kamen, begannen wir darüber nachzudenken, auch etwas für junge Familien anzubieten. Auch unsere Schulen wollten gerne eine Möglichkeit für ihre jüngeren Schülerinnen, da das Alter für die Teilnahme am Franziskusfest der Jugend ab 13 Jahre festgelegt war.

So entstand 1992 zuerst ganz klein das Kinderfranziskusfest am 1. Mai. Dieses Fest ist sehr schnell gewachsen und hat mit 5000 – 6000 Teilnehmern das Franziskusfest im Herbst zahlenmäßig inzwischen überholt. Zu diesen Anlässen kommen jedes Jahr sehr viele Menschen nach Sießen und erleben den Klosterberg als einen Ort, wo der Glauben in Gemeinschaft gefeiert wird, wo es Impulse für den eigenen Glauben gibt.

Im Juli 1980 eröffneten wir im neu erworbenen Forsthaus neben dem Kloster eine Möglichkeit für junge Frauen, für eine bestimmte Zeit hier im Kloster auf Zeit zu sein. Sehr viele junge Frauen kamen im Lauf der Jahre auf diesem Weg zu uns, machten wichtige Schritte auf ihrem Glaubensweg und fanden in den Schwestern Gesprächspartnerinnen für ihre Fragen.

Im Jahr 1991 entstand aus einer Suchbewegung in der Gemeinschaft der Carcerikonvent, benannt nach einer franziskanischen Einsiedelei in der Nähe von Assisi. Zuerst war er Schwestern vorbehalten, die für kürzere oder längere Zeit nach einem intensiveren Gebetsleben suchten. Im Carcerikonvent gehören die morgendliche Schriftbetrachtung, zwei Stunden eucharistische Anbetung und das abendliche Schriftgespräch zum Tagesablauf. Auch herrscht Stillschweigen den ganzen Tag und bei den Mahlzeiten.

Schon bald fragten Frauen nach, ob sie nicht auf Zeit dort mitleben könnten. Durch die intensive Zeit des Gebetes und das Charisma der Schwester, die zurzeit den Carcerikonvent leitet, kommen dort viele Menschen hin, die auf der Suche sind nach innerer Heilung und Versöhnung. Aus der Arbeit des Carceri ist der Franziskustag entstanden. Jeden Monat können Erwachsene einen Samstag im Kloster verbringen und bekommen einen geistlichen Impuls, beten gemeinsam, haben Zeiten der Stille … Wenn ein Priester vor Ort ist, suchen auch immer wieder Teilnehmerinnen und Teilnehmer die Möglichkeit zum Beichtgespräch.

Dieser Tag erfreut sich auch großer Beliebtheit bei Patienten aus den naheliegenden Kurkliniken. Diese kommen überhaupt gerne nach Sießen, um den schönen Ort zu genießen und um im Franziskusgarten Ruhe zu finden und auch neue Orientierung.

Nicht vergessen möchte ich in diesem Zusammenhang auch die jährliche Kinder- und Jugendwallfahrt. Fünf Tage lang sind die Gruppen unterwegs nach Sießen von verschiedenen Orten aus. In einem Jahr waren das inhaltliche Thema „Die Sakramente der Kirche", und damit auch die Buße. Damals begann es, dass die Gruppen sich gemeinsam vorbereiteten und dass an einem Tag dann ein Priester mitging und unterwegs Beichte hörte. Für die Kinder und ihre Begleiter war das eine so gute und froh machende Erfahrung, dass der Beichttag inzwischen zum festen Bestandteil der Wallfahrt geworden ist. Sogar bei der Jugendwallfahrt – die sich fast ganz aus ehemaligen Kinderwallfahrern rekrutiert, ist der Tag ganz wichtig.

Das ist der Rahmen, in dem der Versöhnungstag angesiedelt ist. Nun wollen wir diesen noch näher anschauen.

Der Versöhnungstag

Ich habe vorher schon von den Begegnungstagen gesprochen, die in den 80er-Jahren zum Programm unserer Jugendarbeit gehörten. Sie sind der Vorläufer des heutigen Versöhnungstages. Wir hatten mit diesen Tagen eine katechetische Absicht, nämlich die zentralen Glaubensinhalte zu erschließen. Diese Begegnungstage entwickelten sich weiter in eine Richtung, die wir nicht unbedingt beabsichtigt hatten. Sie wurden sozusagen unter der Hand zu Beichttagen. Immer öfter kamen die jungen Leute erst am Nachmittag, um die Möglichkeit zum Beichtgespräch zu nutzen.

Anfang der 90er-Jahre entschlossen wir uns dann, diese Entwicklung zu akzeptieren und den Tag entsprechend zu gestalten. Aus dem ganztägigen Begegnungstag wurde ein halbtägiger Versöhnungstag.

Das Publikum hat sich ebenfalls verändert. Vielleicht sollte ich sagen, dass die Leute, die kommen, mit dem Versöhnungstag älter geworden sind. Ganz so eindeutig lässt es sich allerdings nicht sagen. Vom Altersdurchschnitt her ist der Versöhnungstag inzwischen eindeutig eine Erwachsenenveranstaltung. Die Spanne ist jedoch groß. Es kommen wenig Jugendliche, dafür junge Familien, Erwachsene, schwerpunktmäßig mittleres Alter, es kommen auch Familien mit kleinen und solche mit erwachsenen Kindern. Oft kommen mehrere zusammen. Viele Getreue kommen seit vielen Jahren.

Den Werbeaufwand haben wir reduziert, weil wir spüren, dass die wenigsten auf ein Plakat hin kommen oder weil es in der Zeitung stand. Vielmehr ist der Versöhnungstag ein Selbstläufer, der über Mund-zu-Mund-Propaganda beworben wird.

Der Versöhnungstag findet derzeit zweimal im Jahr statt, am 5. Fastensonntag und am 3. Adventssonntag.

Er beginnt um 14.00 Uhr mit einer gemeinsamen Einstimmung in der Klosterkapelle, in der in das Thema „Umkehr und Versöhnung" eingeführt wird. Anschließend stehen zehn Beichtväter zum Beichtgespräch zur Verfügung. Anfangs haben wir auch immer noch die Möglichkeit zur Beichte im Beichtstuhl angeboten, aber es hat sich gezeigt, dass die Leute, die zum Versöhnungstag kommen, ein Beichtgespräch suchen. Manchmal ist es so, dass die Beichtenden nach der Beichte ein Symbol o. Ä. erhalten, das sie vor dem Kreuz in der Kapelle ablegen können. Das hängt vom Einstimmungsimpuls ab.

Während des ganzen Nachmittags ist in der Klosterkapelle Anbetung – wie sonst auch. Eine Stunde davon wird gestaltet mit Liedern und Gebeten als Dank für die Versöhnung.

Zum Abschluss sind die Teilnehmer zum Vespergebet der Schwestern um 17.30 Uhr eingeladen, erfahrungsgemäß sind dann aber nicht mehr viele da.

Den ganzen Nachmittag sind Schwestern in der Kapelle betend präsent, die auch besonders für die Beichtenden und die Beichtväter beten. Auf dem Gelände sind Schwestern präsent, die Suchenden den Weg weisen, und in dem Gebäude, in dem die Beichtzimmer sind, ist jemand präsent, der für Ruhe und eine gesammelte Atmosphäre sorgt. Im Untergeschoss wird Kinderbetreuung angeboten, die gerne angenommen wird.

Lange haben wir parallel zur Beichtgelegenheit einen Gesprächskreis angeboten zu allen Fragen rund ums Beichten. Das haben wir aufgegeben, weil wenig Nachfrage da war. Wir sorgen aber immer dafür, dass Schwestern sichtbar und ansprechbar sind für eventuell aufkommende Fragen.

Derzeit kommen zu den Versöhnungstagen ca. 80 – 100 Personen. Diese Zahlen sind über die Jahre gesehen leicht rückläufig. Wenn man die Autonummern betrachtet, kommen die Personen aus einem Umkreis von ca. 50 Kilometern. Viele nehmen regelmäßig teil. Der Anteil der Frauen überwiegt.

Rückblick und Auswertung

Erfahrungen der Beichtväter

Im Blick auf meinen heutigen Vortrag habe ich beim letzten Versöhnungstag in der Fastenzeit eine kleine Umfrage gemacht sowohl unter den Beichtvätern als auch unter den Beichtenden.

Es gibt eine ganze Reihe von Priestern, die sehr gerne zum Versöhnungstag kommen. Das ist bei der Arbeitsbelastung der meisten Priester erstaunlich, aber vielleicht auch wieder verständlich. Viele Priester leiden ja unter der Diskrepanz zwischen ihrem Wunsch, Seelsorger zu sein, und der Realität ihrer Arbeitsfelder. Der Dienst beim Versöhnungstag ist eine intensive Zeit der Seelsorge, die die Priester in ihrer Berufung stärkt und sie froh gehen lässt. So investieren sie gerne die Zeit, auch in einer Phase des Kirchenjahres, die für sie ansonsten sehr arbeitsintensiv ist.

Aufgefallen ist den Priestern in ihrer Rückmeldung allgemein, dass die Mehrheit derer, die nach Sießen zur Beichte kommen, geübte Beichtende sind, Jung wie Alt. Häufig sind es auch engagierte Menschen aus den Gemeinden, die zuhause nicht beichten wollen, aber die Gelegenheit beim Versöhnungstag nutzen. Die Priester betonen immer wieder die Offenheit und Tiefe der Beichten, dass die Teilnehmer gesammelt sind und für das Wesentliche offen. Natürlich sind auch immer Menschen da, die sonst selten oder nie beichten. Vor allem auch Menschen aus den Kurkliniken in Bad Saulgau nutzen die Gelegenheit.

Interessant finde ich immer wieder, dass solche, die wenig bis keine Beichterfahrung haben, gerne zu den Vikaren gehen. Vielleicht haben sie vor einem jungen Priester weniger Angst.

Rückmeldungen Beichtender

22 Beichtende haben den ausliegenden Rückmeldebogen ausgefüllt. Davon haben elf angekreuzt, dass sie regelmäßig kommen, vier, dass sie gelegentlich kommen und sieben, dass sie das erste Mal da waren.

Viele haben sich über die Einstimmung geäußert, dass sie ihnen hilfreich war. Eine Frau hat es so formuliert: „*Mir hilft die Einstimmung, die gleichbleibende Thematik von Schuld und Versöhnung immer wieder mit einem neuen Bild oder einem Symbol zu verbinden, das mich auch durch den Rest der Fastenzeit begleitet.*" Ich brauche wohl nicht hinzuzufügen, dass das jemand war, der regelmäßig kommt.

Eine Frau die das erste Mal da war, hat es so formuliert: „*Es war*

noch einmal so eine Hinführung auf das Wesentliche, auf das, worauf es ankommt."
Ganz unten gab es auch noch einen Abschnitt „Was ich sonst noch sagen wollte:".

Einige Rückmeldungen möchte ich gerne wörtlich zitieren:
- Dass es auch in den Gemeinden wieder mehr Kinderbeichten, Beichtgespräche und nicht nur Bußfeiern gibt.
- Dass die Pfarrer auch in den Gottesdiensten wieder mehr über die Beichte sprechen sollten.
- Fände auch einen allgemeinen Raum für Begegnung mit anderen Beichtenden, Schwestern, Priestern schön.
- Ich finde den Aufenthaltsraum für die Kinder super.
- Ich fühle mich wohl an diesem Ort.
- Bitte weiter so!
- Ich finde das Sakrament der Beichte sehr schön und wichtig und habe in der Gemeinde nicht so ein gutes Angebot. Ich war sehr dankbar, dass ich auf dieses Angebot aufmerksam gemacht wurde.
- Ich finde die Zeit zwischen Ostern und Weihnachten sehr lang und würde mich über den Portiunkula-Sonntag als Tag der Versöhnung freuen. Wie kann man diesen Sonntag besser feiern?
- Danke für Ihr Angebot! Ich habe zudem den tiefen inneren Wunsch nach einem Versöhnungsangebot am Barmherzigkeitssonntag. Weil es, so denke ich, ein Tag der Gnade ist.
- Der Versöhnungstag ist ein Geschenk und soll so bleiben. Herzlichen Dank.

Unsere Auswertung

Der Versöhnungstag ist ein wichtiges Angebot in unserem Kloster. Darin besteht kein Zweifel. Aber er ist auch etwas „in die Jahre gekommen". Und gelegentlich fragen wir uns, wie wir ihn weiterentwickeln können, so dass er z. B. auch für Jüngere wieder attraktiver wird. Gleichzeitig scheuen wir uns, den Erwachsenen damit einen wichtigen Raum ihres geistlichen Lebens zu nehmen.
Im Rückblick ist uns klar geworden, was die besondere Qualität dieses Tages ist:
- Indem die Menschen ins Kloster kommen, verlassen sie bewusst ihr normales Umfeld und tauchen ein in die geistliche Atmosphäre des Ortes und in den Raum des Gebetes, den die Schwestern eröffnen.
- Sie erleben sich als Teil einer größeren Gemeinschaft von Gläubigen, die entschieden den eigenen Weg geht und sind nicht der einzige Exot, der so was noch macht.

- Sie kommen zu einem motivierten Priester, zu dem sie in einem halben Jahr wieder gehen können oder auch nicht, den sie aber auf jeden Fall in ihrem Alltag nicht treffen.

Diese Punkte müssen auch bei einer eventuellen Weiterentwicklung des Versöhnungstages beibehalten werden.

Beispiel für einen Einstiegsimpuls, gehalten am 29. März 2009

Dieses Jahr hatten wir einen langen, harten Winter. Nicht nur wir, sondern die ganze Natur hat auf den Frühling gewartet. Das sieht man auch daran, wie schnell Schneeglöckchen und Krokusse da waren, als der Schnee einmal geschmolzen war. Im Frühling will das Leben neu werden, das Alte, Verbrauchte, Verrottete soll verschwinden und das Neue wachsen. Auch das Kirchenjahr lädt uns ein, wenn wir den Weg auf Ostern zugehen, Altes, Verbrauchtes, Verrottetes hinter uns zu lassen und dem neuen Leben Raum zu geben. Darum sind Sie heute hierher zum Versöhnungstag gekommen. Wir heutigen Menschen sprechen nicht gerne von Schuld, schon gar nicht von Sünde. Wenn etwas geschieht, was nicht gut war, finden wir eine Erklärung, warum das so war, und meinen, dann ist es schon vorbei. Und doch löst das Wort „Versöhnung" in den meisten Menschen eine Ursehnsucht aus. Aber wie geht Versöhnung, und worum geht es?

Ich möchte es aufzeigen anhand eines Bildes von Max Beckmann. Es ist ein Triptychon und heißt „Der Abschied". Es ist kein beschauliches Sonntagnachmittagsbild. Es ist ein erschreckendes Bild.

Max Beckmann lebte von 1884–1950. Seine ersten Bilder waren eher impressionistisch. Bis zu seinem psychischen und körperlichen Zusammenbruch erlebte Beckmann den ersten Weltkrieg als freiwilliger Sanitätssoldat in Flandern. Die Eindrücke des Krieges veränderten seine Malerei grundlegend. Die Gegenstände seiner Bilder werden expressiv und kantig wiedergegeben. Der Raum wird oft kubistisch zergliedert. Häufig wird die Brutalität des alltäglichen menschlichen Umgangs dargestellt. 1933 wurde er von den Nationalsozialisten zum entarteten Künstler erklärt und als Kunstprofessor entlassen. Er siedelte nach Amsterdam über, später nach Amerika. Von 1933–1950 entstanden zehn Triptychen, von denen unseres das erste ist und noch in Deutschland entstand. „Abschied" lautet der Titel. Wir konzentrieren uns in unserer Betrachtung auf den rechten Flügel.

Beckmann erklärte einer Freundin diesen rechten Flügel so: „*Hier sehen Sie sich selber, wie Sie versuchen, im Dunkeln Ihren Weg zu finden; Sie erhellen die Halle und die Treppe mit einer elenden Lam-*

Beckmann, Max, Abschied, © VG Bild-Kunst, Bonn 2010

pe und schleppen mit sich, festgebunden als Teil Ihrer selbst, den Leichnam Ihrer Erinnerungen, Fehler und Niederlagen, den Mord, den jeder einmal im Leben begeht – Sie können sich nie von Ihrer Vergangenheit befreien, Sie müssen den Leichnam mitschleppen und das Leben schlägt die Trommel dazu."

Ist es wirklich so? Sind wir festgebunden an unsere Erinnerungen, an Schuld und Niederlagen, müssen wir sie wie einen Leichnam, an uns festgekettet, mit uns herumtragen? Das wäre wirklich furchtbar. Hören wir, was uns die Lesung des heutigen Sonntags dazu sagt (Jer 31, 31–34): *„Seht, es werden Tage kommen – Spruch des Herrn –, in denen ich mit dem Haus Israel und dem Haus Juda einen neuen Bund schließen werde, nicht wie der Bund war, den ich mit ihren Vätern geschlossen habe, als ich sie bei der Hand nahm, um sie aus Ägypten herauszuführen. Diesen meinen Bund haben sie gebrochen, obwohl ich ihr Gebieter war – Spruch des Herrn. Denn das wird der Bund sein, den ich nach diesen Tagen mit dem Haus Israel schließe – Spruch des Herrn: Ich lege mein Gesetz in sie hinein und schreibe es auf ihr Herz. Ich werde ihr Gott sein und sie werden mein Volk sein. Keiner wird mehr den andern belehren, man wird nicht zueinander sagen: Erkennt den Herrn!, sondern sie alle, Klein und Groß, werden mich erkennen – Spruch des Herrn. Denn ich verzeihe ihnen die Schuld, an ihre Sünde denke ich nicht mehr."*

Was ist jetzt wahr? Sind wir auf ewig gekettet an unsere Erinne-

rungen und an unsere Schuld, egal ob erlitten oder selber vollbracht? Oder ist Versöhnung und neues Leben möglich? Ich vermute, Sie kennen beide Erfahrungen. So wie für mich Beckmanns Bild der Inbegriff des unversöhnten Menschen ist, so ist für mich das Antlitz unseres romanischen Christus hier in unserer Klosterkapelle der Inbegriff des versöhnten Menschen.
Wie kommen wir nun von hier nach da?
Wie werden wir versöhnte Menschen?

1. Schritt: Wahrnehmen

Schuld bindet Täter und Opfer zusammen. Das ist eine tiefe Wahrheit. Wenn ich schuldig geworden bin, habe ich nicht nur Unrecht getan, sondern eine Verbindung hergestellt, in der das Unrecht dauerhaft präsent ist. Wenn ich Schuld erlitten habe, ist eine Verbindung entstanden, in der das Unrecht dauerhaft präsent ist. Und oft genug entsteht in uns und unter uns sehr viel neues Unheil aus diesen Verstrickungen. Der erste Schritt zur Versöhnung ist die Wahrnehmung. Ich nehme wahr, was in mir ist an Schuld, Verkettung, Schmerz und Verwundung. Ich nehme wahr, aber ich muss es nicht alles schon bewältigen. Ich lasse einfach den Schmerz zu als meine Wahrheit. Erst wenn ich den Schmerz zulasse, werde ich auch in mir die wirkliche Sehnsucht nach Versöhnung und Neubeginn spüren.

2. Schritt: Das Licht unter allem Unheil erkennen.

Den Weg, der weiterführt, kann uns ein Wort von Alfred Delp zeigen, das er wenige Tage vor seiner Hinrichtung gesprochen hat: *„Das eine ist mir so klar und spürbar wie selten: Die Welt ist Gottes so voll. Aus allen Poren der Dinge quillt er gleichsam uns entgegen. Wir aber sind oft blind. Wir bleiben in den schönen und den bösen Stunden hängen und erleben sie nicht durch bis an den Brunnenpunkt, an dem sie aus Gott herausströmen."*

Das Zulassen des Schmerzes ist kein Selbstzweck. Er kann und soll uns hinführen zu diesem Brunnenpunkt. Manchmal denken wir, dass wir ganz schnell verzeihen müssen, um Gott zu gefallen, und dann legen wir einen Deckel über unsere Seele, statt den Weg der Heilung zu gehen. Aber Gott will uns in der Tiefe unserer Wirklichkeit begegnen, nicht auf unserer polierten Oberfläche. Wenn wir diese Tiefe in uns zugelassen haben, dann werden wir eine Überraschung erleben: Unsere Seele weiß genau den Weg, wie es weitergehen muss. Kein Außenstehender kann uns sagen, wie der Weg geht, und wir brauchen auch niemanden, denn unsere Seele weiß es, und wir brauchen nur noch den Mut, dieser inneren Stimme zu trauen. Diese innere Stimme ist nicht die Stimme der Gefühle, sie ist auch nicht dem Auf und Ab der Emotionen unterworfen. Sie liegt tiefer. Da gilt es zu unterscheiden. Für die Unterscheidung gibt es allerdings ein sicheres Kriterium: Die Emotionen binden mich an mich selber. Diese tiefere Stimme führt mich in die Offenheit anderen gegenüber. Dieses Licht wird mir auch helfen, genauer auf das zu schauen, was in mir ist, meist ist es ja ein Gemisch aus eigener und fremder Schuld.

3. Schritt: Zur Wahrheit stehen

Jetzt ist es gut, die erkannte Wahrheit meiner Schuldverstricktheit zu bekennen. Das haben Sie sich für heute vorgenommen. Zu Gott gehen und sagen: Schau dir mein Herz an. Du hast mir in der Taufe deine Gnade in Fülle geschenkt. Aber ich habe mich immer tiefer verstrickt in unheilvolles Tun und Erinnern. Ich habe deine ausgestreckte Hand nicht mehr gesehen. Ich habe gemeint, ich müsste mein Leben erst in den Griff bekommen, um es dann vor dich bringen zu können. Aber jetzt bin ich da. Sieh mich an. Sieh die erlittene Schuld. Sieh meine eigene Schuld. Sieh an, was aus diesen Verkettungen geworden ist. Sieh es an, Gott, und erbarme dich meiner. Mach deine Verheißung wahr. Nimm das Dunkel aus meinem Herzen und schreibe dein Gesetz ganz neu hinein. Das ist es, was wir in der Beichte vollziehen.

4. Schritt: Vergebung erfahren und ankommen lassen
Das Bekennen der Schuld ist aber noch nicht das Ganze. Der Priester sagt zu mir: „Ich spreche dich los von deinen Sünden." Unser Herz ist so an die Verkettung in die Schuld gewöhnt, dass es dieses Wort meistens gar nicht aufnimmt. Deshalb ist es so wichtig, dass wir uns nach der Beichte wirklich Zeit lassen, dieses Wort der Lossprechung und der Verzeihung in unserem Herzen ankommen zu lassen. Das geht nicht in einer Minute. Das ist viel mehr als eine erste Erleichterung. Halten Sie Gott ihr Herz hin, dieses Herz, das er neu gemacht hat. Und bitten Sie ihn, dass dieses Neue von ihrem Herzen aus auch den Verstand und die Emotionen durchdringt. Erst dann werden wir frei, als neue Menschen zu leben, werden wir frei, das Gute zu tun. Dieses neue Leben aus der Versöhnung braucht auch im Alltag immer wieder Vollzüge. Sie bekommen bei der Beichte ein kleines Bild mit dem Antlitz des romanischen Christus hier. Es soll und kann in Ihnen die Sehnsucht nach dem versöhnten Leben wach halten.

Wenn Menschen sich versündigen – Hilfestellungen, die der Alltag kennt

Nachtgebet und Gewissenserforschung

Alexander Saberschinsky

Es ist eine religiöse Grundüberzeugung – nicht nur des Christentums –, dass der Mensch Werten verpflichtet ist, die sein Handeln normieren.[1] Doch so verbreitet diese Vorstellung ist, so zwangsläufig ist die Erfahrung des Menschen, dass sein Handeln fehlt – in christlicher Terminologie: dass der Mensch sich versündigt. Die notwendige „Kurskorrektur" beinhaltet die Elemente des Sich-gewahr-Werdens des falschen Handelns und die Einsicht in das Fehlgeleitet-Sein; daraus resultiert das, was in christlicher Tradition „Umkehr" heißt, und gegebenenfalls das Beheben der unguten Folgen des falschen Handelns.

Als die klassische Form der Umkehr des Sünders gilt die sakramentale Beichte. Aufgrund des vertieften Verständnisses der Liturgie im Kontext der Liturgiereform des 20. Jahrhunderts hat man die liturgische Dimension dieses Sakraments wiederentdeckt und spricht – auch wenn unter diesem Gesichtspunkt durchaus noch Fragen an die Art und Weise des Vollzugs gestellt werden können – von der „Feier der Buße". Doch neben dem ausdrücklichen Bußsakrament kannte die Kirche immer schon andere Formen der Sündenvergebung:[2] Jede Sakramentenfeier ist insofern sündenvergebend, als sich in ihr Christus den Menschen in seiner Heilstat des Paschamysteriums, also erlösend und errettend, zuwendet. Doch dies gilt auch – unabhängig von den sieben Sakramenten – bei jeder Verkündigung der Frohen Botschaft des Evangeliums; auch hier wird die Heilstat Christi gegenwärtig. Der Fachbegriff in diesem Zusammenhang heißt „Anamnese".[3] Darüber hinaus ist es sogar möglich, zumindest lässliche Sünden, also

---

[1] Art. Umkehr / Buße, in: Praktisches Lexikon der Spiritualität, hrsg. von Christian SCHÜTZ, Freiburg i. Br. – Basel – Wien 1988, Sp. 1317–1323, hier: Sp. 1317.

[2] Die deutschen Bischöfe unterscheiden in ihrem Schreiben zur Bußpastoral als Möglichkeiten zur täglichen Umkehr und Versöhnung die sakramentale Feier der Versöhnung, die übrigen liturgischen Formen der Umkehr und Versöhnung (Fastenzeit, Bußfeiern, Eucharistie, Krankensakramente, gottesdienstliche Sündenvergebung) und vielfältige nicht-liturgische Formen; vgl. Umkehr und Versöhnung im Leben der Kirche. Orientierungen zur Bußpastoral (= Die deutschen Bischöfe 58), Bonn 1997, 42–50.

[3] Vgl. Albert GERHARDS – Benedikt KRANEMANN, *Einführung in die Liturgiewissenschaft*, Darmstadt 2006, 142 f.; Alexander SABERSCHINSKY, *Einführung in die Feier*

solche, die die eigene Beziehung zu Gott nicht aufkündigen, sondern „nur" belasten,[4] auch außerhalb gottesdienstlicher Feiern zu sühnen, etwa durch Reue, Gebet und Werke der Nächstenliebe.[5] So darf der Gläubige etwa beim aufrichtigen Gebet des Vaterunsers durch die Bitte „Vergib uns unsere Schuld, wie auch wir vergeben unseren Schuldigern" auf die Vergebung seiner Sünden hoffen.

Im Folgenden soll in diesem Zusammenhang eine besondere Form des Umgangs mit Schuld betrachtet werden, die ihrem Selbstverständnis nach – anders als das herausgehobene Bußsakrament – eine alltägliche Hilfestellung sein will: Es geht um die sogenannte Gewissenserforschung am Abend, oftmals verknüpft mit dem Nachtgebet und, sofern in der kirchlichen Form gehalten, Komplet genannt. Die Komplet ist zwar als gemeinschaftliches Gebet, also als eine gottesdienstliche Feier, möglich und in klösterlichen Gemeinschaften oftmals üblich, doch von ihrem Selbstverständnis her ist sie auch als privates Gebet zur Nacht praktikabel und kann ohne Einschränkung als solches von allen gebetet werden, die abends nicht in einer Gemeinschaft betend den Tag beschließen. In zwei Anläufen wollen die folgenden Überlegungen zeigen, inwiefern das Abendgebet eine Hilfestellung des Alltags ist, wenn Menschen – und das tun sie zwangsläufig – sich versündigen. Zunächst soll mit Heinrich Rennings gefragt werden, inwiefern die Komplet eine psychohygienische Wirkung hat.[6] Sodann gilt eine genauere Betrachtung der Gewissenserforschung im Rahmen des Nachtgebets, unabhängig davon, ob dieses als Komplet gestaltet ist oder in einer freien Form gehalten wird. Geht es nur darum, sich die Sünden des Tages vor Augen zu halten? Kann die Gewissenserforschung eine Hilfe sein, mit den Sünden umzugehen, sie zu überwinden?

---

der Eucharistie. Historisch, systematisch, praktisch, Freiburg i. Br. – Basel – Wien 2009, 69, 139 f., 163 f.

[4] Zur konventionellen Unterscheidung zwischen „Todsünde" und „lässlicher Sünde" vgl. Helmut WEBER, *Allgemeine Moraltheologie. Ruf und Antwort*, Graz – Wien – Köln 1991, 290–299.

[5] Das Trienter Konzil spricht von „vielen anderen Heilmitteln", die die Schuld sühnen; vgl. DH 1680. Der Katechismus der katholischen Kirche (München u. a. 1993) entfaltet hierzu: „Bekehrung geschieht im täglichen Leben durch Taten der Versöhnung, durch Sorge für die Armen, durch Ausübung und Verteidigung der Gerechtigkeit und des Rechts, durch Geständnis der eigenen Fehler, durch die brüderliche Zurechtweisung, die Überprüfung des eigenen Lebenswandels, die Gewissenserforschung, die Seelenführung, die Annahme der Leiden und das Ausharren in der Verfolgung um der Gerechtigkeit willen. Jeden Tag sein Kreuz auf sich nehmen und Christus nachgehen ist der sicherste Weg der Buße." (KKK 1435)

[6] Zu dem generellen Zusammenhang von Schuld und Schuldgefühlen aus theologischer und psychologischer Sicht vgl. den Beitrag von Franz REISER im Rahmen der Sommerakademie 2009.

1. Der psychohygienische Effekt der Komplet

Die Komplet ist das letzte Gebet des Tages. Sie hat als solches insofern eine Sonderstellung, als sie nicht das Gegenstück zur ersten Gebetszeit am Morgen ist. Dies ist in der Tradition der Tagzeitenliturgie die Vesper, die als Abendlob dem Morgenlob, den sogenannten Laudes, entspricht. Als Gebet an der Schwelle vom Wachen zum Schlafen kommt der Komplet eine besondere Rolle zu. Heinrich Rennings hat sie unter einer aus liturgiewissenschaftlicher Sicht unerwarteten Perspektive näher betrachtet, als er von der „Psychohygiene der Komplet" sprach.[7] Eine solche Betrachtungsweise verspricht Aufschluss im Zusammenhang mit der hier zu behandelnden Frage nach alltäglichen Hilfestellungen im Umgang mit der Sünde.

Entsprechend seines besonderen Zugangs geht Heinrich Rennings von der vielfach vorgetragenen Klage aus: „Ich kann nicht schlafen." Ganz offensichtlich ist, gut schlafen zu können, ein hoch angestrebter Wert. Fragt man nach den Ursachen, die einem guten Schlaf entgegenstehen, wird man nicht nur an äußere Störungen denken müssen, sondern auch an psychische: Sorgen, Ängste und Nöte, Sehnsüchte, Konflikte und Schwierigkeiten, Stress, Überlastung und Überforderung – sei es im Beruf, in der Familie oder anderweitig. Wen dies am Tag belastet, den begleiten diese Belastungen auch noch am Abend. Das ist nicht verwunderlich, doch die Frage lautet, wie man am Ende des Tages damit umgeht – zumal wenn es einem schwerfällt, in den Schlaf zu kommen. „Wenn man Nachtruhe sucht, ist es nicht gleichgültig, wie man die Nacht beginnt."[8] Die Komplet ist der Beginn der Nacht. Sie kann in mehrfacher Hinsicht eine Hilfe für alle sein, die nicht fugenlos vom Tag in den Schlaf übergehen können oder wollen: durch ihren Charakter als Übergang vom Wachen zum Schlafen, durch ihren Beitrag zur Aufarbeitung des Tages, durch ihre entspannende Wirkung, durch ihr Motiv der vertrauenden Annahme des Schlafes, durch ihre Bilder und schließlich durch ihre konstanten Elemente als Ritus.

1. Zunächst ist die Komplet insofern eine Hilfe beim Übergang vom Wachsein zum Schlafen, als sie traditionell die „‚Fuge' zwischen Wachsein und Schlafen" bildet.[9] Die Zeugnisse der frühen Mönchsregeln belegen seit der ersten Hälfte des sechsten Jahrhunderts die konkrete Gestalt des kirchlichen Nachtgebets: Damals war es üb-

---

[7] Heinrich RENNINGS, *Die Psychohygiene der Komplet*, in: DERS., Gottesdienst im Geist des Konzils. Pastoralliturgische Beiträge zur Liturgiereform, hrsg. von Martin KLÖCKENER, Freiburg i. Br. – Basel – Wien 1995, 210–231.
[8] Ebd., 211.
[9] Ebd., 214 f.

lich, wie die Regel des heiligen Benedikt bezeugt, dass die Mönche in einem gemeinsamen Schlafsaal, dem sogenannten Dormitorium, schliefen.[10] Hier wurde auch gemeinsam die Komplet gebetet. Damit war sie eindeutig von der Vesper abgehoben, die als Abendlob im Kirchenraum gefeiert wurde.

Allerdings setzten sich bis zum Zeitalter des Barocks zunehmend die heute für das mönchische Leben üblichen Schlafzellen durch, so dass auch die Komplet als gemeinsames Gebet im Kirchenraum gebetet werden musste. Zwar mindert das damit einhergehende Abrücken vom ursprünglichen Ort und Zeitansatz der Komplet die Schlaf fördernde Wirksamkeit der Komplet, doch wirkte das von der Komplet an geltende absolute Schweigen, das sogenannte große Silentium, „wie eine schützende Hülle, unter die die von der Komplet vermittelte Haltung bis zum direkt anschließenden Schlafbeginn bewahrt werden konnte".[11]

Unter diesem Anspruch steht die Komplet auch nach heutigem Verständnis noch. So heißt es im offiziellen, deutschsprachigen liturgischen Buch zur Feier des Stundengebets, dem Stundenbuch: „Die Komplet ist das letzte Gebet des Tages und soll unmittelbar vor der Nachtruhe gehalten werden."[12]

Doch dies ist nicht nur der Anspruch an die Komplet, sondern auch der Komplet selbst, wie ihre liturgischen Texte verdeutlichen. So spricht der Hymnus „Te lucis ante terminum", der als der klassische Hymnus der Komplet gelten darf,[13] davon, wie des Tages Licht schwindet und sich im Dunkel der Nacht die gewohnten Dinge aufzulösen scheinen. In dieser Situation ruft der Beter Gott an, damit die trügerische Scheinwelt der Nacht zurückweiche und er, der Schöpfer aller Dinge, die Welt im Sein halten möge, wenn das letzte Licht des Tages schwindet.[14]

2. Wer sich am Abend vor den offenen Fragen und das viele Unerledigte sieht, dem fällt es nicht selten schwer, den Tag zu beschließen, in die Nacht und damit in den Schlaf zu kommen. Insofern nicht nur an Dinge zu denken ist, die noch nicht erledigt sind, sondern ebenso

---

[10] Vgl. Regula Benedicti 22, Textausgabe: *Die Benediktus-Regel. Lateinisch-deutsch*, hrsg. von Basilius STEIDLE, Beuron ⁴1980, 108–111.

[11] H. RENNINGS (s. o. Anm. 7), 216.

[12] AES 84; vgl. AES 29 (Allgemeine Einführung in das Stundengebet, in: Die Feier des Stundengebetes. Stundenbuch, Bd. 1: Advent und Weihnachtszeit, Einsiedeln u. a. 1978, 25*–106*).

[13] Das Römische Brevier verwendet vom 16. Jahrhundert bis zur Reform nach dem Zweiten Vatikanischen Konzil in der Komplet nur diesen einen Hymnus, der seit dem 8./9. Jahrhundert bezeugt ist. Das deutsche Stundenbuch bietet heute wahlweise mehrere Hymnen zur Komplet an.

[14] Vgl. Alexander SABERSCHINSKY, *Der gefeierte Glaube. Einführung in die Liturgiewissenschaft*, Freiburg i. Br. – Basel – Wien 2006, 80f.

an in menschlicher Hinsicht Unerledigtes und offene Fragen und Probleme, hat dies durchaus eine spirituelle Dimension. Hier leistet die Komplet in drei Schritten einen Beitrag zur Aufarbeitung des Tages. Sie fragt nach dem, was dem Beter am Tag widerfahren ist und wie er darauf reagiert hat (Gewissenserforschung), sie gibt Raum, eigenes Versagen anzuerkennen (Schuldbekenntnis) und eröffnet mit der Vergebungsbitte eine Möglichkeit, mit den eigenen Grenzerfahrungen umzugehen. „Es liegt gar nicht so fern, in der Gewissenserforschung, im Schuldbekenntnis und in der Vergebungsbitte der Komplet auch einen psychohygienischen Beitrag zu sehen."[15] Und man kann ergänzen: zugleich einen spirituellen Beitrag zum Umgang mit dem vergangenen Tag.

3. Wenn die Anspannungen des Tages nicht abklingen, fällt es schwer den Tag zu beschließen, in die Nacht und damit in den Schlaf zu kommen. Auf verschiedene Weise kann die Komplet einen Beitrag zur Entspannung leisten. Hier kann etwa auf das Responsorium hingewiesen werden: Im Stundenbuch ist die römische Ordnung vorgesehen, d. h., bei der zweiten Wiederholung wird nicht der ganze Satz, sondern nur die zweite Satzhälfte gesprochen. Das Gotteslob enthält eine einfachere und damit eingängigere und leichter zu praktizierende Variante, in der der Satz dreimal unverändert wiederholt wird. Diese Wiederholung kurzer, formelhafter Sätze, die leicht einprägsam sind, ist der Liturgie nicht fremd und kann in der Komplet eine entspannende Wirkung haben.

Entspannend kann auch der Lobgesang des Simeon, das nach seinen Anfangsworten sogenannte „Nunc dimittis", haben. Es ist als Gesang aus dem Evangelium gleichsam der Hochgesang dieses Gebets. Entspannend kann es im Sinne einer paradoxen Intention wirken: Im Zusammenhang mit einer Schlafstörung bedeutet dies, dass es gerade deshalb nicht zum Schlaf kommt, weil die Absicht zu schlafen, in ihrer Angestrengtheit zum gegenteiligen Effekt führt. Die Lösung heißt demzufolge: „Statt sich mit der Vorstellung herumzuschlagen, du mußt jetzt schlafen, und ungeduldig wartend zu lauern, daß es geschieht, soll die erklärtermaßen entgegengesetzte Absicht befreien und so zum Schlaf führen."[16] In diesem Sinne lässt sich auch die Antiphon zum Lobgesang des Simeon deuten: „Sei unser Heil, o Herr, wenn wir wachen, und unser Schutz, wenn wir schlafen; damit wir wachen mit Christus und ruhen in seinem Frieden." Dem Beter geht es in erster Linie nicht darum zu wachen oder zu beten, sondern erstlich um den Schutz Christi. Als Gebet gespro-

---

[15] H. RENNINGS (s. o. Anm. 7), 220.
[16] Ebd., 222.

chen, wird hier der Schlaf nicht um jeden Preis angestrebt, sondern unter das übergeordnete Ziel gestellt, in Christus Frieden zu finden. Gerade dieses Ablassen vom Schlafen um jeden Preis kann – paradoxerweise – zum Schlaf führen.

4. Der Schlaf wird der Bruder des Todes genannt.[17] Zwar löst nicht jedes Schlafengehen Todesängste aus, doch sind Ängste nicht ausgeschlossen. Die Liturgie stellt selbst diesen Zusammenhang her, wenn es in der traditionellen Segensformel in der Komplet heißt: „Noctem quietam et fine perfectum concedat nos Dominus omnipotens. – Eine ruhige Nacht und ein seliges Ende gewähre uns der allmächtige Gott." Die Nachtruhe und der Tod werden hier in einem Atemzug genannt – fast so, als ob jede Nacht der Tod zu befürchten wäre. Doch wer sich unter dem Schutz des Allmächtigen weiß, der braucht den Tod nicht fürchten. Die Texte der Komplet bestärken diesen Gedanken, indem sie mit Bildern des schützenden Gottes Vertrauen zu ihm wecken wollen. So betet der Psalm 91 (90), der ein klassischer Kompletpsalm ist: „Wer im Schutz des Höchsten wohnt und ruht im Schatten des Allmächtigen, der sagt zum Herrn: ,Du bist für mich Zuflucht und Burg'." Es ist verständlich, dass angesichts des grenzenlosen Vertrauens, das der Psalm zum Ausdruck bringt, dieses Gebet fester Bestandteil der Komplet wurde.

Auch die kurzen Schriftlesungen geben Anlass zum Vertrauen: Sie sprechen von Gott als Gott des Bundes (Samstag: Dtn 6, 4–7), von der Vollendung der Welt, wenn es keine Nacht mehr geben wird (Sonntag: Offb 22, 4 f.), vom Leben in Christus „ob wir nun wachen oder schlafen" (Montag: 1 Thess 5, 9 f.), vom Gott, der bewahrt, bis Christus kommt (Donnerstag: 1 Thess 5, 23), und vom Gott, dessen Name über uns ausgerufen ist (Freitag: Jer 14, 9). Dieser variierende Zuspruch aus der Heiligen Schrift, den Schlaf vertrauensvoll anzunehmen, wird in den Schlussorationen der Komplet zum Gegenstand des Gebets. So heißt es beispielsweise in der Oration des Sonntags: „Bewahre uns in dieser Nacht vor allem Bösen. Lass uns in deinem Frieden ruhen und morgen den neuen Tag mit deinem Lob beginnen." Oder am Donnerstag: „Sende uns in dieser Nacht einen ruhigen Schlaf, damit wir uns von der Mühe des Tages erholen und morgen mit neuer Kraft dir dienen können."

5. Wenn der Schlaf als „Aufenthalt im Land der Bilder"[18] beschrieben werden kann, dann käme es darauf an, „die guten, heiligen

---

[17] Vgl. Bernhard EINIG, „Somnus est imago mortis". Die Komplet als allabendliches „Memento mori", in: Im Angesicht des Todes. Ein interdisziplinäres Kompendium II, hrsg. von Hansjakob BECKER, Bernhard EINIG und Peter-Otto ULLRICH, St. Ottilien 1987, 1299–1320.

[18] H. RENNINGS (s. o. Anm. 7), 228.

Bilder in den Schlaf mitzubringen"[19]. Die Komplet ist voll solcher Bilder: die Gemeinschaft der Vollendeten, die Gemeinschaft der Beter auf der ganzen Erde, Simeon mit dem Kind auf dem Arm als Beweis der Treue Gottes, der sterbende Herr am Kreuz, der sich dem Vater anempfiehlt, die Engel Gottes, die den Schlaf bewachen, Gott als Zuflucht und Burg usw. Die Nennung der Bilder aus der Komplet ließe sich noch deutlich ausweiten.

6. Riten entlasten. Durch die Konstanz ihrer Elemente geben sie Sicherheit und helfen loszulassen. Das ist bekannt von Kindern, deren Gang zu Bett (z. B. Entkleiden, Zähneputzen, Gute Nacht sagen) und deren Einschlafen (Geschichte vorlesen) von Eltern oftmals rituell gestaltet werden. Das kann auch auf das relativ feste Gefüge der Komplet übertragen werden. Denn es fällt auf, dass sie im Laufe der Woche und des Kirchenjahres weit weniger Veränderungen unterliegt als andere Tagzeiten. Vor der Liturgiereform im Gefolge des Zweiten Vatikanischen Konzils wechselten im Wochenrhythmus nur die Psalmen, während Kurzlesung und Hymnus jeden Tag unverändert blieben. In der monastischen Tradition waren sogar die Psalmen täglich dieselben, so dass die Komplet jeden Tag gleich war. Lediglich die Melodien zeigten den liturgischen Rang des Tages an, doch textliche Variationen im Kirchenjahr gab es nicht – allenfalls ausgenommen die marianische Antiphon. Auch heute nennt das Stundenbuch als eine Möglichkeit, immer eine Komplet vom Sonntag zu beten,[20] ansonsten beschränkte man sich hinsichtlich der Psalmen allerdings – im Gegensatz zum vierwöchigen Psalter der übrigen Horen – auf ein Schema für eine Woche. Das Votum von Heinrich Rennings ist eindeutig: Er begrüßt die Möglichkeit, täglich die gleiche Komplet beten zu können, und sieht in der derzeitigen einwöchigen Variation die äußerste Grenze der Variabilität erreicht. Auch für die Vermehrung der zur Auswahl stehenden Hymnen gegenüber der lateinischen Vorlage der Liturgia Horarum kann er kein Bedürfnis erkennen.[21]

Um vom theologischen Standpunkt aus die psychohygienische Wirkung der Komplet angemessen einordnen zu können, weist Heinrich Rennings darauf hin:

„Die Komplet ist nicht die beste Schlaftablette, die es jemals gab. Aber als eine Anleitung und Hilfe zu einer Schlaf fördernden Weise, den Tag zu beenden und die Nacht zu beginnen, die aus der im Glauben erfassten Wirklichkeit gestaltet ist, bietet sie ein Verhal-

---

[19] Ebd., 229.
[20] Vgl. AES 88 (s. o. Anm. 12).
[21] Vgl. H. RENNINGS (s. o. Anm. 7), 230.

ten an, das auch in psychohygienischer Hinsicht als musterhaft anerkannt werden muß. [...] Am Ende des Tages, unmittelbar vor der Nachtruhe, will die Komplet zur Aufarbeitung des Tages führen, der Entspannung und der vertrauenden Annahme des Schlafes dienen. Dabei nimmt sie die Macht der Bilder zu Hilfe und die Entlastungsfunktion einer rituellen Ordnung. [...] Eines hat die Komplet freilich mit den Schlaftabletten gemeinsam. Wie diese nur wirken können, wenn man sie einnimmt, kann auch die Komplet nur wirken, wenn man sie betet, wenn man sie vollzieht."[22]

2. Gewissenserforschung – oder: Frei werden für den größeren Gott

Von der Gewissenserforschung war bereits die Rede. Sie sollte sinn-vollerweise Bestandteil jedes Gebets zur Nacht sein. In der Form der Komplet ist sie sogar zu dem schon angesprochenen Dreischritt er-weitert: Gewissenserforschung in Stille, Schuldbekenntnis vor Gott und auch den Brüdern und Schwestern („Ich bekenne ..."), Ver-gebungsbitte um das Erbarmen Gottes. Im Römischen Brevier, dem vor der Liturgiereform im Gefolge des Zweiten Vatikanischen Kon-zils gebräuchlichen Buch für das Stundengebet, war sogar für das gemeinschaftliche Chorgebet vorgesehen, dass erst der Vorbeter (Hebdomadar) den Mitbetern (Chorus) seine Schuld mit dem „Con-fiteor" bekannte und diese die Vergebungsbitte für ihn sprachen, und dann umgekehrt die Gemeinschaft ihre Schuld bekannte und der Vorbeter die Vergebungsbitte sprach. Eine Gewissenserfor-schung wird allerdings nicht erwähnt. Hingegen wird im Gotteslob eigens auf sie hingewiesen, hier allerdings ohne Schuldbekenntnis und Vergebungsbitte.

Wenn die Gewissenserforschung im Stundenbuch als dem Buch für das regelmäßige Stundengebet und im Gotteslob als Rollenbuch für die Gemeinde anders als im Römischen Brevier vorgesehen ist, dann misst man wohl diesem Element eine (wiederentdeckte) Bedeu-tung bei. Worin kann sie bestehen? Welche Akzente kann sie setzen? Wie kann sie gestaltet werden? Das Stundenbuch selbst sagt hierzu nichts; die Gewissenserforschung wird nur empfohlen.[23] Daher soll hier ein Vorschlag gemacht werden. Er bezieht sich auf Ignatius von Loyola, der sich zwar nicht im Kontext der Komplet, aber seines Exerzitienbuches mit der Gewissenserforschung als einem wesent-

---

[22] Ebd., 231.
[23] Vgl. AES 86 (s. o. Anm. 12).

lichen Bestandteil eines geistlichen Lebens beschäftigt hat. Seine wegweisenden Gedanken erweisen sich als eine alltägliche Hilfestellung, wenn Menschen sich versündigen.

Um besondere Punkte der eigenen Lebensführung in den Blick zu nehmen (Partikularexamen), schlägt Ignatius sehr konkrete Hilfestellungen vor, sich täglich zu erforschen.[24] Sie beschränken sich nicht nur auf die abendliche Gewissenserforschung. Bereits am Morgen soll der Mensch sich vornehmen, sich vor bestimmten Sünden und Unzulänglichkeiten zu hüten. Nach dem Mittagessen findet die erste Erforschung statt, indem man Stunde für Stunde des bisherigen Tages durchgeht und sich selbst Rechenschaft gibt, ob man seine Vorsätze gehalten hat. Das Ergebnis wird auf einer Linie notiert. Nach dem Abendessen erfolgt eine zweite Erforschung, ebenso Stunde für Stunde, und das Ergebnis wird auf einer zweiten Linie festgehalten. So kann man am Abend prüfen, ob man sich gebessert hat. Da sich das Procedere wiederholt, kann eine Kontrolle über die ganze Woche erfolgen.

Für einen weiteren Blick, der sich nicht auf besondere Aspekte beschränkt, also eine allgemeine Erforschung, benennt Ignatius fünf Punkte:[25] Gott für die Wohltaten danken, Gott um Gnade zur Erkenntnis der Sünden bitten, sich selbst Rechenschaft geben über Gedanken, Worte und Werke, Gott für die Fehler um Verzeihung bitten, sich selbst Besserung vornehmen. Der Unterschied zum Partikularexamen besteht darin, dass Letzteres nur einen Aspekt betrachtet, nicht das Ganze des Lebens. Zwar wird dieser Aspekt nicht willkürlich ausgesucht, sondern „steht an", doch ist hierüber eine Entscheidung notwendig. Absicht der allgemeinen Erforschung, wie sie auch der abendlichen Gewissenserforschung zugrunde gelegt werden kann, ist es, den ganzen Tag anzuschauen, aber nicht um die einzelnen Ereignisse vollständig und gleichberechtigt nebeneinander zu stellen, sondern sie in der ihnen aus der Distanz des Rückblicks gebührenden Bedeutung wahrzunehmen. In der Hitze des Tages bzw. im Eifer des Gefechts erhalten schnell Dinge eine Gewichtung, die ihnen nicht zukommt, bzw. werden gewichtige Dinge übergangen. In der rückblickenden „Tagesschau" sollte man daher dem Unbedeutenden nicht viel Raum geben, aber das Große groß sein lassen bzw. groß werden lassen. Doch an diesem Punkt stellt sich die entscheidende Frage: Welchen Dingen steht es zu, groß zu sein? Wo finden sich die Kriterien, das zu beurteilen?

---

[24] Vgl. EB 24–31 (Textausgabe: Ignatius von Loyola, *Geistliche Übungen*, übers. von Peter KNAUER, Würzburg 1988, hier: 40–42).
[25] Vgl. EB 43 (ebd., 46).

Hierzu gibt Ignatius relativ zu Beginn seines Exerzitienbuches einen entscheidenden Hinweis, der nicht nur für die Gewissenserforschung, sondern für die ganze christliche Lebensführung größte Beachtung verdient. Er schreibt unter der Überschrift „Prinzip und Fundament":[26]

> „Der Mensch ist geschaffen, um Gott unseren Herrn zu loben, ihm Ehrfurcht zu erweisen und ihm zu dienen und mittels dessen seine Seele zu retten; und die übrigen Dinge auf dem Angesicht der Erde sind für den Menschen geschaffen und damit sie ihm bei der Verfolgung des Ziels helfen, zu dem er geschaffen ist.
>
> Daraus folgt, daß der Mensch sie soweit gebrauchen soll, als sie ihm für sein Ziel helfen, und sich soweit von ihnen lösen soll, als sie ihm dafür hindern.
>
> Deshalb ist es nötig, daß wir uns gegenüber allen geschaffenen Dingen in allem, was der Freiheit unserer freien Entscheidungsmacht gestattet und ihr nicht verboten ist, indifferent machen. Wir sollen also nicht unsererseits mehr wollen: Gesundheit als Krankheit, Reichtum als Armut, Ehre als Ehrlosigkeit, langes Leben als kurzes; und genauso folglich in allem sonst, indem wir allein wünschen und wählen, was uns mehr zu dem Ziel hinführt, zu dem wir geschaffen sind."

Ignatius spricht von Indifferenz. Im allgemeinen Sprachgebrauch bedeutet dies Gleichgültigkeit. Doch so gedeutet, würde man Ignatius missverstehen, denn Ignatius geht es vielmehr um ein Frei-Sein von den Dingen, um frei zu sein für das Eigentliche. Die Gewissenserforschung ist eine Hilfe, sich diese ignatianische Indifferenz zu eigen zu machen: Indem sich der Betrachter gewissermaßen neben sich selbst stellt, kann er auch die Dinge betrachten, mit denen er sich sonst identifiziert. Dabei geht es nicht nur um materielle Dinge oder Menschen in der Umgebung, sondern auch um eigene Tätigkeiten, Anlagen, alles was zum bloßen Ich hinzutritt. Aus der Distanz kann der Betrachter seine Verschiedenheit von den Dingen erkennen, vielleicht sogar entdecken, dass sie zwischen ihm und Gott stehen.

Nicht gemeint ist, dass die „übrigen Dinge", von denen Ignatius spricht, grundsätzlich zwischen Gott und dem Menschen stehen. Ziel ist es auch nicht, sich über die Dinge erhaben zu glauben, so als benötigte man sie nicht. Im Gegenteil: Die Dinge sind notwendig, damit der Mensch sein eigentliches Ziel erreichen kann, das Gott selbst ist. Ziel ist, die Dinge in rechter Weise in den Dienst zu nehmen, nämlich in der Weise, dass sie den Menschen der Gemeinschaft mit Gott näher bringen. Karl Rahner sagt: „Die ‚übrigen Dinge' sind

---

[26] EB 23 (ebd., 38 f.)

gerade in unserem Verhältnis zu Gott von unaufhebbarer Notwendigkeit: als der Raum unseres Dienstes und unserer Anbetung."[27] Was aber gefordert ist, ist eine aktive Entscheidung darüber, welche Dinge man gebrauchen und welche man lassen will. „Indifferenz ist Abstand von den Dingen mit dem Ziel, sie zu wollen oder zu lassen", sagt Karl Rahner treffend.[28] Doch welchem Zweck dient diese Indifferenz? Wo findet der Mensch einen Maßstab, wie er sich entscheidet zwischen „Gebrauchen" und „Lassen"? Er findet sie in dem, „was mehr zu dem Ziel hinführt", wie Ignatius sagt.[29] So bildet das „magis" neben der „Indifferenz" das zweite wichtige Stichwort; das „magis" gibt den Zweck der Indifferenz an und ihr zugleich ein Ziel: Welche Dinge enthalten ein qualitatives Mehr, d. h., bringen näher zu Gott? Die Formulierung von Willi Lambert, „Indifferenz kann man ‚Relativitätstheorie der Spiritualität' nennen",[30] bringt das Wesentliche auf den Punkt: Indifferenz meint nicht – im umgangssprachlichen Sinne –, „alles ist nur relativ", sondern – im ursprünglichen Sinne des Fremdwortes „relativ" – alles ist bezogen, nämlich auf Gott. So kann – um die Beispiele Ignatius' aufzugreifen – mich gegebenenfalls Krankheit, Armut, Ehrlosigkeit und ein kurzes Leben näher zu Gott bringen als Gesundheit, Reichtum, Ehre und langes Leben. Doch sind damit Krankheit usw. nicht Werte an sich, sondern nur insofern sie den Menschen zu seinem eigentlichen Ziel führen. Umgekehrt kann dies unter anderen Umständen aber auch für Gesundheit usw. gelten. Zurecht erinnern diese Überlegungen an die oben dargestellte Interpretation der Antiphon des Nunc dimittis als „paradoxe Intention": Schlaf oder Wachen sind dort keine Werte an sich, sondern je für sich nur insofern, als sie einen Bezug zu Christus haben. Der zitierte Willi Lambert verweist auf Psalm 90 als ein Beispiel dafür, wie der Beter den Tag und sein Werk in das Wirken Gottes hineinstellt, es ihm überlässt und dann doch wieder um das eigene Wirken-Können bittet.[31] Insofern der Beter seine Lebenszeit in die Ewigkeit Gottes hineinstellt und sein eigenes Wirken mit dem Schöpfungswerk Gottes konfrontiert, könnte man sagen, dass er nach dem „magis" fragt. Insofern eignet sich der Psalm zur Betrachtung und als Gebet zur Gewissenserforschung.

---

[27] Karl RAHNER, *Betrachtungen zum ignatianischen Exerzitienbuch*, München 1965, 24.

[28] Ebd., 29.

[29] EB 23 (s. o. Anm. 24, 39).

[30] Willi LAMBERT, *Aus Liebe zur Wirklichkeit. Grundworte ignatianischer Spiritualität*, Mainz ³1994, 60.

[31] Willi LAMBERT, *Beten im Pulsschlag des Lebens. Gottsuche mit Ignatius von Loyola*, Freiburg i. Br. – Basel – Wien 1997, 229–231.

Vor dem Hintergrund des Gesagten, erhält man einen Schlüssel, die Gewissenserforschung zu füllen. Sie fragt klassischer Weise nach den Verfehlungen des Tages. Doch mit Hilfe der Anregungen aus der ignatianischen Spiritualität kann sie mehr sein als ein Aufrechnen der Verfehlungen. Sünde ist in diesem Zusammenhang nicht als ein äußerer Verstoß gegen einen Verhaltenskodex zu verstehen, sondern als Beeinträchtigung der Beziehung zwischen Gott und dem einzelnen Menschen. Ist die Beziehung zerbrochen, spricht man von Todsünde, weil getrennt von Gott kein Leben möglich ist. Ein solches Verständnis der Sünde zeigt, wie aktuell der Begriff der Sünde auch heute ist: Insofern der Mensch zu seinem wahren Selbst nicht losgelöst von Gott findet, kann Umkehr durchaus als Hinkehr zum wahren Wesen seinerselbst gedeutet werden. „Die Erfahrung zeigt aber, daß der autonome Mensch sich auf vielfältige Weise verfehlt und letztlich in die Selbstzerstörung und den Verlust jeglichen echten Lebenssinns gerät und zugleich echte menschliche Gemeinschaft in Gerechtigkeit, Wahrheit und Liebe verunmöglicht. Als Geschöpf und Ebenbild Gottes kann der Mensch nur in demütiger Bejahung zur Wahrheit des Lebens und zur Liebe finden. [...] Gottes Liebe befreit von falscher Selbstliebe und hilft, sich, die Mitmenschen und das Gute auf rechte Weise zu lieben."[32]

Der Gewissenserforschung kommt vor einem solchen Verständnis der Sünde eine wichtige Rolle zu: Sie kann zum „Gebet der liebenden Aufmerksamkeit" werden.[33] Ihre Zielsetzung ist es – ganz im Sinne des oben erwähnten Psalms 90 – das eigene Leben als Heilsgeschichte sehen zu lernen, d. h., aufmerksam dafür zu werden, wie Gott uns im Alltag begegnet und durch die Wirklichkeit umarmt. Die Gewissenserforschung wird so zu einer Übung, um in wachsender Wachsamkeit zu leben. Willi Lambert schlägt vor, mit dieser Wachsamkeit drei Dimensionen des Lebens zu bedenken: das, woran sich der Mensch im Letzten hält, was ihm *Halt* gibt; die *Haltung*, aus der wir leben, also die tiefen, inneren Geprägtheiten, Einstellungen, Vorurteile, Stimmungen usw.; schließlich das *Verhalten*, das sich in Worten und Handlungen ausdrückt.[34] Erstes Kennzeichen einer so praktizierten Gewissenserforschung ist, dass sie nicht ausschließlich auf das Schlechte, die einzelnen Sünden, schaut, um sich dann ganz auf das Ideal im Sinne eines ethischen Ideals auszurichten. Mit anderen Worten: Ziel des Gebets der liebenden Aufmerksamkeit ist nicht nur,

---

[32] Art. Umkehr / Buße (s. o. Anm. 1), Sp. 1322.
[33] Vgl. W. LAMBERT, Aus Liebe (s. o. Anm. 30), 67 f.; W. LAMBERT, Beten (s. o. Anm. 31), 225–238.
[34] Vgl. W. LAMBERT, Beten (s. o. Anm. 31), 234–238.

ein moralisch besserer Mensch zu werden, sondern grundsätzlich authentischer zu werden. In diesem größeren Kontext ist die moralische Dimension eingeschlossen. Daraus resultiert ein zweites Kennzeichen der hier angeregten Gewissenserforschung: Sie versteht den Weg durch das Leben nicht als Vorspiel zum eigentlichen Ideal, sondern begreift den Alltag – auch wenn Menschen sich in ihm versündigen – bereits als den Ort und die Zeit der gelebten Beziehung mit Gott.

Wie kann eine Gewissenserforschung im beschriebenen Sinne gestaltet werden? Folgende Grundschritte bieten sich an:[35] Dasein, Unterscheidung, Versöhnung, Vorausschau.

- Zunächst geht es darum, ruhig zu werden, um zu sich selbst zu kommen und in der Gegenwart Gottes einzufinden. Dazu helfen ein ruhiger Ort, einige tiefe Atemzüge und ein kurzes Gebet um Offenheit.
- Nun wird der Tag in den Blick genommen. Dazu kann man die Eindrücke des Tages einfach „kommen lassen" oder bewusst vorbeiziehen lassen. Im ersten Fall ist eine einfache, allseitige Aufmerksamkeit gefragt, die auf alles achtet, aber nur dem Wichtigen Beachtung schenkt; im letzten Fall kann man sich den Tag wie einen Film anschauen, sei es im Zeitraffer den ganzen Tag oder einzelne Phasen in Zeitlupe. Man kann den Tag auch als Gefühlsfilm betrachten: Die Leitfrage ist dann, was sich in der eigenen Gefühlswelt ereignet hat.[36] Doch bei der reinen Betrachtung kann es nicht bleiben; es muss tiefer geschaut werden. Beim zweiten Blick ist nun die Unterscheidung der Geister gefragt: In welche Richtung führen die Ereignisse, die Empfindungen, das eigene Tun den Betrachter? In die Richtung Gottes oder von Gott weg, also zur Sünde? Jetzt gilt es nach dem „magis" zu fragen.
- Das so Betrachtete kann nun in das Gespräch mit Gott gebracht werden: Dank ist die Antwort auf das, was er mir Gutes getan hat; Streben nach Versöhnung ist die Reaktion auf das, was mich von ihm getrennt hat, was nicht dem Anspruch des „magis" gerecht geworden ist.
- In den letztgenannten Punkten gilt es, sich so auszurichten, dass es zukünftig gelingt, im Sinne der Indifferenz die Dinge so zu nutzen, dass sie mich zu Gott führen. Das ist der Blick auf das Morgen.

Ohne Frage, kann man das Nachtgebet – auch in der kirchlichen Form der Komplet – und die Gewissenserforschung im Sinne des Ge-

---

[35] Vgl. W. LAMBERT, Aus Liebe (s. o. Anm. 30), 68–70. Als zweiter Schritt wird ebd. noch die Einübung ins Danken eingefügt.
[36] Vgl. W. LAMBERT, Beten (s. o. Anm. 31), 240–245.

bets der liebenden Aufmerksamkeit unabhängig voneinander praktizieren. Doch liegt in der Verknüpfung eine große Chance – und zwar beiderseits. Die Gewissenserforschung läuft nicht Gefahr bei einer bloßen „Nabelschau" stehen zu bleiben. Bereits durch ihre Einbettung in das Gebet der liebenden Aufmerksamkeit ist vorgesehen, das Betrachtete im Gebet vor Gott zu bringen. Die Komplet unterstützt diesen Aspekt und gibt ihm eine entfaltete Form. In ihr Gebet kann einfließen, was zuvor in der Gewissenserforschung bedacht wurde. Doch die Komplet wirkt sich auch vorausgreifend aus: Durch die Einbindung der vorausgehenden Gewissenserforschung in den größeren Rahmen einer Komplet wird die Komplet zu einer Hilfe, für die Gewissenserforschung eine „innere Haltung" einzunehmen, die zu größerer Aufmerksamkeit führt.

Doch auch die Komplet profitiert von der Gewissenserforschung vorab. Denn sie erhält einen Bezug zum vergangenen Tag, an dessen Schwelle zur Nacht sie gebetet wird. Die äußere Verbindung von Gewissenserforschung und Komplet eröffnet den Weg zu einer inneren Verbindung zwischen Leben und Liturgie, indem die gewissenhafte Betrachtung des eigenen Lebens in das liturgische Gebet einfließen kann. Somit wird auch dem Missverständnis begegnet, dass das, was zur psychohygienischen Wirkung der Komplet gesagt wurde, mechanisch wirke. Vielmehr erhalten die oben aufgeführten Aspekte der Komplet einen Sitz im Leben – nämlich in jenem Leben, das zuvor die Gewissenserforschung auf Gott hin ausgerichtet hat.

Es ist selbsterklärend, dass die Gewissenserforschung im Rahmen der Komplet auch einen angemessenen Raum benötigt, wenn sie in der beschriebenen Weise eine Hilfe sein soll. Sich ausreichend Zeit für die Gewissenserforschung zu nehmen, ist nicht nur die Voraussetzung dafür, dass ein geistlicher Prozess in Gang kommen kann, sondern auch dafür, dass sie ihre prägende Kraft für das Gebet entfalten kann. So kann die Gewissenserforschung, sinnvollerweise verbunden mit dem abendlichen Gebet zur Nacht, zu einer Hilfestellung des Alltags werden, mit Sünden umzugehen. Insofern Menschen immer wieder der aufmerksamen Kurskorrektur bedürfen, um ihr Ziel nicht zu verfehlen, ist die abendliche Gewissenserforschung ein Weg, der mich Gott näher bringt – in eine Nähe, die die Sünden des Alltags tilgt.[37] So wird, wie Simone Weil sagt, die Aufmerksamkeit die Tür zur Wahrheit.[38]

---

[37] So nennen die deutschen Bischöfe in ihrem Schreiben zur Bußpastoral ausdrücklich die Gewissenserforschung und das bereuende Gebet als eine Form von Umkehr und Versöhnung, vgl. Umkehr und Versöhnung im Leben der Kirche (s. o. Anm. 12), 43.
[38] Zitiert nach W. LAMBERT, Aus Liebe (s. o. Anm. 30), 73.

Lesehinweise

Heinrich RENNINGS, Die Psychohygiene der Komplet, in: Ders., Gottesdienst im Geist des Konzils. Pastoralliturgische Beiträge zur Liturgiereform, hrsg. von Martin KLÖCKENER, Freiburg i. Br. – Basel – Wien 1995, 210–231.

Willi LAMBERT, Aus Liebe zur Wirklichkeit. Grundworte ignatianischer Spiritualität, Mainz ³1994; ausführlicher in: Willi LAMBERT, Beten im Pulsschlag des Lebens. Gottsuche mit Ignatius von Loyola, Freiburg i. Br. – Basel – Wien 1997.

Gestaltung von Bußgottesdiensten

Eduard Nagel

Als Gesprächsgrundlage wird vorgestellt, nach welchen Gesichtspunkten und mit welchen Hilfsmitteln die Bußgottesdienste erarbeitet werden, die alljährlich zu Advent, Fastenzeit und vor Allerheiligen vom Deutschen Liturgischen Institut herausgegeben werden. Als Material erhalten die Teilnehmenden je einen Bußzettel (Bild + Anregungen) zur Besinnung der Bußgottesdienste „Macht hoch die Tür" und „Fehlende Mitte". Zum Ansehen liegen auch die Materialien des Bußgottesdienstes „ausgeschlossen – dazugehören" (für Firmlinge und Jugendgruppen) bereit.

Bildchen
Funktion:
– Andenken an die Feier
– Hilfe zur Gewissenserforschung in der Feier (möglich, aber nicht zwingend)
– zur späteren Vertiefung, aber auch für zufällige „Finder"
Idee, Motivfindung
– ausgehend von einem Motiv (Schriftstelle, Lied, Gedanke)
– ausgehend von einem zufällig gefundenen Bild

Inhalt
Ansprache / Predigt
– ausgehend von den verkündeten Schrifttexten oder auf sie bezogen
– Situation des Menschen in seiner Endlichkeit, Schwachheit, im Versagen
– Verkündigung der Botschaft der göttlichen Barmherzigkeit
– soziale/ekklesiale Dimension von Sünde / Schuld / Vergebung / Versöhnung
Gewissenserforschung
– früher wurde „Vollständigkeit" im Sinne der Zehn Gebote (Wunsch von Seelsorgern) angestrebt
– nunmehr ein inhaltlicher Grundgedanke, der in der Überschrift angegeben wird und in der Gewissenserforschung unter den Aspekten: Verhältnis zu Gott, zu den Mitmenschen, zu mir selbst beleuchtet wird

Form / Elemente
- Wort-Gottes-Feier
- Eröffnung / Kyrierufe / Gebet / Schriftlesung – Psalm – Evangelium / Ansprache / Gewissenserforschung (anhand vorgetragener Fragen oder anhand des Gebetszettels; ausreichend Stille!!!) / gemeinsames Schuldbekenntnis / Vergebungsbitte / Bußwerk / (Fürbitten) / Dank / Segen / Entlassung

Sonderelemente / Sonderformen
- Versöhnungsgebet für Einzelne
- Bußweg mit Eröffnungs- und Versöhnungsgottesdienst

Workshop: Buße, Umkehr und Versöhnung in der Gemeinde

Hubert Lenz

Wenn ich als Pfarrer so miterlebe, wie auf der eine Seite kaum jemand mehr zur Beichte geht und auf der anderen Seite in den Gemeinden, in den Familien, ja in vielen Menschen so viel Unversöhntes ist, dann kommt unweigerlich der Gedanke, ich bin als Pfarrer dafür verantwortlich, dass in der Pfarre „Umkehr, Buße und Versöhnung" – in welcher Form auch immer – ein Thema bleibt. Aus dieser Verantwortung heraus ist unser pfarrlicher Weg der Umkehr, Buße und Versöhnung entstanden, den ich bei diesem Symposion vorgestellt habe.

Dieser neue Weg geht davon aus, einerseits die Vierzigtagezeit als Österliche Bußzeit wieder ernst zu nehmen, andererseits auch dem Weg- und Prozesscharakter von Umkehr, Buße und Versöhnung gerecht zu werden. Dieser neue pfarrliche Weg der Umkehr, Buße und Versöhnung hat darum drei Schwerpunkte: den Bußgottesdienst am Aschermittwoch, den Versöhnungsgottesdienst kurz vor Ostern und die Zeit dazwischen, in der an sich selbst gearbeitet werden und ganz konkret Umkehr, Buße und Versöhnung stattfinden soll.

Im Workshop wurde zuerst über diesen neuen Weg geredet, über meine Erfahrungen damit und über die Einschätzungen der Teilnehmer. Darüber hinaus habe ich einige andere Möglichkeiten aufgezeigt, wie das Thema „Umkehr, Buße und Versöhnung" in einer Pfarre wachgehalten werden kann. Diese wurden von den Teilnehmern ergänzt. Ich habe zuerst noch von einem anderen Versuch aus unserer Diözese / unserem Bistum erzählt, nämlich von einer Versöhnungswoche, in der es verschiedene Angebote zum Thema Versöhnung gab, Liturgisches aber auch Bildungsmäßiges (Vortrag, Film, …). Ein Teilnehmer erzählte von einem Bußgang am Samstag vor dem Palmsonntag.

Das eigentliche Sakrament der Versöhnung ist die Taufe. Deshalb ist im gottesdienstlichen Leben einer Pfarre die Tauferinnerung sehr bedeutsam. Immer wieder soll darauf hingewiesen werden, dass wir durch die Taufe Versöhnte und mit Gott Verbündete sind. Ein vorzüglicher Ort der Tauferinnerung ist das Sonntägliche Taufgedächtnis, das in vielen Pfarreien beinahe sträflich vernachlässigt wird. Aber auch sonst gibt es verschiedene Möglichkeiten, Tauferinnerung in Gottesdienste einzubauen (Morgen- und Abendlob, Vorbereitung auf Sakramentenfeiern oder auch bei Sakramentenfeiern selber, so gehört eine Tauferinnerung zu einer Hochzeit und zu einer Weihe / Profess wesentlich dazu). Wenn ich die Möglichkeit habe, eine Tauferinnerung intensiver zu gestalten, lade ich nach der Wassersegnung ein, nach vorne zu kommen, und schreibe jeder / jedem mit Wasser ein Alpha und ein Omega in die Handfläche und spreche dazu: „Du bist von Gott geliebt" oder „Du bist von Gottes Liebe umfangen."

Natürlich werde ich trotz allem nicht müde, auch immer wieder zur Beichte, zum Beichtgespräch oder zur Aussprache einzuladen. Daneben müssen wir aber auch die anderen Formen der Sündenvergebung wieder neu entdecken: die Eucharistie, das Wort Gottes („Herr, durch dein Evangelium nimm hinweg unsere Sünden"), Morgen- und Abendlob als Feiern des Paschamysterium. Daneben müssen wir die Menschen wieder auf die alltäglichen Formen der Versöhnung hinweisen (in der Alten Kirche „die tägliche Buße" genannt)[1].

Ein letzter wichtiger Punkt ist die Verkündigung (Predigt, Pfarrblatt ...), wo Umkehr, Buße und Versöhnung immer wieder thematisiert werden können und sollen. An einem konkreten Beispiel habe ich aufgezeigt, wie in der Verkündigung Umkehr, Buße und Versöhnung mit der biblischen Botschaft verbunden werden können bzw. von ihr her thematisiert werden können. Wir stellen unseren pfarrlichen Weg der Umkehr, Buße und Versöhnung jedes Jahr unter ein biblisches Thema, das sich dann die ganze Vierzigtagezeit hindurch zieht.

So sind wir z. B. in der Vierzigtagezeit 2008 mit dem Gottesvolk 40 Jahre durch die Wüste gezogen. An jedem Sonntag habe ich anhand eines Thema der Wüstenwanderung gepredigt: 1. Sonntag: Zahl 40; 2. Sonntag: Zehn Gebote; 3. Sonntag: Wasser aus dem Fels und Manna; 4. Sonntag: Goldenes Kalb und 5. Sonntag: Schlange auf dem Mast / Kreuz. Irgendwann habe ich auch über den Gebetsdienst des Mose gepredigt. Beim Versöhnungsgottesdienst waren die Kundschafter das Thema. Bis ins Triduum sacrum habe ich das Thema durchgezogen: Gründonnerstag: Manna; Karfreitag: Schlange auf dem Mast / Kreuz und in der Osternacht: Kundschafter und Einzug ins Gelobte Land. Es hat mir als Pfarrer selber gut getan, diese alten Texte einmal ganz neu und unter dem Aspekt der Umkehr, Buße und Versöhnung zu lesen, zu meditieren und darüber zu predigen. In anderen Jahren stand die Vierzigtagezeit unter folgenden biblischen Themen: Der barmherzige Vater, die Heilung des Gelähmten,

---

[1] Reinhard MESSNER, *„Paenitentia Quotidiana"*, in: Sakramentliche Feiern I/2 (GdK 7/2), 70–83.

die Hochzeit zu Kana, die Auferweckung des Lazarus. Im kommenden Jahr (2010) werden wir anhand der atl. Josefsgeschichte das Thema Versöhnung in der Familie anpacken. Das verspricht auch sehr spannend zu werden.

Das Thema „Versöhnung" im Kirchenlied

Matthias Kreuels[1]

Der Flyer dieser Tagung enthält im Einführungstext wichtige Grundlinien zum Thema „Versöhnt leben": Versöhntes Leben ist eine große Sehnsucht des Menschen; als Grunderfahrung erleben wir immer wieder, wie menschliches Miteinander durch Schuld und Sünde empfindlich gestört ist; in der biblischen Glaubenstradition werden uns Erfahrungen und Beispiele vorgestellt, bei denen unversöhntes Leben zur Versöhnung findet – zentral und paradigmatisch in der Lebenshingabe Jesu am Kreuz als einem Akt der Versöhnung. Für die heutige Zeit ergeben sich daraus Fragestellungen: Wie geschieht unter den gegenwärtigen Bedingungen der Dienst der Versöhnung? Wie könnte es da auch unterschiedliche Wege für Kinder, junge und erwachsene Menschen geben? Als Zielvorgabe könnte man formulieren: Es geht um Frieden mit Gott und Frieden untereinander.

Fragt man – gerade im Blick auf Aspekte der Gottesdienst-Gestaltung – *musikalisch* weiter, entsteht die Notwendigkeit einer Orientierung: „Versöhnung" – im Kirchenlied? Zu fragen wäre nicht nur nach *Versöhnung* als Wort, sondern, vor allem auch, nach *Versöhnung* „hinter" den Worten. Dabei ist der Begriff „Kirchenlied" im Thema dieses Workshops sowohl im engeren Sinn zu verstehen als auch (in Ansätzen) „erweitert" in den Blick zu nehmen. Speziell neuere Singstile und Singarten entsprechen nicht immer den klassischen „Kirchenlied"-Gegebenheiten, so dass diese Begrifflichkeit sich nicht restriktiv auswirken sollte.

Ziel des Workshops sollen also inhaltliche Anregungen sein. Über diese hinaus wird die Methodik solcher Anregungen transparent gemacht, damit sie übertragbar auch auf andere Themen ist.

---

[1] Bei diesem Beitrag handelt es sich um die nachträgliche Verschriftlichung eines mündlich gehaltenen Workshops. Grundlage für dieses Sommerakademie-Angebot war ein Set, mit dem die nachfolgend angesprochenen Lieder vorgestellt wurden.

1. *Versöhnung* in einem „Themenschlüssel"

1.1 Xavier Moll, Der große Themenschlüssel zum GL, hg. v. Amt für Kirchenmusik der Diözese Rottenburg/Stuttgart, Freiburg 1978[2]

- Christus, du Sonne unsres Heils   GL 675 – Str. 3 (Unterwegs [U] Nr. 200)
- Ihr Christen, hoch erfreuet euch   GL 229 – Str. 2
- Allein Gott in der Höh   GL 457 – Str. 3
- Christus, der ist mein Leben   GL 661 – Str. 3

1.2 ders., Verwandte Gedanken in diesem „Themenschlüssel", z. B. Friede (Krieg, Ruhe)

- Nun danket alle Gott   GL 266 – Str. 2 (U 78)
- Sonne der Gerechtigkeit   GL 644 – Str. 6 (U 133)

2. Gang durch ausgewählte Gesangbücher („Versöhnung" in einem weitergefassten Sinn)

2.1 Kath. Gesangbuch Schweiz, Zug 1998

- Hinweis auf liturgische Feiern   Nr. 20 ff.

2.2 Probepublikation zum GL (PP), Stuttgart 2007

- Du rufst uns, Herr, an deinen Tisch   PP Nr. 70, GL Freiburg/Rottenburg 880, Erdentöne – Himmelsklang (EH) 33

2.3 Unterwegs (U), Trier ²1998 (ff.)

- Dach überm Kopf   U 46 – außerdem Fassung („Nur so ein Dach") in: H. Oosterhuis, Du Atem meiner Lieder – 100 Lieder und Gesänge, Freiburg i. Br. 2009 (ISBN 978-3-451- 32139-9), Nr. 28

2.4 Akklamationen, Trier 2006

- Herr, mein Beten   Nr. 68

---

[2] Hier und in allen nachfolgenden Absätzen wurden für den Workshop die Lieder aus den jeweiligen Editionen zusammengestellt; darauf wird in dieser schriftlichen Fassung verzichtet – mit Ausnahme der noch nicht veröffentlichten Lieder (s. Schluss des Beitrags).

2.14 *Sei eine Note in Gottes Melodie* – Kinderliederbuch der Kath. Hochschule für Kirchenmusik St. Gregorius, Aachen 2004 (ISBN 3-936342-36-9)

• Du bist da, wo Menschen teilen   Nr. 14

2.15 God for You(th) – Das Benediktbeurer Liederbuch, München 2009 (ISBN 978-3-7698-1789-8)

• Gott, nimm Du die Angst von uns   Nr. 581

3. Ein Fazit und ein Ausblick

Bei aufmerksamem Blick in die vorgenannten Beispiele wird deutlich: „Vorsöhnung" ist meist kein wörtliches Thema der Lieder – eher ein Thema „hinter den Worten" oder auch „zwischen den Zeilen".

Darüber hinaus liegt noch ein weiterer Denkschritt nahe: Lieder, die man bisher mit dem Aspekt „Versöhnung" möglicherweise noch nicht in Zusammenhang gebracht hat, einmal mit diesen „Versöhnung"-Augen zu sehen, zu „interpretieren". Selbstverständlich gibt es da Grenzen – und doch wird der Eindruck dominant, dass der Raum bis zu dieser Grenze noch nicht ausgelotet ist. Dazu ein Beispiel (s. o., 2.4): „Herr, mein Beten steige zu dir auf …". Diese Akklamation steht in Zusammenhang mit einem Weihrauch-Ritus, d. h. sie wird gesungen begleitend zur Tätigkeit Einzelner, wenn sie Weihrauch-Körner auf die Kohlen streuen und dazu eventuell eine Bitte formulieren. Über die Wirkung hinaus, dass dieser Gesang von seinem Duktus her „versöhnen" kann, wird möglichweise die Integration in eine Liturgie mit Versöhnungsaspekten die Akklamation „Herr, mein Beten …" neu und anders färben. Dazu bedarf es nicht viel – aber der umsichtigen (im wohlverstandenen Sinne auch „kreativen") Verwendung dieses Gesangs.

4. Anregungen außerhalb der Gesangbücher

Aus der zuvor skizzierten Perspektive heraus sind in der bisherigen Praxis des Autors einige Beispiele „versöhnender" Lieder entstanden. Da sie noch nicht veröffentlicht wurden, seien deren Noten an den Schluss dieses Beitrags gestellt.

4.1 Bei dir, du Gott[3]

[3] Entstanden für den Schlussgottesdienst des Katholikentags 2008 in Osnabrück. – Der Kehrvers kann auch allein (ohne die Vorsängerverse) verwendet werden, vergleichbar der Praxis bei den Taizé-Gesängen.

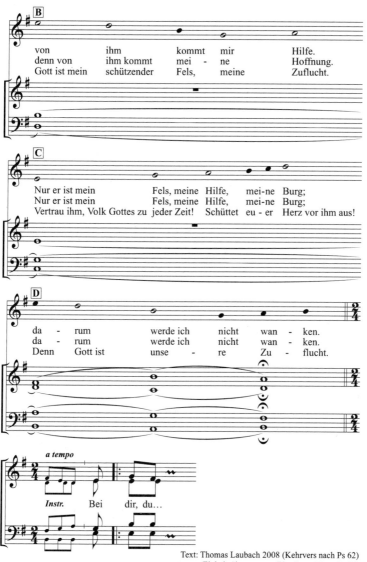

Text: Thomas Laubach 2008 (Kehrvers nach Ps 62)
Einheitsübersetzung (Vorsänger-Verse Ps 62)
Musik: Matthias Kreuels 2008
Rechte: tvd-Verlag Düsseldorf (T/Kehrvers); Autor (M)

4.2 Du, dessen Auge[4]

»Puls« = ♩. nicht zu schnell, leicht pulsierende Achtel (ganztaktig denken, aber im Textrhythmus!);
Überbindungen nicht »zählen«.

Text: nach Theresia von Lisieux 12./13. Juli 1897 (Übers.: Andreas Wollbold 1995)
Musik: Matthias Kreuels 2008
Rechte bei den Autoren

---

[4] Entstanden für die Gebetsnacht am Reliquien-Schrein der Theresia von Lisieux,
9.–10. Mai 2008 in St. Foillan (Aachen).

4.3 „Vater, verzeihe ihnen ..." – Vater, verzeihe mir[5]

Text: nach Lukas 23,34
Musik: Matthias Kreuels 2009
Rechte: Autor (M)

---

[5] Entstanden für die Gebetsnacht Gründonnerstag-Karfreitag 2009 in St. Foillan (Aachen) mit Texten von Frère Roger Schutz (1915–2005).

4.4 Vertrauen

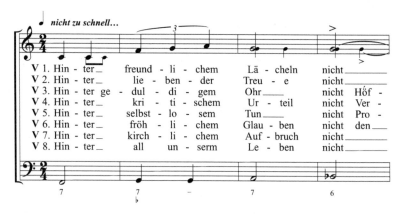

nicht zu schnell...

V 1. Hin - ter freund - li - chem Lä - cheln nicht
V 2. Hin - ter lie - ben - der Treu - e nicht
V 3. Hin - ter ge - dul - di - gem Ohr nicht Höf -
V 4. Hin - ter kri - ti - schem Ur - teil nicht Ver -
V 5. Hin - ter selbst - lo - sem Tun nicht Pro -
V 6. Hin - ter fröh - li - chem Glau - ben nicht den
V 7. Hin - ter kirch - li - chem Auf - bruch nicht
V 8. Hin - ter all un - serm Le - ben nicht

7   7   -   7   6
    b

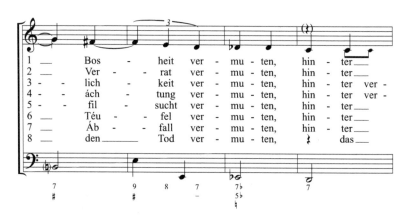

1 — Bos - heit ver - mu - ten, hin - ter
2 — Ver - rat ver - mu - ten, hin - ter
3 - - lich - keit ver - mu - ten, hin - ter ver -
4 - - ách - tung ver - mu - ten, hin - ter ver -
5 - - fil - sucht ver - mu - ten, hin - ter
6 — Téu - fel ver - mu - ten, hin - ter
7 — Áb - fall ver - mu - ten, hin - ter
8 — den Tod ver - mu - ten, das

7   9   8   7   7b   7
-   5b
                b

Text: Manfred Henkes (Aufbrüche 1982)/Matthias Kreuels (2. Teil 8. Srophe)
Musik: Matthias Kreuels (Reichenau, 1/1994)
Rechte bei den Autoren

Die vielfältigen Wege zur Versöhnung

Zusammenfassender Vortrag

Ewald Volgger OT

Einführung

Die Sommerakademie ging der Frage nach versöhntem Leben nach. Durch die vielfältigen Möglichkeiten und Formen der Liturgie kann dem Anliegen und Bedürfnis Raum gegeben werden, die Last des Lebens zu leichtern und Versöhnung zu feiern. In diesem abschließenden Schritt sollen die besprochenen und aufgebrochenen Inhalte zusammengefasst und in eine Zusammenschau gebracht werden. Dabei werden auch offene Fragen, Impulse und Desiderata im Bereich der Liturgiepastoral angesprochen und aufgezeigt.

Liturgie ist Höhepunkt und Quelle

Das Zweite Vatikanische Konzil hat in seiner Wesensbeschreibung der Liturgie hervorgehoben, dass diese Höhepunkt des ganzen christlichen Lebens ist und die Quelle, aus der all ihre Kraft strömt (vgl. SC 10). Dies ist auch für die liturgischen Feiern im Umfeld von Umkehr, Buße und Versöhnung wichtig zu nehmen. Auch wenn sich unser Thema auf die liturgischen Formen der Buße und Versöhnung konzentriert, darf doch nicht das Leben ausgeblendet werden. Denn im Leben bewahrheitet sich, wie sehr Liturgie mit dem Leben zu tun hat. Die in der Liturgie angestrebte Versöhnung soll und muss dem konkreten Leben der Menschen dienen. Versöhnung sollte – bei aller Herausforderung – nicht Last, sondern Hilfestellung, Leichterung und schließlich Erfahrung von „Erlösung" aus Schuldverstrickung und deren Folgen sein. So kann Leben Qualität gewinnen oder auch besser ausgehalten und durchgestanden werden.

Lebensminderung und Versöhnung im Leben

Die Lebenserfahrungen der Menschen bringen ans Licht, ob die Menschen versöhnt oder unversöhnt miteinander leben. Es gibt viele Gründe, warum Menschen unversöhnt miteinander leben oder sich unversöhnt erfahren. Es können Verletzungen sein, die oft bis in die Kindheit reichen. Es kann sein, dass Bosheit und Böswilligkeit, Verwundung und Missbrauch erfahren werden mussten, oder das Kind missachtet wurde in seiner Freiheit oder in seiner selbständigen Entfaltungsfähigkeit. Es gibt auch Situationen, in denen die Würde von Kindern und Jugendlichen mit Füßen getreten wird. Solche Erfahrungen prägen den Menschen. Betroffene Menschen wissen sich ihrer persönlichen Entwicklung und ihrem Charakter ausgesetzt, empfinden unter Umständen Überforderung und Ohnmacht. Das sind passiv erlebte Einflüsse, die sich später im Leben äußern und zu Erfahrungen des Unversöhntseins führen können, wenn sich die Betroffenen nicht auf den Weg machen hin zu Veränderungen zum Guten. Demgegenüber gibt auch die andere Erfahrung, dass erwachsene Menschen im vollen Bewusstsein ihres Handelns Böses wollen und den Mitmenschen gegenüber, warum und unter welchen Umständen auch immer, sich so verhalten, dass Würde und Wert des Lebens missachtet und verletzt werden. Dabei gibt es aber auch alle Stufungen vom bewusst willentlichen Verhalten bis hin zum verletzenden Tun, das nicht bewusst ist oder bewusst gesetzt wird.

Als getaufte Christen und Christinnen bedenken und erfahren Menschen auch, dass sie trotz der Taufe der Kraft des Bösen ausgesetzt sind und dass sie in sich den Hang zum Bösen spüren. In den Familien, auf den Arbeitsplätzen, im öffentlichen Leben, in Verbänden und Vereinen, überall sind sie gefordert, sich so einzubringen, dass das Miteinander gelingt. Das Nichtgelingen und das bewusste Andershandeln schaffen schmerzliche Erfahrungen des Nichtgenügens, der Minderwertigkeit, der Angst, der Überforderung. Der Freiheit des Menschen zur Selbstgestaltung steht die Unfreiheit aufgrund der konkreten Bedingungen gegenüber; beides macht die Identität eines Menschen aus.

Die Sehnsucht nach versöhntem Leben, das ich zu einem Grundbedürfnis der Menschen zähle, ist in diesen alltäglichen Situationen zuhause. Versöhnung ist notwendig, wo Beziehungen zwischen Menschen gestört oder gebrochen sind. Lieblosigkeiten zwischen Eltern werden von Kindern schmerzlich erlebt. Versöhnende Zuwendung der Partner und deren Bekundung vor den Kindern können solche Verwundungen in den Kindern heilen helfen. Die bewusste Verletzung von Mitarbeitenden am Arbeitsplatz kann durch die Bitte um Vergebung wieder gut gemacht werden. Der Ausdruck „Es tut mir leid.", kann mitunter einen tiefen Schmerz über schuldhaftes Versagen oder auch bewusstes Verletzen ausdrücken. Oft bedarf es des konkreten Versöhnungshandelns, von den Blumen des Ehepartners bis hin zur Wiedergutmachung intensiver Verletzungen, von

Gesten zu Handlungen, die bezeugen, dass zugefügtes Unrecht eingelöst wird. Dabei ist es stets die betroffene Personengruppe, die Versöhnung „einfordert" und „gewährt". Gelingen solche Formen nicht, wachsen Entfremdung und Hass, Zank und Streit, beginnt Leben abzubrechen bis hin zum Erliegen, bis zum Tod von Beziehungsstrukturen.[1] Supervisoren, Streitschlichter, Fachleute der Psychologie und Therapie u. Ä. können helfen, solche Spannungen, Spaltungen und Entzweiungen zu überwinden und Versöhnung zu stiften. Aber auch die Betroffenen selbst bemühen sich auf vielfältige Weise, ihre Probleme zu lösen und Streit zu schlichten. Dabei gilt es, durch wissenschaftliche Ursachenforschung und fachspezifische Erkenntnisse der anthropologischen Wissenschaften den Menschen, sein Denken und Handeln, immer besser zu verstehen und ihm dadurch gerecht zu werden. So kann sich mitunter auch klären, warum Menschen Versöhnung nicht suchen wollen und dazu unfähig sind.

Versöhnung im spezifisch christlichen Sinne

Getaufte Menschen berufen sich im Bemühen um Überwindung des Bösen auf die Taufzusage, mit der Christusbeziehung im Herzen dem Bösen widerstehen zu können. Diese wird sakramental im Zeichen der Tauf- und Firmsalbung ausgedrückt. Die Taufvorbereitung und die Taufe sind der Ort, wo Versöhnung im christlichen Sinne beginnen. Die Taufberufung stellt als Vorbild versöhnten Lebens und Handelns Christus vor Augen, der selbst durch seine Beziehungszusage hilft, das Gute zu suchen und Böses zu überwinden. Die Taufberufung macht erfahrbar, wie Menschen von Gott durch Christus angenommen sind, trotz Schwächen und sündhaften Verhaltens. Sie lehrt auch, sich auf die versöhnende Zuwendung Gottes in Christus Jesus einzulassen und auf die Kraft der versöhnenden Beziehung zu vertrauen. Zu solchem Bemühen im Lichte des Evangeliums sind Getaufte gerufen und befähigt, wie es die Tauf- und Firmsymbole, z. B. die Salbung, die Lichtübergabe, die Ausstattung mit dem weißen Kleid und der Effata-Ritus zum Ausdruck bringen. Die Übergabe des Lichtes bringt zum Ausdruck, wie alle Räume des Herzens vom Licht erleuchtet werden mögen, gerade auch die dunklen. Daneben schenkt Gott verschiedenen Menschen besondere Begabungen, um mit der „hohen seelsorglichen Kunst, bei der uns Gott nicht ver-

---

[1] Vgl. *Umkehr und Versöhnung im Leben der Kirche. Orientierungen zur Bußpastoral*, herausgegeben vom Sekretariat der deutschen Bischofskonferenz (Die deutschen Bischöfe, Nr. 58), Bonn 1997, 33.

lässt" (Franz Reiser) zu Hilfe zu kommen und Leben wieder auf-
zurichten und zu versöhnen, wo es möglich ist. Dabei zeigen sich vielfältigste Situationen und Bedingungen; nicht überall kann Hilfe geleistet werden. Menschen sind mitunter von einer unüberwindlichen Angst geprägt, über sich zu sprechen, oder es plagen sie unüberwindliche Zweifel, ob sie jemand in der durch Schuld zerstörten Existenz aufzufangen vermag. Es gibt Situationen, in denen betroffene Menschen niemandem mehr zutrauen, ihnen aus ihrer Not zu „neuem Leben" zu verhelfen. Dies äußert sich mög-licherweise in Aggressionsverhalten oder in unverständlichen Emo-tionsentladungen.

„Laienbeichte"

Oft aber ist es schon ein befreiendes Gespräch im vertrauten Kreis oder mit einem geschätzten bzw. liebenswerten Menschen, welches das Leben radikal zu ändern vermag. Diese Form der Zuwendung hat das frühe Mittelalter als „Laienbeichte" bezeichnet. Wo Men-schen sich gegenseitig öffnen, wo sie sich gegenseitig ins Gebet neh-men und miteinander um eine gute Gestaltung des Lebens ringen, Beziehungen neu in Blick zu nehmen wagen, geschehen neue Lebens-orientierung, Umkehr und Versöhnung. Das ist im Sinne Gottes po-sitiv zu werten. Es gibt viele Einrichtungen und Organisationen, Per-sonen und „Orte", die sich um die Veränderung von Leben aus der persönlichen Defizit- und Schulderfahrung heraus bemühen. Wo die einfache Hilfestellung von Mitmenschen oder auch von Seelsorgern nicht greift, muss mitunter auf die genannten Möglichkeiten verwie-sen werden. Franz Reiser hat es ins Bild gebracht: „Auch der All-gemeinarzt muss zum Facharzt verweisen, wo dies notwendig ist."

„Sünde" und „Schuld"

Die Rede von Schuld und Sünde macht deutlich, dass damit Ver-schiedenes benannt wird. „Schuld" kann das subjektive Empfinden eines Menschen über eine von ihm bewirkte negative Sache benannt werden. „Schuldgefühle" können daraufhin befragt werden, ob die-se zu Recht oder zu Unrecht bestehen bzw. inwieweit das auslösende Ereignis tatsächlich schuldhaft zu verantworten ist. Stets ist zu fra-gen, woher solche Gefühle rühren.

Bei „Sünde" sprechen wir zunächst von einer objektiven Gegeben-heit. Das kann die von der Heiligen Schrift bezeichnete Situation des Menschen sein, die nicht mit der Gegebenheit Gottes rechnet und sich auf die Beziehung mit ihm nicht einlässt und daher auch grundlegende Werte des Menschen nicht im Blick hat oder sie missachtet. Es kann andererseits auch meinen, dass jemand dem im Wort Gottes bekundeten Wesen und Willen Gottes im Großen wie im Kleinen nicht entspricht und daher die Gottes- und Menschenliebe auf verschiedenerlei Weise verletzt.

Der glaubende, d. h. auf Gottes Liebeskraft vertrauende Mensch erkennt seine Schuld als Verweigerung der Liebe zu Gott und den Menschen und bezeichnet diese Haltung daher als Sünde. Aufgrund der persönlichen Beziehung, die zwischen Gott und den Menschen erfahren wird, spricht die Heilige Schrift von „Scham". Wer sich in seiner Beschämung erfährt, empfindet gleichzeitig „Reue", weil er erkennt, wo Leben zerbrochen und verletzt ist. Ein besonderes Beispiel ist Petrus, der sich bei der Begegnung mit Jesus im Hof des hohepriesterlichen Palastes in Jerusalem in seiner Beschämung zu erkennen gibt und bitterlich weint (vgl. Mt 26,75parr.). Scham und Reue können Tränen bewirken, die als besondere Gabe, dem Wasser der Taufe gleich, Sünden abwaschen, weil damit neues Leben in Blick kommt. Scham und Reue kennen aber auch viele andere psychische und physische Formen des Ausdrucks, die Menschen verändern oder verändert erscheinen lassen.

Versöhnung und Versöhnungshandeln in der Liturgie

Diese im Alltag zu beobachtenden Erfahrungen gipfeln in der Liturgie der Kirche, die ihrerseits Kraft entfaltet, um den Alltag zu prägen. Das Fundament liturgischer Erfahrung ist das konkrete Leben. Das ist wichtig und im Auge zu behalten, denn alle Umkehr- und Versöhnungsliturgie soll dem versöhnten Leben dienen. Der Friedensgruß ist ein Zeichen dafür. Die Liturgie kann die Erinnerung an den barmherzigen und gütigen, gerechten und treuen Gott wach halten und vergegenwärtigt je neu, wie sehr sich dieser Gott der Menschen annimmt, insbesondere derer, die seine Zuwendung suchen. Das Wort Gottes aber ist ein ständiger Ruf an den Menschen, auf die Güte und Menschenfreundlichkeit Gottes zu antworten.

Paenitentia secunda – Wiedereingliederung in die volle Gemeinschaft der Kirche (Rekonziliation)

Wer durch „grundlegende Verweigerung gegenüber dem Anspruch der göttlichen Gnade und Liebe das neue, in der Taufe geschenkte Leben selbst zerstört" und damit seine „Taufentscheidung zurücknimmt"[2], sündigt schwer und verliert die volle Gemeinschaft mit der Kirche. Er kann daher nicht mehr an den Tisch der Eucharistie herantreten, die ein Bild der versöhnten Gemeinschaft und Vorausverkostung eschatologischer Existenz ist. Solche Christen und Christinnen bedürfen der *paenitentia secunda,* der Wiedereingliederung in die volle Gemeinschaft der Kirche, Rekonziliation genannt. Es stellt sich die Frage, wie dies heute gestaltet werden kann und wie die Kirche betroffene Gläubige erreicht. Die Heilige Schrift mahnt, solchen Menschen wie ein Hirte, ein Arzt, ein Lehrer, wie ein Bruder oder eine Schwester behutsam, aufmerksam, wohlwollend und liebevoll nachzugehen und Versöhnung zu suchen. Im Griechischen gibt es für alle diese Bemühungen das Verb *therapeuo.* Viele Menschen distanzieren sich aufgrund ihrer Lebenssituation selbst von der Kirche, manche ignorieren ihre Situation, viele nehmen stillschweigend Abschied von der Kirche und geben ihre Taufberufung auf u. Ä. Immer bleibt zu fragen, wie die Situation von solchen Menschen nicht nur objektiv sondern vielmehr subjektiv einzuordnen und zu bewerten ist.

Veränderte Bedingungen – Zur Sozialgestalt der Kirche und der Gemeinden

Das seelsorgerliche Bemühen um Menschen in den eben beschriebenen Situationen und Erfahrungen ist heute deshalb schwierig geworden, weil sich die Sozialgestalt der Kirche verändert hat. In den frühen Jahrhunderten der kirchlichen Geschichte waren christliche Gemeinden überschaubar im Sinne einer kleinen Gemeinschaft, in der sich vermutlich die meisten kannten. Zudem führte die Zugehörigkeit zur Gemeinde zurück auf die bewusste Entscheidung des mündigen Menschen, sich taufen zu lassen. Wer als Erwachsener getauft wurde und sich entschied, mit seinem Leben Christus zu bezeugen und das Lebensvorbild Jesu mit seinem eigenen Leben zu verkörpern, hatte eine Entscheidung getroffen, die öffentliche Relevanz hatte. Wer dieser Entscheidung später nicht folgen konnte bzw. nicht mehr wollte, stellte sich außerhalb der Gemeinschaft der an Christus Glaubenden. Wer sich einer Haltung bzw. eines Verhaltens anklagen musste, die dem Leben und Wirken Jesu und damit der Liebe zu Gott und zum Mitmenschen widersprach, musste ab dem 3./4. Jahrhundert neuerlich um volle Aufnahme in die Gemeinschaft der Kirche und damit um Wiederzulassung zum Tisch des Herrn in Gestalt der

---

[2] Umkehr und Versöhnung, 34 (wie Anm. 1).

paenitentia secunda bitten. Wir haben es heute mit einer völlig veränderten Situation und Spiritualität zu tun. Das Taufverständnis hat sich verändert. Es müsste, wollte man diesem Modell der Alten Kirche entsprechen können, bewusst sein, dass die Berufung und Taufe von Erwachsenen der Normalfall der christlichen Initiation ist. Praktisch ist bei uns die Kindertaufe der Normalfall, obwohl diese lediglich auch eine Möglichkeit darstellt. Hier liegen Spannungen verborgen, die mit zum Problem der Bußpastoral und damit auch der Buß- und Versöhnungsliturgie gehören.

Es stellt sich die Frage, wie heute von schwerer Schuld Betroffene in den Pfarrgemeinden bei Versöhnungsbereitschaft und Umkehrwillen wieder zu neuem Ansehen geführt werden können, wo ihre Schuld bzw. Sünde zur Sprache kommt und wie Versöhnungswege miteinander gegangen werden können. Die Gemeinde hätte dabei die Aufgabe, Ort der Barmherzigkeit Gottes zu sein, die einen Menschen wieder annimmt und Versöhnung erfahrbar macht. Wie kann das aber geschehen, da die Anonymität in den Pfarrgemeinden groß ist? Eine Möglichkeit ist die Arbeit in entsprechenden Substrukturen, in denen sich die Menschen kennen: Jungschar, Jugend, Frauenbewegung, Kolping, aber auch Ordensgemeinschaften u. Ä. In solchen Substrukturen könnten Wege der Versöhnung gemeinsam gestaltet und beschritten werden.

Das Beispiel aus klösterlichen Schuldkapiteln ist in Ordensgemeinschaften nicht nur in guter Erinnerung. Wo es aber dazu dient, dem gemeinsamen Leben eine bessere Gestalt zu geben, sündhafte Strukturen aufzudecken und neue Wege zu gehen, ist es gut: z. B. bei grassierendem Alkoholismus in einem Konvent oder bei Missachtung der verpflichtenden Gemeinschaft, die Lebensort sein sollte, aber keinen bietet. Eine supervisorische Begleitung könnte einer Gemeinschaft helfen, sich auf den Weg zu machen. Die aktuellen Missbrauchsfälle in der Kirche sind auch auf diesem Hintergrund eine besondere Herausforderung. Wie gelingt es der Ordensgemeinschaft bzw. einer Pfarrgemeinde, aber auch einer Diözesangemeinschaft, den betroffenen Personen entsprechende Buße zuzuordnen und gemeinsam den Weg der Buße zu gehen, damit am Ende die Glaubensgemeinschaft auch als Instrument und Ort der Versöhnung Gottes erfahrbar werden kann? Dies gilt für viele andere Beispiele von schwerer Schuld.

Das öffentliche Ansprechen von schwerer Schuld ist mitunter ein schwieriger und heikler Vorgang. Denn die Delikte können auch bei Gericht anhängig sein oder durch das Veröffentlichen anhängig werden. Daher schützt die Kirche im Beichtinstitut den Sünder bzw. die Sünderin und verpflichtet den Priester zur absoluten Verschwiegenheit. Es liegt in der Verantwortung der Pönitenten, wie sie sich in der kirchlichen und gesellschaftlichen Öffentlichkeit verhalten.

Die Paenitentia quotidiana – das alltägliche Bemühen um Buße und Versöhnung

Wer in die Gemeinschaft der Kirche durch die Taufe aufgenommen ist, gehört zur versöhnten Gemeinschaft in Christus. Die Eucharistiefeier, die je neu zur Vergebung der Sünden gefeiert wird, ist das Sakrament der ständigen Begleitung. Der Herr schenkt sich je neu in der Kraft seines Wortes und der Eucharistie, um zur Nachfolge zu befähigen. Er ist die Nahrung des Lebens, indem die Getauften mit offenem Ohr sein Wort hören und sich zur Umsetzung dieses Wortes durch die Beziehungskraft der Eucharistie stärken lassen. Da die Menschen aber trotzdem „den Hang zur Sünde kennen", ist ihnen das alltägliche Bemühen zu Umkehr und Versöhnung aufgegeben. Menschliche Schwäche, ebenso wie die Bedingungen des eigenen Wesens und Charakters fordern dazu heraus, sich je und täglich neu zu fragen, ob das eigene Leben dem Vorbild und Auftrag in Christus Jesus entspricht.

Neben der Eucharistiefeier gibt es eine Reihe von liturgischen Möglichkeiten, alltägliche Umkehr und Versöhnung zu gestalten und Sündenvergebung zu erfahren:

a) die Feier der Vierzig-Tage-Zeit vor Ostern (Österliche Bußzeit oder Fastenzeit);

b) die Osternachtfeier als die große Versöhnungsnacht (Leo der Große); die Texte der Osternacht, insbesondere das Exsultet, sprechen von der versöhnenden Dimension der Osternachtfeier. Daher kann diese Nacht auch als ein „Versöhnungssakrament" betrachtet werden;

c) die Feier des Stundengebetes, insbesondere der Komplet mit der Gewissenserforschung; das Verweilen beim Herrn in der Tagzeitenliturgie ist eine stets neue Form der versöhnten und versöhnenden Beziehungspflege im Rhythmus des Tages;

d) Umkehr- und Versöhnungsfeiern, sog. „Bußfeiern";

e) die Feier der Krankensakramente;

f) das gemeinsame Lesen und Bedenken der Heiligen Schrift in unterschiedlichen liturgischen Formen;

g) das fürbittende Gebet in der Gemeinde; das Schuldbekenntnis, das u. a. in der Messfeier und in der Komplet des Stundengebetes vorgesehen ist, bittet die Gläubigen um das gegenseitige Gebet im Bemühen um das Gute.

Es kann an dieser Stelle auch daran erinnert werden, dass alles Geschehen der Liturgie Tun Christi und seiner Kirche ist, Zuwendung seiner lebendigen Gegenwart. Insofern Christus selbst handelt und wirkt, ist die im Einzel- wie im Gesamtereignis der Liturgie erfahrene Christusbeziehung der je neue Impuls, sich versöhnend und liebend, wohlwollend und in Treue auf die Verwirklichung des Gebotes der Gottes- und Nächstenliebe sowie auf die Liebe zu sich selbst einzulassen. Christus, der gegenwärtige „inwendige Lehrer", der seine Kathedra im Herzen der Menschen verankert hat, führt die in der Taufe Geheiligten auf dem Weg ihrer Berufung. Wenn dabei immer auch die Menschen, die menschlichen Beziehungen und die Verantwortung für die Schöpfung im Blick sind, verwirklichen sich die alltägliche Umkehr und die Bekräftigung versöhnter Existenz.

Die Quadragese – das Sakrament der Vierzig-Tage

Von den hier genannten Möglichkeiten will ich die Quadragese, die Vierzig-Tage-Zeit vor Ostern, nochmals hervorheben. Es ist deutlich geworden, dass diese Zeit eine besondere Zeit im Jahreskreis ist. Sie ist der Kirche und jeder liturgischen Gemeinschaft aufgetragen als eine sich jährlich wiederholende Weg-Zeit, um besonders das Leben der Gemeinde und das persönliche Leben prüfend in Blick zu nehmen und Tun und Existenz wieder tiefer ins Christusgeheimnis zu vertiefen. Die jährliche Wiederholung ist im Sinne der Spirale zu verstehen, die im wiederholenden Tun je mehr zur vertieften Mitte findet.

Ein Sakrament

Die Oration des ersten Fastensonntages spricht in der lateinischen Vorlage vom *sacramentum quadragesimale*, dem Sakrament der Vierzig-Tage.[3] Die deutsche Übersetzung im Messbuch verwässert dies auf „Zeit der Buße und Umkehr". Die alte Kirche, in der es noch kein Versöhnungssakrament im Sinne der Einzelbeichte gab, wusste zu bedenken und zu verstehen, dass es sich bei dieser Zeit um eine sakramentale Größe handelt, die von Gott geschenkt ist. Das Bedenken der 40iger-Zeiten in den biblischen Erzählungen und Texten[4]

---

[3] Vgl. wörtliche Übersetzung aus Missale Romanum 1970, S. 184: Gewähre uns, allmächtiger Gott, dass wir durch die jährlichen „Exerzitien" des Vierzig-Tage-Sakraments voranschreiten im Erkennen des Verborgenen, und seinen Wirkungen folgen durch einen würdigen Lebenswandel.

[4] Vgl.: Sintfluterzählung (Gen 7, 17); Exodus und Wüstenwanderung (Dtn 29, 4 u. ö.);

verdeutlicht, dass sich nach dieser Zeit eine neue, von Gott geschenkte Zukunft ergibt, Altes vergangen ist und Neues beginnen kann. Diese Zeit ist als Sakrament, als eine von Gott geschenkte Heilszeit der Veränderung und des Neubeginns, neu zu entdecken und will deutlich machen, wie liturgische Weg-Zeiten sakramentale Bedeutung und Charakter haben.

Das Ziel

Das Sakrament der Vierzig-Tage-Zeit (Quadragese) beginnt mit dem Aschermittwoch, einem Bußgottesdienst im wahren und eigentlichen Sinne der Liturgie, und endet mit der österlichen Versöhnungsnacht. Das Konzept dieser Zeit ist noch etwas deutlicher auszufalten hin auf die Büßer. Wer sich einer schweren Schuld bewusst ist, ist eingeladen, Umkehr zu gestalten. Wer sich auf dem Weg der Taufberufung weiß, ist eingeladen, die Beziehung zu Christus zu vertiefen, um in der Osternacht mit umso überzeugterem Herzen die Absage an das Böse und das „credo" sprechen zu können und das Taufgelübde zu erneuern, sich wieder neu bewusst zu werden, wie sehr das Licht Christi das Herz zu erleuchten vermag. Der Aschermittwoch sollte als alter klassischer Fasttag ohne Eucharistie gefeiert werden so wie der Karfreitag.

Der Weg

Die Lesungen des Aschermittwochs bringen zum Ausdruck, dass es um die Gestaltung einer Zeit intensiver Hinwendung geht, eine außergewöhnliche Zeit der Beziehungspflege mit dem Herrn, damit auch die Leidenschaft des Herrn für die Menschen und sein Erbarmen wieder neu erwachen (vgl. Joel 2,12–18). In der Lesung 2 Kor 5,20 – 6,2 erinnert Paulus an das Geschenk der Beziehung durch den Auferstandenen, durch den er zur Versöhnung ruft, weil Paulus selbst durch ihn versöhnende Annahme erfahren hat. Es ist das Geschenk der Beziehung, die ggf. erkennen lässt, inwieweit und warum das Leben nicht dieser Beziehungsgemeinschaft in Christus entspricht. Jesus, der menschgewordene Sohn Gottes, ist selbst in die Gemeinschaft der Sünder eingetreten, um in dieser Form den Menschen zu zeigen, wie Leben aus der Beziehung mit dem Vater (gemeint „ohne Sünde") Gestalt annimmt. Das Matthäus-Evangelium erinnert am Tor zur großen Fastenzeit an die Trias der Buße: Almo-

---

Mose auf dem Berg (Ex 24,18), Elia auf dem Weg zum Gottesberg (1 Kön 19,8), Jesus in der Wüste (Mt 4,2 Par.) u.v.a.

sen (Blick auf die Bedürftigen) – Gebet (Pflege der Herzensbeziehung) – Fasten (Unterscheidung zwischen Wesentlichem und Unwesentlichem, wobei das Äußere des Menschen nicht vernachlässigt werden soll).

Der sakramentale Weg der Vierzig-Tage-Zeit sollte geprägt sein vom täglichen Gottesdienst, vom Bedenken des Wortes oder zumindest von täglichen Akzenten der Gottesbeziehung. Für die Pfarrgemeinde gilt es zu überlegen, welche Akzente und Aspekte in dieser Zeit wichtig sind. Vielleicht entscheidet sie sich, Sitzungen hintanzustellen und sich dieser geistlichen Erneuerung hinzugeben. Am ersten Sonntag wird Christus vorgestellt, der sich zurückzieht in die Wüste, um sich in der Beziehung mit seinem Vater zu verankern, um so dem Bösen widersagen zu können. Der zweite Sonntag stellt die Jünger vor, die den Herrn in seiner Beziehung zum Vater erkennen und sich in diese Beziehung hinein festmachen möchten. Der dritte Sonntag spricht vom Wasser, das auf die Taufe und auf Christus selbst verweist. Er dürstet nach dem Glauben der Menschen und schenkt Beziehung. Der vierte Sonntag weist den Blick auf Christus hin, das Licht, der die Augen öffnet für ihn und die Menschen und damit eine neue Sichtweise des Lebens eröffnet. Der fünfte Sonntag stellt Lazarus vor Augen, der aus dem Grab des Todes geholt wird. Damit wird der Blick auf das Wassergrab der Taufe gelenkt, der den leiblichen Tod der getauften vorwegnimmt und Auferstehung als Vorweggabe engültiger und bleibender Beziehung im Herrn des Lebens über den Tod hinaus. Wer die Beziehung mit Christus, dem Auferstandenen, findet, hat ewiges Leben als Vorweggabe schon im Hier und Jetzt. Der sechste Sonntag, der Palmsonntag, vergegenwärtigt den Einzug Jesu als den demütigen „König", dem die Gemeinde zur Erinnerung seines Leidens und zur neuerlichen Erfahrung seiner Auferstehungswirklichkeit folgt.

Wer diesen Weg bewusst mitgeht, gestaltet eine Exerzitienzeit (Josef Andreas Jungmann), deren Sinn die neue Verankerung in der Taufberufung ist, jedes Jahr neu im Sinne einer Verwurzelung und Vertiefung. Wenn es gelänge, in den Gemeinden diesen Weg wieder bewusst und deutlich zu machen, wäre ein wichtiges Ziel der Umkehrbegleitung erreicht.

Begleitende Ereignisse

In dieser Zeit sollten die Gemeinden für besondere Angebote der persönlichen Begleitung sorgen, die von den Gläubigen genutzt werden können. Wer sich selbst im Spiegel des Wortes Gottes anschauen will, spürt auch das Bedürfnis, darüber zu sprechen. Das kann in verschiedenen Gruppen erfolgen, die sich auch selbst organisieren, oder aber einzeln im Sinne der Exerzitien im Alltag. Diese Begleitung von Menschen geschieht durch Laien wie durch Priester, wobei die Menschen selbst entscheiden, wen sie für sich suchen. Hier hat auch das Sakrament der Versöhnung im Sinn der Andachtsbeichte seinen Ort, wenn es sich nämlich um die Sünden handelt, die nicht dem Sakrament im Sinne der Wiedereingliederung unterstellt sind. In der Einzelbegleitung können selbstverständlich auch die Laien mit den Begleiteten beten und das Erbarmen Gottes erbitten. Besondere Gottesdienste an den alten klassischen Fasttagen Mittwoch und Freitag könnten mit sogenannten Fastenpredigten die Fragen der christlichen Lebensgestaltung, aktuelle Herausforderungen für die Gemeinde besprechen und zur Auseinandersetzung aufbereiten lassen.

Begleitung von Menschen mit besonderer Schulderfahrung

Verantwortliche in den Gemeinden sollten außerdem den Versuch unternehmen, Menschen mit besonders schwerer Schulderfahrung (schwerwiegende Sünde) einzuladen und sie in einer eigenen geschützten Gruppe durch die Vierzig-Tage-Zeit zu begleiten. Daneben kann auch die „geheime (= vor der Öffentlichkeit geschützte) Begleitung" von Menschen mit schwerer Schuldverstrickung stattfinden, die ebenfalls am Ende dieser Zeit Versöhnung und Vergebung zugesprochen bekommen, um gemeinsam mit der ganzen Gemeinde die Freude der Osternacht teilen zu können. Dabei stellen sich für die Gemeinden, die ja konkretisierende Orte der Barmherzigkeit Gottes sind, auch herausfordernde Fragen, zB: Wer nimmt sich der wiederverheirateten Geschiedenen an und gibt ihnen Ansehen in der Gemeinde zurück? Wer hat den Arbeitgeber im Blick, der seinen Mitarbeiter mit vier Kindern einfach vor die Tür gesetzt hat, ohne dass es für ihn aus ökonomischen Gründen wirklich notwendig gewesen wäre und erst zu spät erkennt, welch Unheil er im verzweifelten Familienvater angerichtet hat, weil dieser keine Arbeit mehr fand? Wer kümmert sich um den Mann, der bei einem Verkehrsunfall einen Menschen zu Tode gefahren hat und sich vor den Mitmenschen nicht mehr sehen lassen will oder kann? Wer nimmt sich der Frau an, die ihr Kind nicht angenommen hat und sich ihrer Verweigerung bewusst wird, die nicht aus Überforderung, sondern aus Gründen der scheinbaren Lebensqualität geschehen ist?

Die Zusage der Barmherzigkeit Gottes sucht den Weg über die Annahme in menschlicher Gemeinschaft. Nur wo diese versagt, bleibt allein die Barmherzigkeit Gottes als Trost oder auch nicht. In vielen solchen Situationen bedarf es auch der professionellen Hilfestellung, auf die verwiesen und zu der hingeführt werden kann und – im Sinne der menschlichen Möglichkeiten der Hilfestellung – auch muss.

Wiederaufnahme von Ausgetretenen

Als besondere Gruppe von Menschen müssen auch die aus der Kirche Ausgetretenen in Blick kommen. Mitunter melden sich diese im Pfarrhaus und bitten, wieder aufgenommen zu werden. Nach den rechtlichen Vorgängen und Abklärungen könnte diesen Personen die Vierzig-Tage-Zeit als eine kurze Zeit der öffentlichen Buße auferlegt werden, d. h. mit deren Einverständnis könnte ein Weg der Wiederaufnahme gegangen werden. Diese Personen könnten, wenn sie einverstanden sind, der Gemeinde am Beginn der Quadragese in der Freude des Willkommenheißens vorgestellt werden. Hierfür bräuchte es einen eigenen Ritus. Zugleich bräuchte es einen Vorschlag, wie sie in der Osternacht wieder aufgenommen und mit der Gemeinde die Erneuerung des Taufbekenntnisses vollziehen. Die Geheimhaltung solcher Vorgänge ist nur bei einem Teil der Betroffenen notwendig bzw. gewünscht; sie ist weder wünschenswert noch entspricht sie dem Bekenntnischarakter christlicher Berufung. Mit denen, die sich neu für den christlichen Weg entscheiden und dies bekennen wollen, könnten exemplarische Wege der Wiedereingliederung gegangen werden. Solche Wege durch das Sakrament der Vierzig-Tage-Zeit können auch von Laien gestaltet und begleitet sein.

Am Mittwoch der Karwoche könnte ein besonderer Versöhnungsgottesdienst stattfinden. In der Liturgie der Alten Kirche war dieser Versöhnungsgottesdienst am Morgen des Gründonnerstages, am Karfreitag (so in der ambrosianischen und mozarabischen Liturgie) oder am Karsamstagmorgen. Die Vierzig-Tage-Zeit mündet in die Feier der Osternacht, die in ihrer Bedeutung immer noch aufgewertet gehört. Es gibt viele Gemeinden, die immer noch den Ostersonntag als den eigentlichen Festtag feiern. Die Texte der Osternacht machen deutlich, dass sich das *sacramentum quadragesimale* in der Osternacht erfüllt. Gegenüber dem Advent müsste das Bewusstsein wachsen, dass die eigentliche Zeit der Glaubensvertiefung, der Umkehr und der Versöhnung die Vierzig-Tage-Zeit ist. Es wäre wünschenswert, dass die Emotionalität des Advents auf diese Zeit übergeht.

Versöhnung mit der Kirche im Rahmen der Taufe der eigenen Kinder

Ein anderes Modell der Wiederaufnahme könnte im Rahmen von Tauffeiern stattfinden. Es kommt immer wieder vor, dass Eltern im Zuge der Taufe ihrer Kinder wieder selbst in die bewusste Gemeinschaft der Kirche eintreten. Diese Eltern bekunden ihren Glauben, weil es in der Tauffeier vorgesehen ist. Es wäre eine pastorale Möglichkeit, Eltern, die sich von der Kirche distanziert haben, so vorzubereiten, dass sie wieder das Taufbekenntnis sprechen und wahrhaftig bekunden können.

Bei einer meiner Taufvorbereitungen erzählten mir die Eltern, dass sie seit ihrer Jugendzeit, in der sie beide in der Jungschar und in der Jugendgruppe engagiert waren, nicht wieder den Gottesdienst mit der Pfarrgemeinde und auch nicht an den Studienorten gepflegt und sich innerlich von der kirchlichen Gemeinschaft distanziert hatten. Die Geburt des ersten Kindes aber habe in beiden ein Umdenken bewirkt, sodass sie sich entschlossen, das Kind taufen zu lassen. Im Taufgespräch, das an drei Abenden stattgefunden hat, haben wir gemeinsam diese Erfahrungen besprochen und erwogen. Um vor den Eltern und den eingeladenen Verwandten und Freunden aber wahrhaftig sein zu können, meinte der Vater des Kindes, müsse er in der Tauffeier eine Erklärung abgeben. Dieses Anliegen habe ich aufgegriffen und den beiden ans Herz gelegt, die Taufe ihres Kindes als eine versöhnende Erneuerung ihrer eigenen Taufberufung zu begehen. Wir haben die Texte der Kindertaufe und die Verpflichtung, die die Eltern dabei aussprechen auf diesem Hintergrund bedacht und wahrgenommen. Am Beginn der Tauffeier hat der Vater dann bei der Frage nach dem Taufwunsch und nochmals bei der Frage nach der Bereitschaft zur christlichen Erziehung der versammelten Taufgemeinde erklärt, warum er und seine Frau ihr Kind taufen lassen möchten. Es war eine berührende Begründung ihrer wiederentdeckten Christusbeziehung und der Bedeutung der kirchlichen Gemeinschaft, die sie dem Kind nicht vorenthalten wollten.

Modelle des altkirchlichen Bußsystems

Modelle, wie sie als erneuerte Formen des altkirchlichen Bußsystems in kleineren Gemeinschaften, z. B. in den USA, gepflegt werden, dienen dazu, der Quadragese ihren angestammten Platz zurückzugeben.

Das Sakrament der Versöhnung für Einzelne

Sakramente sind Vollzüge der Kirche, für die sie sich höchst offiziell auf das Beispiel des Herrn beruft und sich radikal engagiert, um das zu tun, was Jesus selbst zu tun beabsichtigt hat. Menschen zu versöhnen und auf dem Weg der Umkehr zu begleiten, ist ein an der Person Jesu sichtbar gewordenes Anliegen. Die Tradition des Mönchtums, Menschen persönlich zu begleiten, verband sich in der Geschichte so mit der institutionellen Buße und der Wiedereingliederung nach schwerer Schuld, dass es zum alleinigen Versöhnungssakrament erklärt wurde. Es ist damit heute der erklärte Modus der Versöhnung des in schwere Schuld und Sünde verstrickten Menschen mit Gott.

Das Sakrament der Versöhnung als Mittel der geistlichen Vervollkommnung

Dennoch gibt es viele, die diese Form als Möglichkeit der persönlichen und verbindlichen Zusage der Barmherzigkeit Gottes in die eigene Schwäche, Brüchigkeit und Unvollkommenheit des Lebens hinein regelmäßig wünschen – selbst und besonders im Leben einer intensiven Christusnachfolge. Dies ist der Grund, warum die Kirche an der Form der Beichte festhält. Die Vorteile für jene, die diese Form pflegen, sind das persönliche Bekenntnis und das Gespräch einerseits, aber auch die ritualisierte Form der regelmäßigen Rechenschaft auf dem Weg der Berufung und der Christusbeziehung. Die Reue und der Vorsatz sind Mittel, um das Bemühen auf dem geistlichen Weg im Sinne der Vorbildhaftigkeit und des Zeugnisses für Christus zu untermauern. So ist das Sakrament der Versöhnung für Einzelne ein Mittel der geistlichen Begleitung. Es wird daher (spirituell und kirchenrechtlich) besonders den geistlich intensiv lebenden Menschen ans Herz gelegt, unter ihnen besonders den Ordensleuten und den Priestern. Allerdings sollte redlicherweise stets die Frage leitend sein, ob es sich dabei um einen rein formalen Vollzug handelt oder tatsächlich um ein verinnerlichtes Beziehungsereignis.

Gemeinschaftliche Feier der Versöhnung mit Bekenntnis und Lossprechung der Einzelnen

Eine eigene Form stellt die Feier der Versöhnung für Einzelne dar in Verbindung mit einer Wortgottesfeier. Eine wichtige Voraussetzung dafür ist, dass genügend Priester zur Verfügung stehen. Bei einer solchen Form ist zu bedenken, dass die Pönitenten sich nicht gedrängt fühlen dürfen durch die gemeinsame liturgische Feier. Es sollte genügend Zeit zum klärenden Gespräch sein, damit der Sinn des Einzelbekenntnisses und der Begegnung mit dem Priester sich auch erfüllen kann.

Der unerwartete kairos

Daneben machen viele Priester die Erfahrung, dass es für manche Menschen den unerwarteten *kairos* (d. i. ein unvorhergesehener guter Zeitpunkt) gibt, eine Gelegenheit zum Sakrament der Versöhnung, die nicht geplant war. Die zufällige Begegnung, die verfügbare Zeit und das Gespräch, das sich ergibt und eine innere Bewegung auslöst, sind oft der Anlass, dass Menschen um das sakramentale Wort der Versöhnung bitten. Dafür sollten Priester sich offen halten.

Zeit und Ort des Einzelsakramentes

Für die Verortung dieses Sakramentes braucht es die richtigen Zeiten und die entsprechenden Orte, damit sich auch die Frage richtig klären lässt, wie der äußere Vollzug aussehen kann. Die in vielen Kirchen verfügbaren Beichtstühle taugen nicht für das Wesen und die Würde des Sakramentes als Begegnungs- und Beziehungsereignis zwischen Menschen, in dem die Begegnung Christi mit den Sündern zum Ausdruck kommt. Leider gibt es immer noch offene Beichtstühle oder im Winter ungeheizte Kirchen etc. Jede Pfarrgemeinde muss sich überlegen, wo und wie geeignete Orte vorgesehen und geschaffen werden können, um das Umkehrsakrament gebührend gestalten zu können.

Einzelne Pfarrgemeinden sind, oft nicht zuletzt aufgrund der fehlenden Priester, vor Ort überfordert, entsprechende Angebote für die Umkehr- und Versöhnungspastoral anzubieten. Daher sind Modelle in Blick zu nehmen, die an Klöstern oder in zentral gelegenen Kirchen eigene Räume und eigene Zeiten mit geeigneten Priestern anbieten, damit die Gläubigen auch in der damit verbundenen anonymen Distanz die Möglichkeit zum Sakrament der Versöhnung für Einzelne nützen können.

Besondere Orte der Versöhnungserfahrung

Die Anbindung der Umkehr- und Versöhnungsspiritualität an besondere Spiritualitäten verdient Aufmerksamkeit. Es entstehen oft emotionale und emotive Bindungen, die Wege der Versöhnung erleichtern und fördern. Die Vorbildlichkeit und Zeichenhaftigkeit einer Ordensgemeinschaft oder einer kirchlichen Institution kann für Menschen mitunter sehr einladend zu Umkehr und Versöhnung sein. Für viele Menschen ist auch das Wissen um die Gebetsbegleitung in schwieriger Situation der Schulderfahrung wertvoll und wichtig. Frühere Erfahrungen an guten Versöhnungsorten wirken motivierend, sich in späterer Erfahrung von Schuld wieder auf den Weg der Versöhnung zu begeben.

Zur Befähigung der Priester

Es sollte für die Priester, die Menschen in schwerer Schulderfahrung begleiten, selbstverständlich sein, sich in den Erkenntnissen der dazu berufenen Wissenschaften weiterzubilden und sich die Fähigkeit je mehr zu erwerben, menschliche Erfahrungen gut beurteilen und bewerten zu können, da auch das ein Ausdruck der Güte und Barmherzigkeit Gottes ist.

Modelle für Gewissenserforschung

Für die besonderen Zeiten und die persönliche Beschäftigung mit der Frage nach der Ernsthaftigkeit der Taufberufung ist es gut, wenn es Hilfestellungen gibt. Während es in den sogenannten Umkehr- und Versöhnungsfeiern („Bußfeiern") vor allem das ausgelegte Wort Gottes sein soll, das Umkehr bewirkt und das Gewissen bildet und fordert, können für den privaten Gebrauch und für die stille persönliche Auseinandersetzung Hilfen angeboten werden, um „in sich zu gehen" (vgl. Lk 15,17) oder „nach Vergehen gegen Gott und den Mitmenschen zu forschen", wie es auch die jüdische Tradition am großen Versöhnungstag nahelegt. Entsprechend positive Fragen und Impulse sind dazu dienlich. Vorlagen, wie sie das Deutsche Liturgische Institut in Trier dreimal jährlich erarbeitet und anbietet, sind diesbezüglich zu begrüßen.

Die Frage der Erstbeichte

Die Erstbeichte ist im kirchlichen Rechtsbuch geregelt. Eingefordert ist die Beichte unmittelbar vor der Erstkommunion. Dies ist sicherlich vor einem größeren pädagogischen Rahmen in Frage zu stellen. Fraglich ist die notwendige Verbindung der Beichte mit der Erstkommunion, fraglich ist weiters die Notwendigkeit der Beichte von Kindern, die noch nicht zur schweren Sünde fähig sind. Obwohl Kinder fähig sind, zwischen Gut und Böse zu unterscheiden und auch für sich zu entscheiden, wie gutes Handeln aussieht, bleibt diese Fähigkeit und Herausforderung begrenzt. Der Sinn des Sakramentes ist daher zunächst in der pädagogischen Vermittlung zu suchen. Es muss sich eine Hinführung zur Christusbegegnung erfüllen, die das Sakrament legitimiert und so einprägsam bleibt für spätere Erfahrungen im Leben, damit sie als Angebot zur Versöhnung in Erinnerung bleibt. Die Frage der Verortung dieses katechetischen Anliegens müsste trotz der Vorgaben des kirchlichen Rechtsbuches und des Katechismus der Katholischen Kirche offenbleiben können. Für die Gestaltung der sakramentalen Feier bedürfte es noch der Erarbeitung von überzeugenden Texten für Kinder.

Mit den Eltern der Erstkommunionkinder ist einzutreten in das Gespräch über dieses Angebot der Kirche, das versöhnende und heilende Zuwendung bedeutet. Mit Eltern kann man gut ins Gespräch kommen über die Frage der alltäglichen Formen der Versöhnung, die für die Kinder vonseiten der Eltern im Hinblick auf versöhnendes Miteinander und versöhntes Leben wichtig sind.

Es ist bekannt, dass die Einbindung der Erstkommunioneltern in die Vorbereitung der Erstbeichte nicht immer leicht fällt. Viele Eltern äußern Vorbehalte vor allem auch gegenüber den Kindern selbst. Wenn dem so ist, dann muss überlegt werden, wie es gelingt, den Eltern die Sinnhaftigkeit des Versöhnungssakramentes als ein sinnstiftendes Angebot für das spätere Leben vorwegnehmend zu vermitteln. Ich habe gute Erfahrung damit gemacht, indem ich mit den Eltern zunächst nicht das Sakrament besprochen habe, vielmehr ins Gespräch gekommen bin über die Sehnsucht nach versöhntem Miteinander und dessen Voraussetzungen und gegebenenfalls über Formen, wie es gepflegt bzw. wiedergefunden werden kann. Auf diesem Wege gelingt es m. E. besser, einen Zugang zu finden zum Sakrament, das deutlich macht, dass in der Schulderfahrung der Menschen Gott ein vergebendes und aufbauendes Wort spricht, vor allem dann, wenn Menschen dieses nicht mehr sprechen können oder wollen. Es kann sich in solchen Gesprächen klären, welches das genuine Anliegen Jesu war und wie sich dieses in sakramentaler Gestalt der Kirche heute umsetzt und vermittelt. Gute katechetische Hilfestellungen lassen sich auf solche Fragestellungen ein und bieten entsprechende Arbeitshilfen.

Unterschiedliche Wege der Umkehr und der Versöhnung anbieten und gehen

Es gibt neben dem eigentlichen Sakrament der Versöhnung im Sinne der klassischen dogmatischen Festlegungen weitere liturgische, sakramentliche Feierformen, die in ihrem Wert vor Augen stehen dürfen. Daher ist die Unterscheidung zwischen sakramental und nichtsakramental nicht immer förderlich. Es ist den Menschen auch eine Hilfe, wenn sie verbindlich und theologisch verantwortet gesagt bekommen, dass es neben dem Sakrament der Versöhnung für Einzelne auch weitere sakramentale Formen der Versöhnung im Sinne von Sakramentalien gibt, die auch angebotene Wege der Umkehr und der Versöhnung sind. Hier sei eigens verwiesen auf die Ausführungen zur Umkehr- und Versöhnungsfeier („Bußfeier").

Eine besondere Chance zur Umkehr können Wallfahrten sein, bei denen Menschen sich aufmachen, um auszusteigen aus den Alltagserfahrungen und diese auf dem Weg in Begleitung oder alleine reflektieren. Das längere Unterwegssein ermöglicht ein ergiebiges Bedenken von Erfahrungen, von Verstrickungen, von Gegebenheiten, die Menschen prägen. Mitunter entsteht die Wallfahrt auch aus dem Bedürfnis heraus, Leben neu zu ordnen und Unversöhntes zur Versöhnung zu bringen. Wallfahrtsbegleitung und die Angebote des seelsorgerlichen Gesprächs und der Beichte an Wallfahrtsorten haben dieses Anliegen im Blick.

Umkehr- und Versöhnungspastoral – eine Aufgabe der ganzen Gemeinde

Es ist schon angeklungen, dass für die Verantwortung der Umkehr- und Versöhnungspastoral nicht nur der Priester steht. Die Pfarrgemeinde mit ihren Verantwortlichen für das liturgische Leben und für das pastorale Handeln wird sich immer wieder Gedanken machen, wie dem breiten Spektrum dieses Anliegens entsprochen und auf die Sprünge geholfen werden kann. Auch die Vereinbarungen, wie in einer Seelsorgeinheit mehrerer Pfarreien oder in ähnlichen Strukturen das Angebot für das Sakrament der Versöhnung gewährleistet werden kann, sollte in den entsprechenden Verantwortungsstrukturen besprochen werden. Die Pfarrgemeinde ist ein Instrument der Versöhnung Gottes, weil sich in ihr der Versöhnungsauftrag der Kirche konkretisiert und konkretisieren will.

Begabte Gläubige

Neben den liturgischen Feiern, für die es die spezifischen Ämter und Dienste braucht, möchte ich abschließend aber auch hinweisen auf Personen, die eine besondere Befähigung haben, Menschen im Leben und im Glauben zu begleiten, die aber weder durch Weihe noch durch einen besonderen Auftrag dazu verpflichtet oder eingebunden sind. Eine solche Befähigung nennt das Neue Testament Charisma. Es gibt immer wieder begnadete Menschen, die zuhören können, die guten und rechten Rat geben, die in ihrem Gebet das Weinen und Leiden unversöhnter Menschen auffangen und die dadurch viel Gutes wirken. Manchmal brauchen solche Menschen auch eigene Räume in Pfarrgemeinden und in kirchlichen Strukturen. Dieses Mittragen, Mitdulden und Mitleiden hat in der Tradition ursprünglich seinen Platz gehabt, hat es noch immer, muss aber manchmal wieder besser in seiner Bedeutung erkannt und gewertet werden. Das war und ist auch eine Aufgabe von Getauften, die ihrer spezifischen Berufung in der Taufweihe folgen, ohne dass ich sie in diesem Kontext einfach Laien nennen möchte.

Wunsch zum Schluss

Mögen alle diese Überlegungen dazu führen, dass Menschen ein versöhntes und versöhnteres Miteinander erfahren, dass sie Unversöhntes besser aushalten und bewältigen können, dass von Schuld und Sünde gezeichnetes Leben Leichterung erfährt und sich Klagen in Tanzen verwandeln kann (vgl. Ps 30,12–13), wie es der Psalm in der Osternacht ausdrückt. Möge das Trauergewand dem Freudenöl weichen (vgl. Jes 61,3), wie es der Herr in seinen versöhnenden Begegnungen mit den Menschen erwirkte und schließlich durch seinen Versöhnungstod am Kreuz besiegelte. In der liebenden Hingabe am Kreuz hat Jesus die barmherzige und versöhnende Treue Gottes zu den Menschen erwiesen.

Tagungsabfolge

der 8. Trierer Sommerakademie
Versöhnt leben
Liturgie als Ort der Versöhnung
vom 27. bis 31. Juli 2009

Montag, 27. Juli 2009

16:30   *Dr. Eberhard Amon, Deutsches Liturgisches Institut Trier*
Begrüßung

Prof. Dr. Ewald Volgger, Linz
Zum Dienst der Versöhnung in der Liturgie, in der Kirche und im Leben der Menschen – Einführung in das Thema der Tagung

Dienstag, 28. Juli 2009

09:00   *Prof. Dr. Konrad Baumgartner, Regensburg*
„Die Feier der Buße" – liturgie-pastorale Entwicklungen und Optionen seit der Studienaugabe 1974

11:00   *Prof. Dr. Andreas Heinz, Trier*
Zeiten der Buße (Quadragesima)

14:00   *Dr. Rainer Schwindt, Trier*
Sühne und Versöhnung aus biblischer Sicht

16:00   *Lic. theol. Lic. psych. Pfarrer Franz Reiser, Freiburg*
Mit der Erfahrung des Heils beschenken. Über Schuld und Schuldgefühle

Mittwoch, 29. Juli 2009

09:00   *Prof. Dr. Ewald Volgger, Linz*
Wesen und Auftrag der sogenannten Bußfeier

11:00   *Prof. Dr. Klaus Peter Dannecker, Trier*
Versöhnt in Gemeinschaft leben – Impulse aus der Liturgiegeschichte für neue Formen gemeinschaftlicher Versöhnung

14:00   **Exkursion nach Echternach**
Besuch der Abtei mit Museum und Ausstellung zur
Springprozession
Führung: Prof. Emile Seiler, Echternach

Donnerstag, 30. Juli 2009

09:00   *Pfarrer Dr. Hubert Lenz, Nenzing/Feldkirch*
Ein neuer pfarrlicher Weg der Umkehr, Buße und Versöhnung

11:00   *Sr. Karin Berger, Sießen*
**Versöhnungstag in Sießen – Das Sakrament der Buße
neu erschließen. Innovative Formen der Bußpastoral**

14:00   Arbeitsgruppen (je 2 ×)
Dr. Alexander Saberschinsky, Köln
**Wenn Menschen sich versündigen – Hilfestellungen,
die der Alltag kennt. Nachtgebet und Gewissenserforschung**

            Eduard Nagel, Trier
Gestaltung von Bußgottesdiensten

            Pfarrer Dr. Hubert Lenz, Nenzing/Feldkirch
Buße, Umkehr und Versöhnung in der Gemeinde

            Prof. Dr. Konrad Baumgartner, Regensburg
Buß und Beichtpastoral im Umfeld der Erstkommunion

            Prof. Matthias Kreuels, Trier
Das Thema „Versöhnung" im Kirchenlied

Freitag, 31. Juli 2009

09:00   *Prof. Dr. Ewald Volgger, Linz*
Die vielfältigen Wege zur Versöhnung
Zusammenfassender Vortrag

11:00   **Abschlussrunde und Reisesegen**

Mitarbeitende

Amon, Eberhard, Dr. theol., Prälat, Leiter des Deutschen Liturgischen Instituts, Trier

Baumgartner, Konrad, Dr. theol., Professor em. für Pastoraltheologie an der Theologischen Fakultät der Universität Regensburg

Berger, Sr. M. Karin, Kloster Sießen

Dannecker, Klaus Peter, Dr. theol., Professor für Liturgiewissenschaft an der Theologischen Fakultät Trier

Heinz, Andreas, Dr. theol., Professor em. für Liturgiewissenschaft an der Theologischen Fakultät Trier

Kreuels, Matthias, KMD Prof., Referent im Deutschen Liturgischen Institut, Trier

Lenz, Hubert, Dr. theol., Pfarrer in Nenzing/Feldkirch

Nagel, Eduard, Dr. theol., Referent im Deutschen Liturgischen Institut, Trier

Reiser, Franz, Lic. theol. Lic. psych., Pfarrer in Glottertal/Freiburg

Saberschinsky, Alexander, Dr. theol., Lehrbeauftragter für Liturgiewissenschaft an der Katholischen Hochschule Nordrhein-Westfalen, Paderborn, Dozent am überdiözesanen Priesterseminar „Studienhaus St. Lambert", Lantershofen, und Referent für Liturgie des Erzbistums Köln

Schwindt, Rainer, Dr. habil. theol., Bibliotheksdirektor des Bischöflichen Priesterseminars Trier

Urban, Albert, M.A., Geschäftsführer am Deutschen Liturgischen Institut, Trier

Volgger, Ewald, Dr. theol., Professor für Liturgiewissenschaft und Sakramententheologie, derzeit Rektor an der Katholisch-Theologischen Privatuniversität Linz